THE
EVERYTHING.
GIANT BOOK OF WORD SEARCHES
VOLUME 11

Dear Reader,

It's hard to believe, but this is my eleventh volume of *The Everything®
Giant Book of Word Searches*. That's a lot of puzzles! I think word search
puzzles are popular because they give us a challenge that is engaging but
never overwhelming. Our brain is rewarded every time a word is discov-
ered. With enough dedication, all the words can be found. For a lot of
us, this is a nice way to take a break from the rest of the world—and get
some mental exercise at the same time.

Over the years I've learned a thing or two about how to make a good
word search puzzle. As you can see in these pages, I don't skimp on
words. There are lots of crisscrossing entries in every grid. And I've given
each puzzle an interesting theme from a diverse collection of topics. The
result is this new collection of word search puzzles that I hope you will
enjoy!

Charles Timmerman

Welcome to the EVERYTHING® Series!

These handy, accessible books give you all you need to tackle a difficult project, gain a new hobby, comprehend a fascinating topic, prepare for an exam, or even brush up on something you learned back in school but have since forgotten.

You can choose to read an Everything® book from cover to cover or just pick out the information you want from our four useful boxes: e-questions, e-facts, e-alerts, and e-ssentials. We give you everything you need to know on the subject, but throw in a lot of fun stuff along the way, too.

We now have more than 400 Everything® books in print, spanning such wide-ranging categories as weddings, pregnancy, cooking, music instruction, foreign language, crafts, pets, New Age, and so much more. When you're done reading them all, you can finally say you know Everything®!

PUBLISHER Karen Cooper

MANAGING EDITOR, EVERYTHING® SERIES Lisa Laing

COPY CHIEF Casey Ebert

ASSISTANT PRODUCTION EDITOR Jo-Anne Duhamel

ACQUISITIONS EDITOR Lisa Laing

EVERYTHING® SERIES COVER DESIGNER Erin Alexander

THE EVERYTHING®
GIANT BOOK OF WORD SEARCHES

VOLUME 11

More than 300 word search puzzles
for hours of fun!

Charles Timmerman

Founder of Funster.com

Adams Media
New York London Toronto Sydney New Delhi

Dedicated to my family.

Adams Media
An Imprint of Simon & Schuster, Inc.
100 Technology Center Drive
Stoughton, MA 02072

An Everything® Series Book.
Everything® and everything.com® are registered trademarks of Simon & Schuster, Inc.

ADAMS MEDIA and colophon are trademarks of Simon and Schuster.

For information about special discounts for bulk purchases, please contact Simon & Schuster Special Sales at 1-866-506-1949 or business@simonandschuster.com.

The Simon & Schuster Speakers Bureau can bring authors to your live event. For more information or to book an event contact the Simon & Schuster Speakers Bureau at 1-866-248-3049 or visit our website at www.simonspeakers.com.

Interior illustrations by Barry Littmann

Manufactured in the United States of America

9 2024

Library of Congress Cataloging-in-Publication Data has been applied for.

ISBN 978-1-4405-9594-3

Contents

Acknowledgments

I would like to thank each and every one of the more than half a million people who have visited my website, Funster.com, to play word games and puzzles. You have shown me how much fun puzzles can be and how addictive they can become!

It is a pleasure to acknowledge the folks at Adams Media who made this book possible. I particularly want to thank my editor, Lisa Laing, for so skillfully managing the many projects we have worked on together.

Introduction

THE PUZZLES IN THIS book are in the traditional word search format. Words in the list are hidden in the puzzle in any direction: up, down, forward, backward, or diagonal. The words are always found in a straight line, and letters are never skipped. Words can overlap. For example, the two letters at the end of the word "MAST" could be used as the start of the word "STERN." Only uppercase letters are used, and any spaces in an entry are removed. For example, "TROPICAL FISH" would be found in the puzzle as "TROPICALFISH." Apostrophes and hyphens are also omitted in the puzzles. Draw a circle around each word that you find. Then cross the word off the list so that you will always know which words remain to be found.

A favorite strategy is to look for the first letter in a word, then see if the second letter is in any of the neighboring letters, and so on until the word is found. Or instead of searching for the first letter in a word, it is sometimes easier to look for letters that stand out, like *Q*, *U*, *X*, and *Z*. Double letters in a word will also stand out and be easier to find. Another strategy is to simply scan each row, column, and diagonal looking for any words.

PUZZLES

Jack and the Beanstalk

```
K C A W I H S H V P S J M Z C V C Z Z P
H J U R M A X U S E E N G L I S H C P H
R W C W I D E C L T R C A Y K S P Y O Z
D M Y G J T U H M Y I S G L Z O A R A U
V Y J X P P V S T G S U I K R M A O A E
H W Q F I C T N A I G M G O F L V T E H
X Z K E S R I M C T K B A G N E E S P G
K G Q R A R U B G W I T N W R S T C A O
Y E D D P E L Q F J N K T N D L I H C O
P D E B S C B A Q A D F I C T I O N S S
K K P V I B L T L C I G C H A S E T E E
K H D Q U L P M G K H R B I Y I E R Q C
D M I S T A C I X T W O Y O V A U G A L
B W G V A T G O V A I U U T L S U S K E
B I Y W G E O A W L Y N M S A O T B W G
J T I N U R L O B E G D A E K L W M N E
G Q V I E E D E N S F K R X E D E I M N
D W S H E I V O M Y J T K O K V D L F D
K P B T W O M R B O A X E C H I I C O E
A C E B I Z J Q Z B H M T R H F A H K K
```

AXE

BAG

BED

BOY

CASTLE

CHASE

CHILD

CLASSIC

CLIMBS

COW

ENGLISH

ESCAPE

FAIRY TALE

FALL

FICTION

FILM

GIANT

GIGANTIC

GOLD

GOOSE

GROUND

HARP

HERO

HIDING

HOME

JACK TALES

LEGEND

MAGIC

MARKET

MILK

MONEY

MOVIE

ORAL

OVERNIGHT

PRINT

SKY

SOLD

STEALS

STORY

TRADE

TREASURES

VERSIONS

WIDOW

WIFE

YOUNG

Solution on page 330

Dating

ATTRACTION

BOYFRIEND

CHARM

CHOCOLATE

COMPANY

CONNECTION

COUPLE

DANCE

DATE

DINNER

DISCOVERY

ENGAGEMENT

ESCORT

EXCLUSIVE

FLIRT

FLOWERS

GIFTS

GIRLFRIEND

HARMONY

HEART

HUGS

INTENTIONS

INTRIGUE

KISS

LETTER

LIAISON

LOVE

```
M H A J N J Y D S K S Q L M V E I R Z H
E P N D U Q R X U P O W G S N T C G L U
A O L S N U G G L E T T E R D A T E B G
Y D A E T S C R V C W N Z N E T T I M S
E G L O D H D I S C O V E R Y R I N G U
I A Y I A G T M A R R I A G E E C N A D
H F K R A A E U G I R T N I W A P L S A
Y L M E T I S S T F I G G D Y D R S Y S
E I C N W L S Y Y G I R L F R I E N D H
P R E T E D C O N N E C T I O N L O I V
G T F R N S B P N A V E R F R E A I N J
W J J A G E C H K L P O X E V S T T N I
U D C P A T N O O H M M H C Q S I N E N
X D F U G A X N R A Y T O X L H O E R W
Z O S R E L L E N T E N P C C U N T M A
K J R S M O X C K G F L O W E R S N L V
Z Z R U E C E S O P O R P M Y K H I O G
G O I I N O I T C A R T T A R N I C V W
K L A T T H E A R T Y F S K R A P S E E
E L P U O C K U L A J G T W X D H K S E
```

MARRIAGE

PAIR

PARTNER

PHONE

PLEDGE

PROPOSE

PURSUIT

READINESS

RELATIONSHIP

RING

ROMANCE

SMITTEN

SNUGGLE

SPARK

STEADY

TALK

TENTATIVE

TOGETHERNESS

Solution on page 330

Going Abroad

```
L V I S A T H G I L F A M I L Y V D E L
P T H C E M U E S U M N C O U N T R Y Z
I I R K C T F M A A I R L I N E Q U Q H
P C J O E R O L P X E M X Y D U L O R W
X K C P P T C V F Y A R R I V E M T N T
I E H P S I M G A P F A B U S I N E S S
D T E U G C C P A R R P V X F F E I N U
P L C Q D E H S G E L A N G U A G E R T
A A K S L N S E N C L E G N A H C X E O
D N S F D E A I D A T H I Q T T U F S B
N D N S N E T L Y U N N T S U T L V I F
U M A G P I S O S T L C E R S E T F U S
C A E V I O V T H I N E E M A P U T R U
O R C A S E R X I O I A J S E P R Z C I
L K O C R P R T W N Y Q D Y T T E Y V T
V L I A S Z V O G S A I X N Q R I D P C
Y R O T S I H B F J B T T F E T Y C L A
T N O I T A Z I N U M M I L K T X M X S
E Q R O R C G U I D E B O O K D T V G E
P W U N W F T X Y T E R M I N A L A E U
```

AIRLINE

ANCESTRY

ARRIVE

ATTENDANT

BAY

BUSINESS

CHECKS

COUNTRY

CRUISE

CULTURE

CUSTOMS

DEPART

DESTINATION

EXCHANGE

EXCITEMENT

EXPLORE

FAMILY

FLIGHT

FOREIGN

GUIDEBOOK

HISTORY

HOTEL

IMMUNIZATION

ISLAND

ITINERARY

LANDMARK

LANGUAGE

LAYOVER

MONUMENT

MUSEUM

OCEAN

PASSENGER

PASSPORT

PRECAUTIONS

SAIL

SCHEDULE

SHIP

SIGHTSEEING

SUITCASE

TERMINAL

TICKET

TOUR

TROPICS

VACATION

VISA

Solution on page 330

The Hunger Games

ALLIANCE

ARENA

BOOKS

CAPITOL

CATCHING FIRE

COUNTDOWN

DEATH

DEFIANCE

DISTRICTS

ENTERTAINMENT

FICTION

FIGHT

FILMS

FOOD

GALE

GAMEMAKERS

GLIMMER

HAYMITCH

KATNISS

LAUNCH ROOM

LOTTERY

MARVEL

MATCH

MOCKINGJAY

MOVIE

NOVELS

PAYLOR

PEACEKEEPERS

PEETA

POVERTY

POWER

PRELIMINARIES

QUARTER QUELL

REAPINGS

REBELLION

SERIES

STOCKYARD

SUZANNE COLLINS

TELEVISED

TRACKER CHIP

TRACKER JACKER

TRIBUTES

VICTORS

WEAPONS

WINNER

```
K N Z H E F T I H T A E D R U M V W H Z
T R I B U T E S G N I P A E R O Z E A F
U B L S L E V O N O I T C I F V D A Y X
D Q S H T M U Z D J Q I J O N I R P M A
Z K E S S I N T A K C P O T L E A O I L
J B N D N K Q M O C K I N G J A Y N T Y
A Y T V I C T O R S B H F N M R K S C R
E T E E L P O W E R S C C K Q E C E H E
L R R L L E U Q R E T R A U Q N O R C T
X E T A O A T E E P C E T A X A T I T T
B V A G C U S L N E I K C N V C S E A O
O O I D E K R E N E R C H O O N K S M L
K P N E N G E V I K T A I I S W O M E L
Y A M S N L K R W E S R N L P O O L C C
C Y E I A I A A J C I T G L Y D B I N A
V L N V Z M M M T A D H F E V T U F A P
A O T E U M E T H E C P I B D N J O I I
O R S L S E M I G P U K R E M U K O L T
Q Y S E I R A N I M I L E R P O S D L O
O U I T Q V G W F Y M O O R H C N U A L
```

Solution on page 330

Astronaut

ALDRIN
APOLLO
ARMSTRONG
BOOSTER
BRAVE
CHALLENGER
CONTROL
COUNTDOWN
CRAFT
CREW
DATA
EARTH
EXPEDITION
EXPERIMENTS
EXPLORE
FLY
GLENN
GRAVITY
HELMET
HERO
INFORMATION
JOURNEY
LANDING
LAUNCH
MISSION
MOON
NASA

ORBIT
PAYLOAD
PILOT
PLANET
PROBE
ROCKET
SATELLITE
SCIENTIST
SHIP
SHUTTLE
SMART

SOLAR
SPACE
STARS
STUDY
SUN
TRAVEL
WALK

```
F E Q V F D X U M O R A L O S U N F P O
T I B R O V I S W A L K V V M L C Y H I
N M P O O F X B P D G T O D A E A G E T
K T S B R C V T R U A A T L Y M C O F Y
N W R P E P K I E A N O I S S I M A E D
S C B A V J N E S M V U L C T U R P P P
V A R N V S H U T T L E I Y X C N O B S
B T Z Z A E P S N Y L E I G A B Y L I T
H S G E W S L D E U N N H G B P E L C Y
R D E X V S A G M T F T N R E T S O O B
H I V P H N N C I O W C N T I D Q H N N
Q L U E L W E S R E G N E L L A H C T R
A M R D B O T M E E C X L A W R M N R L
V O J I Q D A A P G W E G N L M C U O A
N E O T G T P R X R T X J D P S H A L A
S M U I I N Z T E A J P N I J T R L T M
N X R O I U K F S V Q L L N O R Q A T T
R S N N F O V S H I P O N G B O D F T O
E Q E L M C W W V T T R M O O N I U E S
B F Y E N S T U D Y Z E O H V G N Z P H
```

Solution on page 330

Something Soft

BED
BREAD
BUNNIES
BUTTER
CAT
COUCH
CUSHION
DIAPER
DOG
FABRIC
FLEECE
FLUFFY
FOAM
FUR
GENTLE
GUINEA PIG
HAIR
HAMSTER
KITTEN
LEATHER
LIPS
MARSHMALLOW
MATTRESS
PETALS
PILLOW
POLYESTER
PUPPY

RABBIT
RUG
SHOE
SILK
SNOW
SQUISHY
STUFFED ANIMAL
STUFFING
SUEDE
SURFACE
SWEATER

TOY
VELVET
VOICE
WATER
WHISPER
WINTER JACKET
WOOL

```
I U U G Y N Y K K A J N H C O V Z W X F
Y P C L J P T D K O S W E A T E R J F G
K Z K C P R S O B G X D M T Y A E S L S
T I U U I W I N T E R J A C K E T C E A
K S P H C U O C O Z C L O O W U S D Y M
L I Q I E L L L S W S U F G F C E N H A
G G S X L Z F H L T V S S F J U Y E S C
B B R B P L Q P U A N O E H S E L T I G
C S Z I U G O F T K M D I R I K O T U V
D F R F T T F W L E A H B C T O P I Q E
S T F Z Q I T I L N M Q S V E T N K S L
X Y T F N N S E I N N U B R C E A Q R V
P C I G K L A M R R E T S M A H S M U E
R E S A A T A B R E A D Q P F M O P F T
Q Z C T H L B Z Q P R R I R R E P A I D
X R E E L T N E G S R G E J U Q B B O L
B P R V E S O N D I I T O Q S R B G Q A
J I X N T L Y Y T H A Z H G I A C M U B
I W N F S P F X N W H R S C R S G M Z R
K Q M E B E M A B M D K G W A P M Q L B
```

Solution on page 330

One Direction

CHARTS

CONCERT

CRITICS

DARE TO DREAM

DEBUT

DVD

ENGLISH

FOUR

GLOBAL SALES

HARRY STYLES

HIATUS

HITS

INTERNATIONAL

IRISH

LABEL

LIAM PAYNE

MIDNIGHT MEMORIES

MUSIC

NUMBER ONE

ONE THING

PLATINUM

POP

RECORD

REVIEWS

SHOWS

SIMON COWELL

SINGING

SOCIAL MEDIA

SOLOS

SONG

STORY OF MY LIFE

STUDIO

SUCCESS

SYCO

TAKE ME HOME

TALENT

TEENS

TELEVISED

THE X FACTOR

THIS IS US

TOP TEN

TOURS

UP ALL NIGHT

VOCAL

ZAYN MALIK

```
S R V S D E S I V E L E T S S V M E S I
W E P O E H S T S G L U B E S A S T Y B
E M L Y C L Y U O H S I R I E C I O W T
I O C Y S A A H S R O T X R C H N X A O
V H K X T W L S I I Y W D O C B T L B V
E E V U B S K A L A S O S M U J E T S D
R M B P N M Y H B A T I F E S N R Y O K
N E C O N C E R T E B U H M T Y N N C U
D K I P D T O U R S L O S T Y T A R I P
W A G M V V D A S A I T L H M L T U A A
C T E U O I D U T S H M H G R S I O L L
T R G N I G N I S O J K O I O S O F M L
E C I I O M D G N I H T E N O O N W E N
V N H T W R E C O R D H G D C L A V D I
L T G A I L E N Y A P M A I L O L G I G
Z H O L R C I B H C I S U M M S W C A H
S C U P I T S E M Q R O T C A F X E H T
S N E E T S S U M L M S Z T P T W L J
C A V B H E H Z A Y N M A L I K P T Q L
F E M Y C B N V A O R L P K V F J T B S
```

Solution on page 331

Recycling Station

```
A W B E C T C Z M C S H L G B U M L C X
D Y B D B J N J K L E E T S I Z X Y U E
C U B M I P N F L A W A S K V L Q V S U
E S A Y Q A C A R T R P O Q J P J L E T
Q T H W K B O O U E E T P Z V X E E D F
A D C N I Z S L S M C O M K V R Q A U Y
A H Y I U R L D I L K Y O J R E U D W G
V O U R D V E P U Z L U C A I P I C X B
B X I O U E H Z E M T U B L F P P R U F
A R G N W B B S E D P A G I E O M U L H
M H O D Y N O R A P P L I A N C E S B P
Z A F S M D E T O R M U R R E N N H I X
U P D S X T E A T K T M I B P S T L C J
O E F X T D T S M L E I M C W L E X Y U
C I G I R R U U T W E N S Y B W A D C E
S G L R U E V A N R O U F C O R E N L W
I T A W C R O N D S O M G A R B A G E M
C L S W K B O F E G F Y R W R A V S W O
E R S X Q I I P F L E K C I N P P A S X
C U F U Y H P V I W F M S Y M X D H I Z
```

AIRPLANE
ALUMINUM
APPLIANCES
BARRELS
BICYCLE
BOAT
BOTTLE
BRASS
BROKEN
BURY
CAR
COMPOST
COPPER
CRUSH
DEBRIS
DESTROY
DOG
DUMP
EQUIPMENT
GARBAGE
GLASS
HEAP
IRON
LEAD
LITTER
METAL
NICKEL

OIL
OLD
OUTDATED
PILE
RECYCLE
RIMS
SCRAP
SEAGULLS
STEEL
TOY
TRASH

TRUCK
USED
VAN
WEEDS
WIRE
WRECK
ZINC

Solution on page 331

TV Through the Years

ADDAMS FAMILY
AIR
ALF
ANDY GRIFFITH
ANIMATED
BEWITCHED
BONANZA
BRADY BUNCH
CAROL BURNETT
CARTOON
CHEERS
DECADES
DETECTIVE
DRAMA
EPIC
FAMILY TIES
FILMS
FLINTSTONES
FLIPPER
FONZIE
FULL HOUSE
GAME SHOWS
GOLDEN GIRLS
HAPPY DAYS
HONEYMOONERS

LAUGH TRACK
MOD SQUAD
MUNSTERS
NEWS
NIGHTLY
PROGRAM
RETRO
SEINFELD
SERIES
SITCOM
SLAPSTICK

SOAPS
STAR TREK
TECHNICOLOR
THEME
VARIETY ACT
WEBSTER
WESTERN
WHOLESOME
WINGS

```
Y I G F O R S M L M V I F H I Z Z W B V
M D S Y A D Y P P A H A N E W S P A O S
O C Z A C V B B R B M S V K E E M L R I
D C R F Z V A I S I R S L C P R N L C Y
S L R I G N E D L O G E A A P I H F I D
Q D P K O T A Y D D Z N H R P E F O P F
U E I F Y R T N R A I O T T R S T N E U
A H Y A I I T A O M M T I H O R T Z T G
D C C L E B M E A B U S F G G O E I B H
A T G S T A R T R E K T F U R L N E C D
Y I F A Z H E A W I H N I A A O R I A K
G W I U M D G H D E P I R L M C U C R Q
D E Z P L E O I M Y I L G M W I B U W W
L B U R W L S E N V B F Y D U N L M R T
E C Y U E I H H G F D U D X E H O Y E O
F P M S R E N O O M Y E N O H C R M T F
N O O T R A C G U W V A A C T E A H S Y
I M U N S T E R S S S F L I H T C D B W
E W S E V I T C E T E D S F L I P P E R
S R E E H C V R J A H Q N R E T S E W S
```

Solution on page 331

Attending Harvard Law School

```
X F C E U R E W N A E D M S S E Z G Y B
N W A Y L W L J Y L B E Q P D L T N T G
T K F N E B E N I A Q A R U P I E E I I
Y I G A A N N B R L E I C G R T C E S O
J E L D R N R E X V V A C Z E E I T R T
N T N T N A X O I A T O M O L D T A E K
H Z Z O R A U S T I N H A L L E C U V Y
N L P Y M L N E O T C K R H S F A D I I
L Q R M H E L N R E A D T U E H R A N T
D R O Y P K B A F S O L H L C N P R U W
T T F X B Y C T H J N C A A E O E G Y N
Z L E A O T S O N D A O M W G I G H D Y
S X S M S L A R A S N P I C I T D A U Q
M K S A T U L S S E U U N S T A I R T S
W G O B O C U A H S C A O L S G R V S E
U Z R O N A M L I C I I W P E I B A U B
D O F Y B F N A G O I R T T R T M R O N
J S G O B D I G R U C R Q S P I A D M P
S P D S R H S E I R A N I M U L C S A Y
O S K H G G W L N T S E G D U J Z F F H
```

ADMISSIONS
ALUMNI
ATTORNEY
AUSTIN HALL
BAR EXAM
BOOKS
BOSTON
CAMBRIDGE
CAMPUS
CONTRACTS
COURT
DEAN
DEGREE
EDUCATION
ELITE
EXPENSIVE
FACULTY
FAMOUS
GRADUATE
HARVARD
JUDGE
JUSTICE
LAW
LEARN
LEGAL

LIBRARY
LITIGATION
LUMINARIES
MARTHA MINOW
MASSACHUSETTS
MONEY
OBAMA
OLD
POUND HALL
PRACTICE
PRESTIGE

PRIVATE
PROFESSOR
RICH
SENATORS
STUDY
TEST
UNIVERSITY
WEALTH

Solution on page 331

Sea Otters

ALASKA

ANIMAL

AQUARIUM

AQUATIC

BEACH

BROWN

CALIFORNIA

CARNIVORA

CLAMS

CRUSTACEANS

CUTE

DIURNAL

DIVE

ENDANGERED

FISH

FLOAT

FUR

GUARD HAIRS

HABITAT

HUNTED

INSULATION

KELP

KEYSTONE

MARINE

MUSTELIDAE

NO BLUBBER

OCEAN

PACIFIC

PAWS

POLYGYNOUS

PREY

PROTECTED

PUP

ROCKS

SEA

SHARK

SHORE

SKIN

SLIPPERY

SMALL

SPECIES

TAIL

WATER

WHISKERS

ZOO

```
C J S R E K S I H W A U B V M C E F N I
C H C A E B J F X H D H L A M I N A I T
C F H F I B S S W Z P E F L X F I O G J
O P T Y W V B F L O P R Q K F I R Z S Y
L K P O D L W U R O A O O G E C A Y E Q
K M H C R E A R L N A H T T T A M R A I
T B U C R L R Y P B D S Y R E P P I L S
A M C S K U G E O I O I I Z R C C S K M
E Z I F T Y S C G D I N S U L A T I O N
Z I T Z N E E T U N D I V E L S N E K P
E K A O T A L S A E A Z O I I K O A D F
D I U R N A L I R C N D F H U C D F A J
L S Q G O H I X D C E O N O S O E T L Q
V A A R V V A L H A R A T E E R T P A Y
U S Q R F O I B A N E K N S H T N R S R
Q H R E T A W N I B J C L S Y P U P K K
M U I R A U Q A R T L L I P H E H C A I
K Q T H O A B O S A A F D U W A K E L P
X S S B L B W K M M C T K D S O R A O Y
D C H M F N I S S W A P Q E G D N K Z J
```

Solution on page 331

Campfires

ASHES

BEACH

BLANKET

BURN

CAMPER

CEREMONIES

CHAIRS

CIDER

CIRCLE

COCOA

COOLER

CUPS

DANCING

ENTERTAINMENT

FAMILY

FIRE

```
K L L Z W G D M I H G J L W T K H Q U U
T P E T A X A H E E X N S I H P B C J J
N N P B U R N V Y F D U I Y T E F A S H
Y F E R B V C L L G N I T S A O R K C E
D X B M G N I T S A O T J A C S I A F K
O W R B N M N T E S M O K E I S E H S A
O A G S A I G M Q P E G R K N B N M G S
W F Y F H F A E L P O E P F O O D K A V
M L B H K T C T J H M T N T M I S H G G
V A H J C S Y K R O S H O L R E L O O C
R M U H O W T M N E P E I R A E R I F E
G E E N I L O I I J T R T S H C P B K I
U S G J I D E R K E S N C S T H L M P C
A S S Z J S O A A S G E E Q T A H Q A A
M V I S I T S T G E O S L Z N I R C B C
X Q O A S L L I R G L S F K Y R C S P I
N X E F N K C U P S W C E G Y S O K G S
N C P Z S K P G P C L T R E D I C C S U
N M R U E U A H Q H T R E I R H V J K M
J L G C M J G B L X A O C O C D M U G S
```

FLAMES

FOOD

FRIENDS

GAMES

GRILL

GUITAR

HARMONICA

LOGS

MATCHES

MUGS

MUSIC

MYTHS

PEOPLE

REFLECTION

ROASTING

ROCKS

SAFETY

SING

SKITS

SMOKE

SONGS

STARS

STICKS

STORIES

TOASTING

TOGETHERNESS

VISIT

WARM

WOOD

Solution on page 331

Principal's Job

ACADEMICS
ADMINISTRATOR
APPOINT
APPROVE
AUTHORITY
BOARD
BUDGET
CAPTAIN
COMMITTEE
CONFERENCE
CURRICULUM
DETENTION
DIRECTOR
DISCIPLINE
DISTRICT
EDUCATION
EVALUATION
EXPERIENCED
GUIDE
HEAD
HIGH SCHOOL
HIRE
INTERACTION
KNOWLEDGE
LISTEN
MEETINGS
OBSERVE

OFFICE
ORGANIZATION
OVERSEER
POLICY
PROFESSIONAL
RAPPORT
REGULATIONS
RESPONSIBILITY
SAFETY
SCHEDULE
SUPERVISE

SUSPENSION
VISIONARY

```
X G C C A P T A I N E T S I L K A G F Z
S C H E D U L E S C I M E D A C A Y Z D
A C O M M I T T E E R J P Y R D D J H A
F E P E N O I H D S A O U T M E R E T P
E M N E O R P R O F E S S I O N A L X P
T C B T I E N T E R I H N L M D O V D R
Y F Z I T G O R X K I I P I U L B I U O
B O I N A U I O P X S T S B L L B S I V
F P V G Z L T P E T Q R Y I U P N I M E
O J U S I A N P R H I G H S C H O O L D
C E X U N T E A I K P D R N I O I N E U
G G S S A I T R E K I O G O R F T A V C
S R U P G O E B N S T T U P R F C R R A
J R P E R N D P C C E Y I S U I A Y E T
P B E N O S N I E G C C D E C C R M S I
Z E R S R M P R D I O V E R S E E R B O
P K V I K L I U L K E V A L U A T I O N
Z M I O I D B O Y C O N F E R E N C E G
X V S N A P P O I N T C I R T S I D O B
G J E G D E L W O N K V F B J T T J M Q
```

Solution on page 332

24

Words with *IT*

```
N P J H W N J F W C K S H O P H B T J K
P E K Q A T A R V H X F A V O R I T E H
N E X Y Y L I C E G Q D S N V T S I W P
L Q R C O T T R T U D A M K L Y C A R K
C N Q M I S I I I I C Q G E E B U B I L
D I G N I T Y V T P V R N F K N I T T L
P M G H A T E I A U S I I D E N T I T Y
H A Z G T Y O S W R D A T T I T U D E J
U T E T I N I F E D G E I Y I O X S N D
V I X I I N F I N I T E V A S C L M K J
K V C U Y U N I C I T Y N C T A A Y X Q
Y E I C T T S E T C Q A I F T J T L D F
A P T R I C B E G X I T K I O I I E P U
I V I I T N P D X O I T C R R T T T B L
C L N C N P I S M R R E I U U I U A G G
H Y G N A A Z T C Y R T C Z C X D T U N
X J A L U F R H I B Y E I X E E E I R H
E P T X Q K W G B A S Q E N D N T M P L
N Y Q S R U P I T A L I C S X A I I K F
G P N H I W P X T E T I C E R E W D E E
```

ACTIVITY

ADDITION

ALTITUDE

APPETITE

ATTITUDE

BAIT

BISCUIT

CIRCUIT

CITIZEN

CITY

CRITICAL

CRITICS

DEFINITE

DIGNITY

EXCITED

EXCITES

EXCITING

EXIT

FAVORITE

GRANITE

GRAVITY

GUITAR

HERITAGE

IDENTITY

IMITATE

INFINITE

INITIAL

INVITING

ITALICS

KNIT

LATITUDE

MAJORITY

NITROGEN

PERMIT

QUANTITY

RECITAL

RECITE

SECURITY

SPIRIT

SUIT

TITLE

VITAMIN

WIT

WRITING

WRITTEN

Solution on page 332

Alive in the Rainforest

```
N I E V A E L W G P P B J A T B R B J E
L D E U U M A C A W A T E R J P D K R R
Q C C B J O P P I H U O M B K R F H L S
B Q Z H O P W O Z T Q N G O R I L L A J
U M T F M B T A D N O C A N A N A U G I
G L A X O R E T S N H X N C V M J O L L
S K S A G N O E A G S Y E S D G R L E T
K T R E B R E K T B U T T E R F L Y X O
V Z N I R R W C O L B N C E A E R V L U
X A O A T I C I M R E S A Z A O D L X C
S T P L E M U R N O F I P N T O I I Z A
F K T R O P I C A L S N I A R D H V P N
C K K N S N T T T R J Q G P A D C N K S
H A Y R S N C A U A B I U M B R R Y R S
T G D E U S L A G O L O R I A A O Z E N
O E C P K W B U N L C A C H T P Q V G A
L T Z T P N A U A O M G E C X O A S I I
S O Y I G R O H R Q P C S N R E F N T L
J A J L Z U J M O H Y Y C N L L R W L M
Z D Q E D S O L C G S D R I B Q C K P A
```

AARDVARK

ALLIGATOR

ANACONDA

ANTS

ARMADILLO

BAT

BEETLE

BIRDS

BOA

BUGS

BUSH

BUTTERFLY

CANOPY

CHIMPANZEE

COBRA

CRICKET

EXOTIC

FERNS

FROG

GORILLA

HIPPO

IGUANA

INSECTS

JAGUAR

LEAVES

LEMUR

LEOPARD

MACAW

MONKEY

MOSQUITO

ORANGUTAN

ORCHID

PARROT

RAIN

REPTILE

SHRUBS

SLOTH

SNAIL

SPIDERS

TIGER

TOAD

TOUCAN

TREES

TROPICAL

WATER

Solution on page 332

Justin Timberlake

```
X S U O M A F N Q R U C O U N I L X Y K
N X R Z W M P E R F O R M E R S S D S B
G D M A L F U N C T I O N L O O U A R X
J D R S E B O R D R A W E L C C G A A Y
B D U O E H T O A Y Y I O I K E N K E P
S T R E C X L G F T B M A R Y Z M Y P S
N R M D N E D P J A S L E V O L Y M S O
N E R I A Y R R C M N S Y A U T D Y Y N
E C O V D D E I O E U X P V R S C I E G
Y N A S B C S G T O E B U U B I I A N S
L O I M U S U W M S C S L B O T V M T T
J C P D E P O Y M J H E S A D R E E I M
F B O J G R E B M E U P L E Y A G G R R
Y R P B K K O R N A M S S E N I S U B B
P M C Z C Y A N B L W P T E B N D S E N
P O M I B N S M D O W K H I I R E W M B
A M M A D C S R U I W N W I F V I T T V
T B N A R E G N I S A L U P S I O T T D
E D L M Q G U D O C I Z N P R R E M Y Z
X L C F S Z I N I Z H C X S X L O D I W
```

ACTOR

ALBUM

ARTIST

AWARDS

BOY BAND

BRITNEY SPEARS

BUSINESSMAN

CAMERON DIAZ

CELEBRITY

CONCERT

CRY ME A RIVER

DANCE

EMMY

FAMOUS

GRAMMY

GROUP

IDOL

JESSICA BIEL

JUSTIFIED

MALFUNCTION

MEMPHIS

MICKEY MOUSE

MOVIES

MTV

MUSIC

MY LOVE

NSYNC

PERFORMER

POP

PRODUCER

RANDALL

RECORD

RICH

ROCK YOUR BODY

SEXY

SINGER

SNL

SOCIAL NETWORK

SOLO

SONGS

STAR

SUPER BOWL

TENNESSEE

VIDEOS

WARDROBE

Solution on page 332

Windows

```
F N Z G T R C L E A N I C L K H L E S C
V P P C Q F S H A D E S G C R S Q Z Y X
W U L D Y W F O L P E Z A I Z Z J O Q H
X V X X H Q N H E A R R I A S R W K X C
P V F U O L S V W L C Z C D H A H Q H C
Z R D S U A C N F J S B L R U L D W G O
L W O V S P I B H D S G L A T O A G D J
Z F O Q E N T Z L L A W N N M S N E P O
F C R D G N N R F Q L P E I H R T S L Q
F V S E N E T Y A Q G R W I R N E L A H
Y N I T I I Y I W N A P N I E E I H S X
U H A N D G W H L P S G I M L S V D T N
M C K I L Z C F S A N L E C T Y I O I M
Y N C T I R R N O I T C U R T S N O C G
F E O P U Q A N D O A I C C P U X I R Q
B R L H B R C I G L R D O L E N R I V C
S F C B T F L K P I J A A N O N D E P I
E X A R U S W E I V S Y C X K S T N M Q
U Y A Z P O R T H O L E I R O G E A F M
Z L A Z M E D Y N I U G D N I L B P G U
```

AIR

AWNING

BAY

BLIND

BUILDING

CAR

CHURCH

CLEAN

CLOSE

CONSTRUCTION

COVERINGS

CRACK

DESIGN

DISPLAY

DOOR

DOUBLE

FRENCH

GLASS

GRIDS

HOUSE

LOCK

OPEN

ORIEL

PANE

PICTURE

PLASTIC

PORTHOLE

REPLACEMENT

ROOF WINDOW

SASH

SCREEN

SHADES

SHUT

SILL

SLIDING

SOLAR

THERMAL

TINTED

TRANSLUCENT

TRANSPARENT

VENTILATION

VIEW

VINYL

WALL

WASHING

Solution on page 332

Husbands

ALLY

AMAZING

ATTRACTIVE

BELOVED

BRAVE

CAPTIVATING

CARING

CHARMING

COMFORT

COMMITTED

COMPASSIONATE

CONSIDERATE

DEAREST

DEDICATED

DEPENDABLE

DOTING

DRIVEN

ENERGETIC

FATHER

FRIEND

FUN

GENTLE

HONEST

HUMOROUS

KIND

KNOWLEDGEABLE

LOYAL

MASCULINE

NICE

NURTURING

OPEN

PATIENT

PROTECT

PROVIDER

RESPONSIBLE

SILLY

SINCERE

SMART

SNORE

SPOUSE

STRONG

SUPPORTIVE

TRUSTWORTHY

WISE

WORKER

```
K W T I S I N C E R E V C H A R M I N G
T I V P F U N E D Y R W A P A T I E N T
O S X G E V O E N I L U C S A M T I W H
C E N V A T T R A C T I V E S T R O N G
Z A S I F A E E O O A U D R E U U T E H
D T R U C T L D Q M L P F Q T B S O Z D
L H R I O E B I F P U T T R D E T Z T R
V A D O N P I V V A C H U I R D W K C I
V E Y C F G S O Z S O N S A V M O G O V
D W T O Y M N R U S N G E I R A R F S E
P O B M L R O P X I S D Z Q L X T R B N
W R U M L Y P C V O I T B E F L H I A E
V K O I A O S N S N D C D E A R Y E N R
F E G T R Y E L B A E G D E L W O N K G
A R S T E P R V B T R G N I T O D D G E
T E I E O C H E H E A T B I P S V O B T
H V R D N R T G E N T L E G Z M E E L I
E A E O E L B A D N E P E D P A K N D C
R R K I N D E R E D D P O Y L R M L O X
B B T L G S B D I O L D F Q C T S A G H
```

Solution on page 332

It's Legal

```
T H J S T S F H X B W R G U I L T T X A
X C N O C N J Y N C O C S N C K Y E M Z
A G O I I U O E R T U E O X I F T R Y A
A Y H U D B X I I A N S R S N L I M S I
D T X G R P A C T T T K T S D O L S Z N
E E E T E T I Y E C N E C O N N I I S B
E X F R V L E N N F E I R B D S B T B K
H P T E O T C N V O H J S C T Y A H O Q
Y S S S N E D D W E M N B A E O I G T M
U N Z E W D Q Y C K S I N O T S L I C A
U N I A U N I I R E L T T E S V S R A R
D L L R G Y T O P U N F I S S U R Y R U
C S A C I S W R A C J J Q G E P D P T Z
G M E H U R E P R E S E N T A T I O N O
W U P J E C C I A E N F S U M T V C O B
S D P P E C M R L I T I G A T I O N C I
G Y A D W I S S E N I S U B C L R R W F
W P E C N V O S G F W U W B E N C H S J
I N B A R I Q P A A F E A R G U E P Y T
T G L B O L V C L D Q O Q V I C N I U K
```

APPEAL

ARGUE

ASSISTANT

BENCH

BILLING

BRIEF

BUSINESS

CASE

CIVIL

CLIENT

CONTRACT

COPYRIGHT

COURT

CRIMINAL

CUSTODY

DEFEND

DIVORCE

ETHICS

EXPERTS

GUILT

INNOCENCE

INVESTIGATORS

JUDGE

JURY

JUSTICE

LAW

LIABILITY

LITIGATION

MOTION

OBJECTION

OFFER

PAPERWORK

PARALEGAL

PRECEDENT

REPRESENTATION

RESEARCH

SECRETARY

SENTENCE

SETTLE

SOLICITOR

SUE

TERMS

TESTIMONY

TYPE

VERDICT

Solution on page 333

Rhode Island

```
E R O H S E A S I D E Q U A H O G G I G
S Y A B Q Q C O L O N I A L S T E L N I
G S E L I T X E T E X T R O N S M A L L
S E G A L L I V P Q N C O V E N T R Y B
D M V M I F D C W O O N S O C K E T F J
S L A T E R M I L L I H H T O M I R E J
W F X K G A Q U I D N E C K I S L A N D
A Z A L P Y D E N N E K Y L R E T S E W
T W A R W I C K S H T A P E L C Y C I B
E G E L L O C R A W L A V A N E S N E D
R T C O N A N I C U T I S L A N D J Y L
P E I T B R O W N U N I V E R S I T Y E
L K R N O I T A C U D E S T U A R Y N I
A C O E A J W F T N O R F H C A E B O F
C U T C T E D N A L G N E W E N Z I T H
E T S C P R A R C H I P E L A G O O S T
P W I A I Y S T A T E K I N G S T O N I
A A H E R A C H T L A E H R O B R A H M
R P F B R I S T O L M S I R U O T F O S
K L I M E E F F O C R A N S T O N G J R
```

ACCENT

AQUIDNECK ISLAND

ARCHIPELAGO

BAYS

BEACHFRONT

BICYCLE PATHS

BRISTOL

BROWN UNIVERSITY

BRYANT UNIVERSITY

COFFEE MILK

COLONIAL

CONANICUT ISLAND

COVENTRY

CRANSTON

DENSE

EDUCATION

ESTUARY

HARBOR

HEALTHCARE

HISTORIC

INLETS

JERIMOTH HILL

JOHNSTON

KENNEDY PLAZA

KINGSTON

NAVAL WAR COLLEGE

NEW ENGLAND

PAWTUCKET

QUAHOG

RIPTA

SEASIDE

SHORE

SLATER MILL

SMALL

SMITHFIELD

STATE

TEXTILES

TEXTRON

TOURISM

VILLAGES

WAKEFIELD

WARWICK

WATERPLACE PARK

WESTERLY

WOONSOCKET

Solution on page 333

Astrology

ALIGNMENT

ARIES

ASCENDANT

ASPECTS

ASTROLOGER

BIRTHPLACE

CANCER

CAPRICORN

CHART

DESCENDANT

DIVINATION

EPHEMERIS

FORECAST

FORTUNE

GEMINI

HOROSCOPE

HOUSES

JUPITER

LEO

LIBRA

MARS

MERCURY

MOON

NADIR

NEPTUNE

NORTH NODE

PISCES

PLANETS

PLUTO

PREDICTION

RETROGRADE

SATURN

SCORPIO

SIGN

SOUTH NODE

SQUARE

STARS

SUN

TAURUS

TRANSITS

TRINE

VENUS

VIRGO

ZODIAC

```
Y Y S X I M V F O R T U N E O M A R S S
A V E N U S N M O O N J D P T C L T E U
P E D P U T X L T R E T I P U J C I B Z
G R X N O Y R U C R E M S V L E R H D E
I L E G Y C X A N R O C I R P A C S V L
P Q R G N P S M H O B P A S T E N A L P
Q I A E O J Y O I C I S A S U S E T O Q
V W U M I L V W R Z R T Z N T I D U A G
N Z Q I T M O A J O T A C N W R A R I Y
U N S N A A S R S G H R T I T E R N G S
H D A I N H U E T U P S N D D M G X C I
P Z H S I X C R U S L I E D T E O O L G
N C D U V S Q L U D A S M B K H R E X N
B A T I I N B B I S C S N E P P T P I E
D I J P D W R S P E E L G C I E E X R N
M D Z N O R T H N O D E I O A R R V E I
S O U T H N O D E G Z O L D N N A D I R
C Z T T M B A Q O E T N A D N E C S A T
G C T R A N S I T S E S U O H W C E E P
A N E P T U N E L R M W T W P L I B R A
```

Solution on page 333

Remember Watergate?

```
F O W H I T E H O U S E S P I O N A G E
Y J A R T N E M N R E V O G R R Q V N S
O P S Y N B O B W O O D W A R D Z G K Y
J O H N E H R L I C H M A N S U O N O J
M L I N M F B I N V E S T I G A T I O N
I I N E H T R U O C E M E R P U S P R O
T T G F C I S Y R A L G R U B T S P C I
C I T Y A I D U A R F N G I A P M A C T
H C O S E D F S E L K S A O T T O T K A
E S N R P N F F R B R M T N H N K E D N
L B P E M U O O O E Z Q E T I E I R E G
L R O B I F Q M T R S D T S S M N I E I
A E S M G H R R H N I H A E T T G W P S
D P T U B S A W P S O C P R O C G B T E
N A I L X U X C E T U U E R R I U U H R
A P L P Q L V R E E X H S A Y D N D R M
C S R D O S P L R I C H A R D N I X O N
S W A P G O R D O N L I D D Y I O H A X
R E P U B L I C A N S M A R K F E L T Z
H N A M E D L A H E G A T O B A S E I L
```

ARREST
BOB WOODWARD
BURGLARY
CAMPAIGN FRAUD
CARL BERNSTEIN
CROOK
DEEP THROAT
ESPIONAGE
FBI
GORDON LIDDY
GOVERNMENT
HALDEMAN
HEADQUARTERS
HISTORY
HOTEL
HUSH MONEY
IMPEACHMENT
INDICTMENT
INVESTIGATION
JOHN EHRLICHMAN
LIES
MARK FELT
MITCHELL
NEWSPAPER
OFFICE

PLUMBERS
POLITICS
PRESIDENT
REPUBLICANS
RESIGNATION
RICHARD NIXON
SABOTAGE
SCANDAL
SLUSH FUND
SMOKING GUN
SUPREME COURT

WASHINGTON POST
WATERGATE TAPES
WHITE HOUSE
WIRETAPPING

Solution on page 333

Small Stuff

```
J E V U A F W G G W O K M O T H Q C H D
X W H M V C J R R C Q C D O R D N K F U
Z J T I Z X B E Y W S N O T O R P Z N G
M K W I X T L K K C A T Z G O I B I R D
Y Q M K B G M I Q Z H C N B N C U U D N
B F C R F B M E M J B I W C I Q B T C Z
W M T M F I P A P I T E L L E P U P P Y
H O J G K I H C T A N G M S G L Z B P C
C D V O O S E G S N A I S R D F L Y D T
R W N P A Y M W P N L B A G V A B C Z V
R A D L M T M U R L U I P T P M Q C S R
G G E J M F I K I N N N L D U P C R H B
K Y H O W D T M N Z Q E I K U R E E U X
E L T E U M E Y K E L A N O I S E T I D
R A O I O T E L L D C C G C C L T S A E
N I R U E Y E B E H W I K X E O I M Q L
E F S R S M B E S S E E D N N N B A I P
L E K M I E N S B E T A D P O L E H N O
J C R D P N P P B D M X M Z Y T F G F S
D W T S V E G D I M S U N P H V F Z N P
```

ANT

ATOM

BEE

BIRD

BUNNY

BUTTON

CELL

COIN

CRICKET

DICE

DIME

DUST

EARRING

EGG

EYELASH

FLY

GENE

GNAT

GRAIN

GRUB

HAMSTER

KERNEL

LOUSE

MILLIMETER

MINIATURES

MITE

MOTH

MOUSE

NEEDLE

NEWBORN

PEBBLE

PELLET

PETAL

PIN

PROTON

PUPPY

SAPLING

SEED

SEQUIN

SMIDGE

SNAIL

SPRINKLES

TACK

TADPOLE

TOOTH

Solution on page 333

Going to Band Camp

AUDITION
BAND
BARITONE
BASSOON
BRASS
CHAIR
CLARINET
CLINIC
COMPETITION
CONCERT
CONDUCTOR
DRUMS
ENSEMBLE
EXHAUSTING
FLAGS
FORMATION
FRIENDS
FUN
GAMES
INSTRUMENTS
INTENSIVE
MARCH
MELODIES
MUSIC
OBOE

PERCUSSION
PERFORMANCE
PLAY
PRACTICE
RECITAL
RECREATION
REHEARSE
RHYTHM
SAXOPHONE
SCHEDULES
STUDENTS

SUMMER
TEAMWORK
TEMPO
TIMING
TRUMPET
TWIRLING
UNIFORMS
WOODWIND
WORKSHOPS

```
R P G K Y B C J W V Y G N I L R I W T K
Z Q J Z A A L P P K R O W M A E T V V F
R R Y N E S S R E C I T A L U C L D P C
Q E D M U S I C A R M H T Y H R Z E M O
V M X W K O K P F L F U F R I E N D S N
Q M F C C O N D U C T O R I B A O U T C
E U T S N N S P O H S K R O W T P G U E
P S L C N O I T I D U A R M P I M C N R
R S R H G N I T S U A H X E A O E O I T
A G B A M S O T J T H S R S H N T M F P
C A O I E C R W A S N C P R C I C P O X
T L K R L H O X E M U E T L R F I E R F
I F A I O O E L V S R R M A A L N T M M
C L N R D G U R S K U O B U M Y T I S M
E I U W I D D I K M S Z F B R T E T E S
C O I S E N O H P O X A S C X T N I M I
N N B H S N E E F S T N E D U T S O A P
D W C O D A T T F J Q P D T I M I N G G
K S P T C D R U M S Y O K B E L V P I R
Y K I S C Y N B Q E N S E M B L E V E F
```

Solution on page 333

Recipe Books

```
X P F A D O A G E L G Y S D H H Y G P R
P G A N V A O Y Q D O T T K P K A F E D
P W Q E C I R T T A E N T S B Z N E O V
A I Z W X T G G C W V H T L A E H O M B
K J U S L I E Q S A U C E S K T F X S T
L R F U L U N C H J S P E C I A L T Y D
Y N O I T I R T U N W S I W E L S J A X
B P J P E L R V E M S H E S F E S P D C
R E C I P E P E I R C N E R S N P L I V
Z X Q D S H B G C Z N H O R O Y J A L L
C Y R S I A A E R W S A U I C L D T O Q
S Q E E F W S T E I D O T I T Y E N H Y
T D O Z Z A P A D C C C N I E C H E A H
A M X C L I J B F I U H I M O P E I E C
E Z S A S I T L T R T I E H C N U R B J
R X D K Z A H E T E A A S O D S A O I X
T S O E Z N B S P Q E U L I P A F L S D
N M E T D A N G G P M P D I N N E R F U
V X J I I I G N I K A B D J A E E R T X
A O I D P C R J G V J A S I A N B A B C
```

APPETIZER

ASIAN

BAKING

BEEF

BREAD

BRUNCH

CAKE

CANDY

CASSEROLE

CHICKEN

COURSES

CUISINE

DESSERT

DIABETIC

DIET

DINNER

DIPS

DIRECTIONS

DISHES

ETHNIC

EXOTIC

HAWAIIAN

HEALTH

HOLIDAYS

INSTRUCTIONS

INTERNATIONAL

ITALIAN

LUNCH

MEAT

NUTRITION

ORIENTAL

PIES

PORK

POULTRY

RECIPE

RICE

SALADS

SAUCES

SEAFOOD

SOUP

SPECIALTY

STEWS

TASTY

TREATS

VEGETABLES

Solution on page 334

Bone Up

```
R Q E N W X L C V W J W H X L E A W O Q
E R F J P M M J O S T R E N G T H B Q S
I V A L A R E N I M B A Y M K I M K H H
G P T N C W O S T E R N U M B L O O D P
P I L B M U N T B B P T L M A L U B I F
R U D Y T I S N E D Z A E O R L Z I I R
B U S J X S S T H C M N T V D T I B I A
L D R N W U R K L I T O Y E N G U B G M
I C T W O E T U N I P I R M L E O R Z E
I Q H R V R D A G I G T O E O L C O A Q
Y G O L O P O R H T N A O N P T A K L D
J P I P E A G U T S A C M T L A A E U S
S W P W Y S M N Y J I I B E F V H N P N
J U R P F A Y R O Y E F M O N E Z S A O
S W I O N G K I T R Z I R U Z T M A C D
G K B D X E N I P S T S A Y I U S U S N
S R U D A T E O J W H S T R U C T U R E
Y I Y L B R E H L D O O F C I V L E P T
X F J Q L K T T E T T X K A D M H A N D
W W K D D B B M G T Z Y K K M D U O C K
```

ANATOMY

ANIMAL

ANTHROPOLOGY

ARM

BLOOD

BROKEN

CALCIUM

CAST

DENSITY

FEMUR

FIBULA

FRAME

HAND

HIP

HUMAN

JAW

JOINT

KNEE

LEG

LIGAMENTS

LONG

MINERAL

MOVEMENT

NECK

OSSIFICATION

PATELLA

PELVIC

POROUS

PROTECTION

RADIUS

RIB

SCAPULA

SHAPE

SHOULDER

SKULL

SPINE

STERNUM

STRENGTH

STRONG

STRUCTURE

SUPPORT

TENDONS

TIBIA

ULNA

VERTEBRAE

Solution on page 334

Travel Arrangements

```
E I F F G C U K P A M P H L E T F S P R
A T T E P O R U E R Z D O C U M E N T S
H R V I E X C U R S I O N S T G P I R T
M O E N N L U A I S I A Z S A O A A G E
V P X S S E T A R S T R E K O X U G L K
Y S I U E Q R T W S E R C L B E E R M C
D S J R Q R N A I H A A P A E V T A S I
W A K A U U V S R F P N N T G I P B X T
B P L N O B S A O Y D G O N D T T N R H
X V D C W A M O T E L E I E E A X A F P
R W S E C I F F O I D M T R L T I Q E N
E I D O D J I T G P O E A E W N X R H M
D N S G L V N R B C X N N S O E K O T L
I T A C C O M M O D A T I O N S T R N P
U S N O I T S E G G U S T R K E Q A T G
G V K N A P T U N F E E S T L R L T K A
M E E T I N G K A W A R E S P P L E H X
Q G B A N P R M G N I G D O L E K Y P C
I A E C I V D A S E R U H C O R B O O K
G Y G T C C F F C C S H E W U W V U B P
```

ACCOMMODATIONS
ADVICE
ARRANGEMENTS
ASSISTANCE
AWARE
BARGAINS
BOOK
BROCHURE
CAR
CONTACT
COST
CRUISE
DESTINATION
DISCOUNT
DOCUMENTS
EUROPE
EXCURSIONS
FARES
FEES
GUIDE
HELP
HOTEL
INSURANCE
ITINERARY
KNOWLEDGE

LODGING
MAP
MEETING
MOTEL
OFFICE
PACKAGE
PAMPHLET
PASSPORT
PERKS
PLAN
RATES

RENTAL
REPRESENTATIVE
RESERVATION
RESORTS
SUGGESTIONS
TICKETS
TOURS
TRAIN
TRIP

Solution on page 334

Big Stuff

AIRPORT
BOAT
BRIDGE
BUS
CANYON
CASTLE
CHURCHES
CITY
CLOUD
CONTINENT
CORPORATION
DINOSAUR
EARTH
ELEPHANT
FACTORY
FERRY
FOREST
GALAXY
GIANT
GIRAFFE
HOSPITAL
HOTEL
LIBRARY
LIMOUSINE
MALL
MANSION
MOON

MOUNTAIN
OCEAN
PYRAMID
REDWOOD
RHINO
SEA
SHIP
SKYSCRAPER
SPACE
STADIUM
SUN

TRAIN
TREE
VALLEY
VOLCANO
WHALE
WORLD
YACHT

```
Y Y Q B U L M S B E A U C N D A X U G A
F E M J A I Z R E Y U A A O B O A T Q O
F E A T E F F A R I G X T S E R O F E J
Y E R R X I R E O E N I S U O M I L Y C
S C C H C T D S L J P L E T O H I D M J
X N S I H W E V O L C A N O R Z D O G B
O K T N O C A N O I T A R O P R O C A E
M Y V O A L I O U M H L J C C N W L L N
V S D P L O W J K P D I N O S A U R A B
B U S E E U D D E R R B O N E Y S I X Y
H A Y E T D F L G M C R I T H R K T Y R
W U H A R Y E A I U A A S I C O N S L R
N B A M O U N T A I N R N N R T C D L E
R P M H P P L I N D Y Y A E U C U E L F
W X Y M R I W P T A O F M N H A Y M A Z
E O J R I H K S H T N N U T C F J C M N
Y G R D A S D O C S R N R R E Y R U M D
C B A L E M F H A J U E I A K L Y S Q S
W L E A D K I V Y I E N S I Z F L M Y O
L E G Q I O B D D A C S J N B F S D G S
```

Solution on page 334

Romance Is Alive

AFFECTION
AFLUTTER
AMOUR
BEACHES
CANDY
CHAMPAGNE
CHARMED
CHERISHED
CHOCOLATE
CLOSENESS
COUPLE
DANCE
DATE
DESIRE
DINING
DRINK
ENCHANTED
FAIRY TALE
FANCY
FLIRTY
GIDDY
GIFTS
GOOSEBUMPS
HAPPINESS
HUGGING
INFATUATION
INTEREST

JEWELRY
LOOK
LOVE
MOONLIGHT
MUSIC
PASSION
PICNIC
PLANS
PROPOSAL
RELATIONSHIP
RESORTS

SPARKS
TREASURED
VIOLIN
WALKS
WHIMSY
WOO
YEARNING

```
A L W H L P N C J G Y O F O C Z S W L X
M U H P U V Z H X K R D P F X Z R T C D
D Z E C I G D E Y G E R E T T U L F A Q
A N N O F P G R N L L I L T L W I T I D
F C L U B J L I A X A N A D N N E N M E
A I O P B E N S N F T K T Y T A F F P R
N S D L W R O H F G I G Y E H A H A J U
C U Y E A P A E J W O V R A T P S C G S
Y M J E O Y C D A O N E I U J S F I N A
M O Y R S T Q Y S O S F A A I K E N I E
L S P M I R D E G T H T F O O V C C N R
C E I O U D B T H G I L N O O M N I I T
R H N O I U J U E O P M L L B W A P D M
W C M G M S S E N E S O L C A N D Y K Q
T A F P A X G O T Y J D S J H G E M Y E
O E S H A P P I N E S S K S I A I T C R
F B A Z L N M S F E A N R E S O R T S I
F R V K S K L A W T N J A E W I P M G S
H E T A L O C O H C S A P L L M U E E E
J L J C P R M P A C W V S F P R M F U D
```

Solution on page 334

Humanitarian Aid

AGENCIES

AID

AMERICARES

ASSISTING

CELEBRITY

CRISES

DIGNITY

DONATIONS

DROUGHT

EMERGENCY

ETHIOPIA

FLEEING

FOOD

FOREIGN

FUNDING

GOVERNMENT

HEALTHCARE

HOMELESS

INSTITUTIONS

INTERNATIONAL

LIVES

MATERIAL

MEASURES

NEED

NETWORK

NEWS

NGOS

OBJECTIVE

ORGANIZED

OXFAM

PEOPLE

PROTECTION

PURPOSE

RED CROSS

REFUGEES

RESPECT

SAVE

SOLICIT

SUFFERING

UNICEF

UNITED NATIONS

VICTIMS

WARS

WATER

WORKERS

```
Y O D S B M C K F L Y L G W I D F O O D
D K D V S F A U R S M A F X O O H R Y E
H F I I T E L T Q O E C C N R R R U Z E
Q E A C N M L E E Q W L A E F V K C B N
D C Y T E W C E E R L T I W W S S E P H
F I Y I M L L A M I I G E D R K E S R O
P N Z M N A E A G O N A I N E D E V G S
B U N S R S S B N E H G L H D S G P I J
L E R E E M T S R O N X O A C E U R T L
Z V T P V A O I I I I C M S R R F O A H
M A E W O A B R T S T T I G O A E T A U
W S S P G S J Y G U T Y A E S C R E W J
R M U N I T E D N A T I O N S I A C U J
R I F B L I C R I I N I N H R R C T J D
W F F A P C T O D P S I O G Z E H I E F
Z A E P E I I U N O Y E Z N N M T O C Q
Y A R N O L V G U I K O S E S A L N W Z
L R I S P O E H F H C P H I D W A I I E
V H N D L S E T B T Q E M E R G E N C Y
P A G M E A S U R E S P E C T C H N T X
```

Solution on page 334

Do It Yourself

```
P A I N T R D I C Y I L K A R H D X X Z
F U C I R B A F R F B F V P O O A Q L O
R I M N O P O L O G H K C G I I U N I E
D E B K F H E A C P W S I C S I T I D T
L D S S F W W D H M E D M T L R H A Z Y
I A A N E K T N E H E O F T N O R J P S
U C N J C L N J T C O A S A M G I V E P
B C D D P C A O K R R E S E P M H V I N
I O P O S N L A H C I L M U P L L S V A
V M A B Z C P T H L O A G R R E T A P E
S P P C Y S A E P O D C O C H E A P E R
O L E K X B V P T E Z V R S U C G D P Y
V I R A F T U J I G E D C Q N R K N R U
Q S Z C E S F U R N I T U R E E S E O N
U H P I L X X X F E G O A M I A T K J Z
P M I S T A K E S L B B B F V V T Q E E U
D E S I G N D S E L W X P I O E Z E C R
D N R M R O F S N A R T N P X N I W T J
C T H W O R K E N H I G L I T T E R O F
C I V W R R L B I C S Y O T J W V R C R
```

ACCOMPLISHMENT

BATHROOM

BOUQUETS

BUILD

CHALLENGE

CHEAPER

CLOTHES

CRAFTS

CREATE

CROCHET

DECK

DESIGN

EFFORT

FABRIC

FELT

FIX

FURNITURE

GLITTER

HANDY

HOMEMADE

IMPROVE

JEWELRY

KIT

LANDSCAPING

MEASURE

MISTAKES

PAINT

PATIO

PLANT

POTTERY

PROJECT

QUILTS

RENOVATE

SANDPAPER

SAVINGS

SHELVES

SUPPLIES

TAPE

TOOLS

TOYS

TRANSFORM

UPGRADE

WEEKEND

WOOD

WORK

Solution on page 335

In Pockets

BADGE

BARRETTE

BILLS

BOOK

CANDY

CARDS

CHOCOLATE

CLIP

COINS

COMB

COUGH DROPS

CRUMBS

DIME

DIRT

DOLLAR

EARBUDS

EYEGLASSES

FUZZ

GLOVES

GUM

HAND

HOLE

IDENTIFICATION

INVITATION

JEWELRY

KEY

KNIFE

LICENSE

LINT

LIST

MONEY

NAPKIN

NOTE

PAGER

PASS

PEN

PHONE

PINS

PURSE

QUARTER

RECEIPT

STUB

TOOLS

WALLET

WATCH

```
P T G T K H N F V P K P S J Y B N M B Q
P C Q V W Y P Z O T S I L E M I D L S Y
A S X G J P A B P I J N O W L I N T W P
E Z A P C F G B I S G S O E L D D F L F
K U W I Z L E C B E S I T L N E T O N O
U I J J Z I R C R A P A D R A N S E Z C
P B T S R U W E D M L S P Y P T H R Z L
B M Y E M O C E T O U A W X K I R J U I
V D T B Y E G L C R Z R V U I F N H F P
G A S X I L N O I T A T I V N I M U P R
A N I P U I H H C L B U T S C C V X V H
X S T Y N C S L L I B E Q K O A O S Z G
D J X V E E C O I N S N F U N T N M S N
F C T Z P N D V M V Q O G V K I X D B W
E I I D Q S O S P D D H Q L O O F Z Y J
H F K H P E I M D I D P K D O N W E H E
P U Z B P S D U B R A E C N B V K M U G
Y H F R J X L J O T A A W A L L E T C D
G L P V W I Q P W A T C H H C B Y S J A
E A M S E S S A L G E Y E T T E R R A B
```

Solution on page 335

He's a Rock Star

```
C I V L N Z H P T F R I M O B W F V K A
O D O Y B O C U R A L U P O P V E Z R H
N O I T C N I T S I D I O A J Y H A D Q
T L C I N L R T A E V B R T T C E O K D
R I E R I J E M A N I I Q C P S E N W E
O Z T B K E W X M T T P L R R Y R O L G
V E F E N L R N A N U W U E N E R G Y Z
E D W L A Y E N O M P P K O G C L F C F
R C X E N T I P W W P A E W R E B V E A
S K N C S S F U Q I E W M R E G G A I N
Y T J E A E I E B P D U B A N D H L S S
M T H E N F L K S T R M U A U T A D T S
Q F E G C I P A E D A T I W H E I Z A B
U N A I I L M M N Y O S K A W O R I G U
F G S T R L A O R G B H J T L X O E E L
A U G S H O U A R Q L O G B K C G R G A
M E D E W V T A M P L N A C O N C E R T
E Q A R R I P O L N I T P R U Y U A E E
J N L P U H S G N S B K U R D G C P O M
H J R G T J A I H S O N G K T O B C Y H
```

ACCLAIM

AMPLIFIER

AUTOGRAPH

BAND

BASS

BILLBOARD

CELEBRITY

CONCERT

CONTROVERSY

CROWD

DISTINCTION

DRUM

ELVIS

ENERGY

FAME

FANS

GLORY

GROUPIES

GRUNGE

GUITAR

HAIR

IDOLIZED

KEYBOARD

LIFESTYLE

LIGHTS

MAKEUP

METAL

MONEY

MUSIC

NAME

NOTORIETY

POPULAR

PRESTIGE

PRIVILEGE

PROMINENCE

PUNK

REPUTATION

RICH

SING

SONG

SPEAKERS

STAGE

TABLOIDS

TOUR

VOICE

Solution on page 335

Meryl Streep

ACADEMY

ACTRESS

ADAPTATION

ARTS

AUDIENCE

BEST

BROADWAY

CAREER

CHAMELEONIC

CHARACTERS

DOUBT

DRAMA

EMMY

ENTERTAINMENT

EXPRESSION

FAME

FEATURED

FILM

GREATEST

INTO THE WOODS

IRONWEED

JULIA

LEGACY

MARY LOUISE

MIMIC

MOTION PICTURE

NEW JERSEY

NOMINATION

ONE TRUE THING

OSCARS

OUT OF AFRICA

PERFECTION

PERFORM

PLAY

PRODUCTION

PROFESSIONAL

SCREEN

STUDIO

SUMMIT

TELEVISION

THE DEER HUNTER

THE IRON LADY

THE SEAGULL

TRANSFORMATION

YALE

```
F V P I V E O W B N E W L S A D G Z B W
E E E L L W R N C H A R A C T E R S W F
A C R U A L P U E H K A D X J Y M F B X
T N F A R Y U R T T A D A P T A T I O N
U E O C I E Z G O C R M N Q S T U D I O
R I R I Y L T T A F I U E E M M Y E N I
E D M R T D U N Y E E P E L E G A C Y S
D U M F Y A A J U J S S N T E R W W N I
P A A A A A M L N H S E S O H O C I O V
N M R F C M W R N E R P H I I N S I E
O S Y O T I S D O O W E H T O T N I T L
I C L T R M T I A F R J E O C N O G C E
T F O U E I C N R O S I E D B A A M E T
A N U O S C A R S O R N E R E F R L F S
N O I S S E R P X E N B A H S H V E R S
I T S E T A E R G D T W P R T E T B E T
M O E N T E R T A I N M E N T M Y F P R
O L H V T I M M U S R Y M E D A C A Z A
N O I T C U D O R P T B U O D R A M A F
E A H F O M P C R E G O N Z Y A L E X Q
```

Solution on page 335

Day Off

ACTIVITIES
ADVENTURE
BARBECUE
BEACH
BREAK
CAMPING
CLEAN
CONCERT
DATE
DINNER
DRIVE
ENTERTAINMENT
ERRANDS
EVENT
FAMILY
FOOTBALL
FREEDOM
FRIENDS
FUN
GAME
HIKE
HOLIDAY
LAUNDRY
LAZY
MOW
MUSEUM
NAP

```
C W D V Y M D O D E C K Q T O L A S Y B
Q I O C P E E D A O Y W E O N X B P K M
G M Y L N C R U T N S B M Y Z A L A V C
N P O H S I N N E T O M A B K L P C L Q
L Q Y C V C N F R K C D G E L A F E W O
F P C E E I D O G N I P M A C U A M N S
R R Z K R A P L G L A H B C J N O U A R
N O Y X P S J M O W L T F H A D F E T E
P O L Z Q L K H N M O I W R L R Z S R N
G N I Z I N A G R O O E E S E Y W U D N
W W M T P S N N F L I S U R D E T M R I
Q R A F A I E E Z J V S X C R N D K C D
X C F F M R M I Q W L K I K E A E O R I
Y H N M T E E K T S B N G V G B N I M Y
M C I N O S P P R I K B D A E C R D R I
V W E M O T Y J U T V A L H E L S A S F
S V Y Q P R O J E C T I V R K A E R B D
E N T E R T A I N M E N T T H E A T E R
D S J L K H Z L E V A R T C A O X F J D
O M K V L X A L E R E C R E A T I O N J
```

ORGANIZING
PARK
PLAN
PROJECT
RECREATION
RECUPERATION
RELAX
REST
SHOP
SLOW
SOCIAL

SPORTS
SWIMMING
TELEVISION
TENNIS
THEATER
TRAVEL

Solution on page 335

See a Doctor

```
I C D D H J X Q V I D C T Z Z D D K P P
W T M E E M T T X K I M L S R O O Q B U
R P L V A C C I N E C I T C A R P P A C
X P P U L T R A S O U N D H T C E N N M
B T S F X I R D V H P S L H I D H O D E
X A Q C O L D J Y O T T O E I E T E A T
Z R Q S C U U L S E S P O A C R Y G G N
E E A P P O I N T M E N T M E M N R E S
F T S U S M U H G D T R O P E A C U R E
J E U P A C O G I S I N X Q I T R S P H
O M C F E S I C H C O E E C N O R K R C
P O O C C C S H I I G G I H L L E I E T
O M M O Y D I A T Q D S G O A O V S S I
L R P A G Q N A H E Y E G S R G E L C T
R E A T T E P M L H X I G I E I F X R S
R H S I W U R W P I S A N R N S T N I E
K T S A C U O M U T S E M A E T R C B Z
G I I C J N H O S P I T A L G E E A E U
V T O C K X L B P T E R U S T R A R W W
Y C N E G R E M E S O N G A I D T E N K
```

APPOINTMENT

BANDAGE

CARE

CAST

COAT

COLD

COMPASSION

COUGH

CURE

DEGREE

DERMATOLOGIST

DIAGNOSE

EMERGENCY

ETHICS

EXAM

EXPERT

FAMILY

FEVER

GENERAL

GERMS

HEAL

HELP

HOSPITAL

INTERN

KNOWLEDGE

LUNGS

NEUROLOGIST

OCCUPATION

OPTOMETRIST

ORTHOPEDICS

PEDIATRICIAN

PHYSICIAN

PRACTICE

PRESCRIBE

SPECIALIST

STETHOSCOPE

STITCHES

SURGEON

TEST

THERMOMETER

TREAT

ULTRASOUND

VACCINE

VISIT

WAIT

Solution on page 335

Marching Bands

```
L R X Z X P Q E G E L L O C T I I R Q T
T E L E U B E G W B N O M G R O U P M I
R S C I N S T R U C T O R Q O W E C P C
E S P N A O M E C M U H H M M W C Y N I
D A A S E G T H N U U C Q P B Y I M B W
A R R T A D T I T I S S P O O N T B N D
E B A R L R A T R Y R S I E N X C A I Z
L H D U U D N C H A H A I C E S A L A W
Y P E M G A M E S F B R L O P L R S W G
N R P E V R C R O C I O Y C N M P D L F
O E Y N C B O R P R O T C E R I D N F Z
T C Z T A D M L D R H C R A M P V I Z E
A I C S R A P C O M M U N I T Y E W F M
B S S U T S E A G C V D A K V L S D R G
J I M I L I T A R Y S N X V D T Y O L L
S O O V S U I E S R O O D T U O F O V P
M N K C N I T L P S D C K B S I V W F Y
A A J H A U I D C S F T A X N E C M L H
P U P E R F O R M A N C E U S E H S A S
F S K W E E N O H P A S U O S V O T G G
```

BARITONE

BASS

BATON

BRASS

CADENCE

CLARINET

COLLEGE

COLOR GUARD

COMMUNITY

COMPETITION

CONDUCTOR

CYMBALS

DIRECTOR

DRUM

FIELD

FLAG

FORMATION

GAME

GLOVES

GROUP

HAT

INSTRUCTOR

INSTRUMENTS

LEADER

MARCH

MILITARY

MUSIC

OUTDOORS

PARADE

PERCUSSION

PERFORMANCE

PRACTICE

PRECISION

RHYTHM

SASHES

SAXOPHONE

SCHOOL

SNARE

SOUSAPHONE

STEPS

TROMBONE

TRUMPET

TUBA

UNIFORM

WOODWINDS

Solution on page 336

Into Space

```
B H S E R M N D M G W O P A S J L U E Q
W U S P A C E L V S L L S O U H K M N G
A O U J S R X F T E N A L P Q Y C D U P
F V G O L L T E G T N A I D A R T O T U
T N O S U T C H L G R T N S S E U L P T
X Y Y N P M R O J F E M T O B U A B E E
H I A R K U R L M R B E E O D P N L N B
B R W C Q B T Z Y E R I R M O I O E X K
F Q P Y I I Y N M O T P G S A H R X V M
L X F T G F U K I F S E A D K S T P N N
X H J X I T N D A K U C L C I A S L B Q
P N U R D R I M P G D E A E Y P A O I M
X U V C O A V L O Z T L C X S A P R N J
Q I R C W N E V L I B E T T U C R E A A
D Z K C C S R P L O S S I L R M O F R R
W E T P P I S L O B Y T C S A I E P Y U
T Z Y I E T E R A L F I T R N J T E E Y
P Y L R E T S U L C R A S A U Q E O K F
B C W P A R L W D N R L P U S U M Z N U
E Q O S T U D Y F Z P Z D A N K F A U R
```

APOLLO

ASTEROID

ASTRONAUT

BIG DIPPER

BINARY

BLACK HOLE

CELESTIAL

CLUSTER

COMET

DUST

EARTH

ECLIPSE

EPOCH

EXPLORE

FLARE

INTERGALACTIC

JUPITER

LUNAR

MARS

MASS

METEOR

NASA

NEPTUNE

NOVA

ORBIT

PLANET

PROBE

PULSAR

QUASAR

RADIANT

ROCKET

SATELLITE

SHIP

SOLAR

SPACE

SPUTNIK

STAR

STUDY

SUN

TELESCOPE

TRANSIT

TRITON

UNIVERSE

URANUS

VENUS

Solution on page 336

Add Some Spice

ADDITIVE

ANISE

AROMA

BAKING

BARK

BASIL

CARDAMOM

CAYENNE

CHILI

CILANTRO

CINNAMON

CLOVE

COOKING

CULINARY

CUMIN

CURRY

FENNEL

FLAVOR

FOOD

FRUIT

GARLIC

GROUND

HERB

HOT

INGREDIENT

MEDICINE

NUTMEG

PAPRIKA

PEPPER

PINCH

PUMPKIN PIE

PUNGENT

RACK

ROSEMARY

SAFFRON

SAGE

SALT

SEASONING

SEED

SHAKER

SPICY

SWEET

TASTE

TRADE

TURMERIC

```
A T Y B S B N H E E R O L T F M D B W F
E Q C F U V Z T E H E U I N O G S F W R
X I I E L U S H S G C D M D C H T A P Z
Q N P N N A J V A D B N E D A R T Y L P
N G S N T L V S F Y L U I K Q D H I G T
S R X E I R Z O F X A O E P C I R J S E
J E E L N K C I R E M R U T C K F C V Z
V D A P V U P I O U P G O I N Z F O V Z
Q I X S P H T M N C I A L M R Y L O R X
Z E W C O E I M U N A R P T A C Y K O H
C N V O U N P L E P A Y E R P S N I S D
P T K I S L I F I G Y M E D I C I N E J
S W E E T S I N L H O P O N M K I G M A
C C E I A I B N G M C R E N N R A Q A D
V D U B J L D B A U V F T O A E B A R K
I R N P M F H D M R K P U N G E N T Y A
F S J G G A R I A C Y S I B A K I N G E
Z S K W G A N K A J Z S R O G L C Z A K
V O K G C U R R Y M E E V D A W I X C F
W A T C C H X Y P B H X S A O N U C K M
```

Solution on page 336

Y at End

ACTUALLY
ANXIETY
ANY
ASSEMBLY
BALCONY
BAY
CARRY
COLONY
ECONOMY
FATTY
FIFTY
FORMERLY
FREELY
FULLY
GENTLY
GRAVITY
GROCERY
MAINLY
MENTALLY
MIGHTY
MONEY
MONTHLY
NAUGHTY
NIGHTLY
NURSERY
OBEY
ORDINARY

PENNY
QUICKLY
RALLY
RAPIDLY
REALITY
ROUGHLY
SCENERY
SHORTLY
SIMPLY
SORRY
STEADY

STUDY
TERRIBLY
TUMMY
USUALLY
VERY
WILDLY
WISELY

```
S K A E W I S E L Y D A E T S T U D Y H
Q J P T U M M Y E R Y R R A C M D G G W
B P B E V Y T R N E L S E Z Z O R Z N V
P B J J G I H E U N E I I X R A Y G I B
N F B A L L I S U E E M J Y V M R W F W
J V C A P M U R E C R P L I O O E U G N
R B E O H A E U O S F L T N C K V D I R
Y R D H L G D N D J A Y T E I X N A T W
P F I L Y O O Y T R R H R O P Y T F I F
J R Y E A M N S T A L Y S W Y L T N E G
S O N R Y A A Y N Y L J T E R R I B L Y
A O F G N S R I D E Q L B Y Y E M Q Y F
M R C M G A D F D N R O Y L B M E S S A
I M Y T P R U J I D M N L K M R Y S H T
G Y M I O D J G H P O A N C V O L N O T
H L D C G U H Q H C U Y R I F F D X R Y
T L L W L T Y K L T R R O U G H L Y T G
Y U V X L Y A A C Z Y R D Q M A I N L Y
Q F B Y P I B A A P J O V Q U N W G Y L
B G A R A R R B X F P S D V Z A W F W E
```

Solution on page 336

Laughing

```
E G J J D X T H R U S C F Q J N T S B G
Y X T W I E P E H T U O M N Y U K B O Y
Y C P F A L J G R C E A W B J R C F G M
E K H R A G U E O L E L K C U H C I R X
N X S Y E A S M I K R E A C T I O N T L
X S C U L S I M I P L E A S A N T B O O
R O P I B C S V X T R B F A N B R U Y T
I C O N T A G I O U S L L T O A D G K P
C I S Z O E Y C O N T E N T I E O E U A
U A I O C I M P M N T A I N T L H O E A
I L T H U X T E E E X I C X O G R I C F
P D I B D N R C N O C P C T M G E M N S
X L V G E F D W A T P H O K E I D E E U
D J E E Y H U M O R P L A J L G F N I O
B F S J Y H A M U S E M E N T E S B D V
C C A C K Y T V S G V T W I I A J S U R
J C E C B Y D L I E O C N L T S X S A E
Z E L N E U X Y A O L X E I J Z M G C N
O Z E E S N O P S E R R O Y O H R R I Y
R L R W L J K E B H H N U F F D G H A J
```

AMUSEMENT

AUDIENCE

BEHAVIOR

BRAIN

CHILD

CHUCKLE

COMIC

CONTAGIOUS

CONTENT

CRY

EMOTION

EXCITEMENT

EXPRESSION

FACE

FEEDBACK

FUN

GELOTOLOGY

GIGGLE

GROUP

HEALTHY

HUMOR

INTERACTION

JOY

LAUGH

LOUD

LOVE

MECHANISM

MOUTH

NERVOUS

PEOPLE

PLAY

PLEASANT

POSITIVE

REACTION

RELEASE

RELIEF

RESPONSE

SENSATION

SMILE

SOCIAL

SOUND

STIMULI

STRESS

TEARS

TICKLE

Solution on page 336

Being a Parent

ADOPTIVE

AUTHORITATIVE

BABY

BIOLOGICAL

BIRTH

CAREGIVER

CHERISH

CHILD

COMFORT

DAD

DISCIPLINE

EDUCATION

FAMILY

FATHER

GENTLE

GRAND

GUARDIAN

GUIDE

HONOR

INSTRUCT

KIDS

KIND

LOVE

MARRIED

MENTORS

MOM

NURTURE

OBEY

OFFSPRING

PATERNAL

PLAY

PROVIDE

RAISE

REAR

RESPECT

RESPONSIBLE

SHARE

SHELTER

SIRED

SON

STEP

SUPPORT

SURROGATE

TEACH

TWINS

```
E I Q K U D K O K N D M Z Q Y C R S L T
V M T J S F W I R A J R H M C T Z L Z D
I X R M H M N E D I U G O B E Y C N D D
T J O N C D T O L S W M Q N T G B L E G
A C P E A L B H O T A T U F O W I R R H
T X P Z E Y Z I I P N P T K T H I A A K
I L U H T R L N O N F E N F C S N N H G
R E S P O N S I B L E A G A E D U O S I
O H S R O T N E M D O G O T P I C B S M
H N S D R F G V U A P G N B S S H Z I I
T L J U S E U C D K F P I I E C E C R K
U Y C P D F A O G C R R R C R I R V E X
A T A W E T R M S M T E W O A P I D H Z
D N M L I F D F W H O E V A V L S B T B
K B O O P J I O W F S Q P I T I H F A I
I V N Z S M A R R I E D C G G N D B F J
E R U T R U N T A D O P T I V E Y E Z O
X O E C E P K R R E E T A G O R R U S O
G P P B M W Q X L T R P A T E R N A L A
Z R Z G D N V O L T X R Q C K H V P C Q
```

Solution on page 336

Theatergoer

```
R V J S A E C R I G D C U L T U R E I H
Y Q A W R F O L I G H T S S I C O N O I
D A N C E N T E R T A I N M E N T O E A
J Q T S P R A R Z S N R L E K E C I T B
O J R O O E W C Y G U I A C R T E T U C
Q E A N K T M R I B Z N C M O B R I N P
A F G D B S R N E R I M I A Y K I D L V
B U E H U E G G E V E S R L W S D A A Q
W Y D E R W R A C C S M T L E T C R W R
G V Y I L O L Z E I T R A A N N U T E C
S I X M E I O F O L J E E H D E Q W H I
P C D G S N M N A L L G H S T V R O T S
O E E M Q P C T E K C I T I R E R E T U
R F O N U C Q E M R C O V W A U L A N M
P O Y S E M U T S O C N Q E S A E L I T
M G R R Q R R E V I V A L L D S M X A T
D C O M E D Y T T S M L I F C U F A T B
I K T F P F M H U R V N Y A W D A O R B
A L S R E M R O F R E P S H O W S V U D
M G W L R B F K L I Q T W V T R O T C A
```

ACTOR

AMERICAN

ART

AUDIENCE

BALLET

BROADWAY

BURLESQUE

CAST

CHORUS LINE

COMEDY

COSTUMES

CULTURE

CURTAIN

DANCE

DIRECTOR

DRAMA

ENTERTAINMENT

EVENTS

FILMS

GEORGE BURNS

INTERMISSION

LEWIS HALLAM

LIGHTS

MUSIC

NEW YORK

OPERA

PERFORMERS

PROPS

REALISM

REGIONAL

RENT

REVIVAL

SCENERY

SEATS

SHOW

SINGING

SONDHEIM

STORY

THE WALNUT

THEATRICAL

TICKET

TRADITION

TRAGEDY

VAUDEVILLE

WESTERN

Solution on page 337

Denmark

```
D N K X J L D A Y L B M Y E S N E D O A
A S P O P A R L I A M E N T P S K Y G E
X R R C L J V W L C A R L S B E R G R Y
Q E L A B D V T P U C K E J N S G N O M
H R O S G E I I E O R E E O T R K Z B S
E O A T J C H N P J R R R M O G G Z L E
D L V L S S A E G T G K L B D R K Y A I
E P E E Y D N H H F K S S E N I P P A H
B X A B D H S C N O I N U R A M L A K O
Y E D X A S E S H T A P E L C Y C I B R
M A R G R E T H E I I Y Z J Y Z M Z T S
L D E S B S H A T D R L H V Y C D J I E
E N F P A C S S D N A L L Y J T D I M N
C A H O O M I D D E L G R U N D E N O S
A L C H O R F D N G N I T E K L O F N D
L N P V H G U H R A F F N O I T A C A V
A E D C Q U E E N O L V P C O U N T R Y
P E N I N S U L A U N S U H R A A N C B
L R O S K I L D E V I K I N G D O M H A
Q G N I R A F A E S Y D R A N D E R S T
```

AALBORG

AARHUS

BALTIC SEA

BEECH TREES

BICYCLE PATHS

CARLSBERG

CASTLE

CHRISTIANSBORG

COASTS

COPENHAGEN

COUNTRY

DANE

ESBJERG

EUROPE

EXPLORERS

FISH

FOLKETING

GREENLAND

HAPPINESS

HEDEBY

HORSENS

HOVEDSTADEN

ISLANDS

KALMAR UNION

KINGDOM

KOLDING

KRONE

LADBY SHIP

LEGO

MARGRETHE II

MIDDELGRUNDEN

MIDTJYLLAND

MONARCHS

NORDIC

ODENSE

PALACE

PARLIAMENT

PENINSULA

QUEEN

RANDERS

ROSKILDE

SEAFARING

VACATION

VEJLE

VIKING

Solution on page 337

How Do You Feel?

```
P Y S H O C K T H U M I L I T Y V V Y A
E E S G M Y P A M U S E M E N T G D L L
C A X U D T Z K O A G I T A T I O N O O
I R X N O I T A P I C I T N A V Z T H N
T N U J Z L S U I N I M P A T I E N C E
S I O N X I A C A D Q P N N H T Y E N L
A N H N H B S E O A U O E O X A T M A I
C G A E E A Q S J N S M M Z I G I T L N
R N P R D T P B E T T E Q R J E L N E E
A O P V I I L P A N S E O F K N I E M S
S I R O R R F L I I D H N S E Z B S E S
S S E U P R G O C N P A S T Z I A E C A
E S H S Q I P K G U E E L C M E R R N N
N E E N A P N W E P N S O G D E E G E N
D R N E A E M B A R R A S S M E N T D O
N P S S S V S S E N M L A C R I L T I Y
I E I S O M C T N O I T A R T S U R F A
K D O E D U T I T A R G U I L T V F N N
I F N N O I S S A P M O C E G A R U O C
P A Z D B H O R R O R E P E N T A N C E
```

AGITATION

AMUSEMENT

ANNOYANCE

ANTICIPATION

APPREHENSION

BITTERNESS

CALMNESS

COMPASSION

CONFIDENCE

COURAGE

DEPRESSION

DISAPPOINTMENT

DISCONTENTMENT

EMBARRASSMENT

EUPHORIA

FRUSTRATION

GLADNESS

GRATITUDE

GRIEF

GUILT

HOMESICKNESS

HORROR

HUMILITY

IMPATIENCE

IRRITABILITY

JEALOUSY

KINDNESS

LONELINESS

MELANCHOLY

NEGATIVITY

NERVOUSNESS

NOSTALGIA

PRIDE

REPENTANCE

RESENTMENT

SARCASTIC

SHOCK

UNHAPPINESS

VULNERABILITY

YEARNING

Solution on page 337

Start a Conversation

```
K L I A A N O Z P I S P O R T S N A L P
U K H A Y E K I T R N B O O K S D R D A
A A P F I W S F G U O V O N Z Y M I N X
L G F G X S S E D H O L I D A Y M O K P
B D A U O E W M M D U R S T O R I E S O
Q Y C G N O W Y A A D A V C A T S U O L
O E H I R G D C F L G L I B A T N A F I
V L L K S W U A O S L P L C Q G I J G T
Z I F W O U E R F I O T U E N H E O C I
Y M P H B M M S F T M D A I V U X R N C
V S N O I S I V E L E T N L K A E T O S
U A R T W N Y I C E B R E A K E R S I C
X C C E E P F G P T O O N D N O C T T H
A L H A V J S N R M A D J O D A I S A O
B E D I T O O B D E W O I U O I S J P O
I R P M L I R O N X E T C L I N E P U L
R U X D H D O T D I S T R E S S G E C O
Q T M S O G R N N E I C I F F A R T C R
C U A O P L K E U O E C O N O M Y S O A
C F F H R H E Q N Y C N O I G I L E R V
```

BOOKS

CARS

CHILDREN

CONTROVERSY

DISTRESS

DRINKS

ECONOMY

EDUCATION

EXERCISE

FASHION

FOOD

FUTURE

GAMES

GOOD AFTERNOON

GOOD MORNING

GOSSIP

GREETING

HOLIDAY

HOWDY

ICE BREAKERS

INTRODUCTION

INVITATIONS

JOB

KIDS

LINES

MUSIC

NEWS

OCCUPATION

PETS

PLANS

POLITICS

QUESTION

RELIGION

SCHOOL

SMALL TALK

SMILE

SPORTS

STORIES

TELEVISION

TIME

TOPIC

TRAFFIC

TRAVEL

VACATION

WORK

Solution on page 337

Interesting Colors

```
M E S E I Y W Q F M E R S B L C Q S C Y
P R Z K I V W G A R E M T O P A Z Y U I
K P L B G E N N O V L G Y G A R R N R C
X D N D Y M B F L A V E S C E N T A S T
F K L K C F U I L O N S H S Z E V G O A
I O C A W Q S N C E L A D O N L I O T U
G X B N R O G H I A R D V T D I O H N P
U C A H N E E U T T N R G Y M A L A A O
A R A M E R M E R V A R O R B N E M L C
G Z F V I B P E A C H L T S O L T J P D
O H U G E V U R O O T M P L U B U T G C
N A Y R V S C L N G N X Q R P U C E G B
M S A G E O G L X I F A E N F T S N E Y
Y R Z U R B S C E D O C Y S K I O P R S
K A N A I E M U L N R I K C O R M A H S
F A L J H B P A A I P E S U F R N E Y A
T B U C P Y E P M K T W Q F U A M U P B
S M I Q P T N S O S E R A I C W B I J L
O Q S J A R O Q U C U S U N G L O W R E
E E J A S N A R E T W E P I S T N I A P
```

AMBER

AQUA

AZURE

CANARY

CARNELIAN

CELADON

CERULEAN

CHARTREUSE

COPPER

CORAL

CRIMSON

CYAN

EGGPLANT

EMERALD

FLAVESCENT

GOLD

INDIGO

MAHOGANY

MAUVE

NAVY BLUE

OCHER

PAINT

PEACH

PEWTER

PLATINUM

PRIMROSE

PUCE

RUST

SABLE

SAFFRON

SAGE

SAPPHIRE

SEPIA

SHAMROCK

SILVER

SLATE

SORREL

SUNGLOW

TAN

TEAL

TOPAZ

TURQUOISE

UMBER

VIOLET

Solution on page 337

Your Invitation

```
Y B Y K G U A C S T G W A G M C A A N X
Z T E Q B R G D P N S B D I N N E R I C
U O N H D A T I D Y G E R E T T E L I G
W L R F L I N G G R A D U A T I O N P D
P Y F A K J Q O O K E D E G L N O A R I
C T L Y J I X U V V Y S H M S R I X E A
H X I H F T P V S R F V S T T D E R S W
F B A P T I S M A X W O E C R K F I P X
R V M A N N O U N C E M E N T I V A O V
V D I R E C T I O N S L D E G D B F N B
E I K G B P U N A W E R X M N R R F D W
R N O I T A R B E L E C P A R I A A G E
A V D L P P L I A S L M L N N E L V C T
W I V L E E J L S U A A B G P D W C E A
C T U A C R W C S T M E I O G N T O E D
A E L C C S O I S R I S L C S E I N H D
E I Z O A D V F O C E E Z O E S M X H S
U I L I E E H F O D V Y T R A P E A A P
A O L O C A T I O N L X H O E L S D Y H
R M Q N R E Q U E S T N E V E K Z E I F
```

ACCEPT

ADDRESS

AFFAIR

ANNOUNCEMENT

ASK

BALL

BAPTISM

BIRTHDAY

CALLIGRAPHY

CARD

CELEBRATION

COLOR

DATE

DECLINE

DESIGN

DINNER

DIRECTIONS

DRESS CODE

ELECTRONIC

EMBOSSED

ENGRAVED

ENVELOPE

EVENT

EXCLUSIVE

FONT

FORMAL

GRADUATION

GROUP

GUEST

INVITE

LETTER

LOCATION

MAIL

NAME

PAPER

PARTY

PRINTED

REQUEST

RESPOND

RSVP

SEND

SHOWER

SPECIAL

STAMP

TIME

Solution on page 337

Take the Kids

```
T R X J A B M R I T J N A F N H A L V T
G J G O V C P U A W I N S V G Q I S P E
E N O T L H Y O S E A B O A B A A K L D
L T I F F A Y T B E J L C I R C U S E D
C J A M M C V T I Z U X K T T P E V T C
R O E K M F A I R N Q M B Z Z A M E L U
H Z N F S I G H T S E E I N G R C P E L
F Q D C O F W E H S U X C I A K D A I I
D O G R E I E S D E E K Y B T R K N V B
C H I L D R E N A I T F C G H E U N O R
R O C P I E T G Y R E O L T E U V A M A
I P P N M W C Z Z O X P I I R N T E F R
T M G Z Q O O C A M P I N G I I L C N Y
T L V P B R U O C E L Z G F N O V O O T
N C K Z I K N N I M O Z L G G N O W O J
Z M I G B S T A T M R A F M A L L Z C P
V D I N N E R W Y A E K A L T M K R M T
R B E A C H Y K M U I R A U Q A E P S G
H Y T I Y I U Y A S G N I L B I S S J S
C A M D T B P V Z V V A S K I I N G H B
```

AQUARIUM

BEACH

BICYCLING

BIRTHDAY

BOATING

CAMPING

CHILDREN

CIRCUS

CITY

CONCERT

COUNTRY

DINNER

EVENT

EXPLORE

FAIR

FARM

FESTIVAL

FIREWORKS

GAMES

GATHERING

HIKE

LAKE

LIBRARY

MALL

MEMORIES

MOUNTAINS

MOVIE

MUSEUM

OCEAN

PARK

PICNIC

PIZZA

POOL

REUNION

SIBLINGS

SIGHTSEEING

SKATE

SKIING

SWIMMING

TOUR

TRAIL

VACATION

VOLUNTEERING

WALK

ZOO

Solution on page 338

Eclipse of the Sun

```
O E D S Y Y Z M O V E M E N T T Q P D O
M O H L X T C D Y E C N T N E I C N A M
Z E Y L O F T C N R A N U L L H O O M Q
U E Z H O Q Y S T E P S U N E B N O U V
P W S U P C T I A H S S M H S W J M O T
R S T L L A R X G P Y Z B E C C U C F K
L L X E R A D D S B J R L O Z N F U T
H A F Y J B R G C O A V A W P W C A H G
D R T D M X P U O M A N H H E T T G P K
L A N O R O C Q T T T G N I D N I L B F
M I Y N T L N E I A O N V U S N O L W E
O U U H Z Y N O L K N H E U L T N U Y C
X M V F L A N I R Z K C P V J A O F M N
F Y B O L J G E B T W R C A E E R R P E
H K K P M N L S R E S A H C R P R S I I
A L V R N B H P I U T A L A E T H O N C
T Z Z X I A D L G S C I R A V I I L H S
I E X S D N T K H T P S R J O B N A O F
X U I O K M G L T S J T B A C R J R L O
Z V W W N Y X A E C H P I O L O O M E N
```

ALIGN

ANCIENT

ANNULAR

ASTRONOMY

ATMOSPHERE

BLINDING

BRIGHT

CHASERS

CONJUNCTION

CORONA

COVER

CYCLE

DAY

EARTH

ECLIPSE

EVENT

FULL

HISTORIC

LUNAR

MOON

MOVEMENT

NATURAL

NIGHT

OBSCURE

OBSERVATION

OMEN

ORBIT

PARTIAL

PHOTOGRAPHY

PINHOLE

PLANET

RARE

RING

SCIENCE

SHADOW

SKY

SOLAR

SPACE

STAR

SUN

TELESCOPE

TOTAL

UMBRA

VIEW

VISIBLE

Solution on page 338

Life As a Dog

```
L Z R B C I S K T A I L M Y J K K Y X L
F E O N R T C I R R F X S F H O O A T G
I L Q L A S N S A D T G N I L O O R D X
Z D T Y C E A S I S M L O U N G I N G X
Q A Y F F R I E N D S H I P K R A B O C
K U Z K S D R S I I P G T R N O O O S M
Y R N I G M A U N G A S O O P W V K Z X
M U Y F U N N C G W N G V T V L C R H W
S F N I S W I M M I N G E E S I A C E H
F M F H U V R T F Y S D D C R L T H D K
D V E X Q V E F A W R T R T O E C S I T
K C I L H C T L A E O A T V F M H D R Q
J N R S L E E P E Q T O E L P I E L C H
W L N E A N V P S C Y O P F P X L D M O
H B E G N I N I H W M N F L H P E W T F
A K T E K O C L T N U H G I Y X E M S J
B Y K X H Z B L A P U M I V P C U S Q H
C X I O R O A O B L V R S E Y D K F G Z
K Y W F W G E W L E Q J L V R D X P Y I
N L D L B Q O G J N E N K V J D I W B J
```

BARK

BATH

BONE

BOWL

CATCH

CHEW

COME

DEVOTION

DIG

DROOLING

EATING

FETCH

FRIENDSHIP

FUN

GROWL

HEEL

HOWL   PROTECT   TAIL

HUNT   REST   TOY

KENNEL   RIDE   TRAINING

KISSES   RUN   TRICKS

LICK   SCRATCH   VETERINARIAN

LOUNGING   SIT   WAG

LOVE   SLEEP   WHINING

NAPS   SMELL

PAWS   SNIFF

PET   STAY

PILLOW   SWIMMING

Solution on page 338

Nightclub

ALCOHOL

BARTENDER

BEER

BEVERAGES

BOOTH

BOUNCER

CAMARADERIE

CELEBRATION

CHEERS

COOLERS

DARTS

DISCO

DRESSY

DRINKS

FLIRTING

FRIENDS

FUN

GAMES

GARNISH

GIN

ICE

LAUGHTER

LIGHTS

LIQUOR

LOUNGE

MARTINI

NIGHTLIFE

OLIVE

PARTY

PEANUTS

PRETZELS

ROWDY

RUM

SHAKER

SHOTS

SPORTS

STOOL

STROBE

TAB

TOAST

TUMBLER

WAITER

WEEKEND

WHISKEY

WINE

```
Q U M E K I W L N Z S N S S S K F K W W
Y E B V Q V L I Q U O R H H O T U D A H
W L S K W D C A U Y H O E D J R R I L I
H I Y Y K Z V G N I T R I L F O T O W B
Q I W V M F Z R I S O R U D O E H V P A
E K J W P X X F G A O E S T R O B E L S
Y S J B I H L R H X B E G W C W C A E J
R P Y J T N O I T A R B E L E C U M S O
B O A E J K E E L E Q J A V A G A E R L
N V W P E M Z N I E Y F I M H G G Y E P
Y P Q D R G V D F W Z L A T T A G B E R
R S O I Y E N S E N O R E S R I W B H I
B K S Z N E T U I B A R T E N D E R C Z
F O T E D I K Z O D V O V P W B E E V K
B U U D R Q T S E L O E P L S V K L A G
L S N N F D H R I L B J O K G I E B K P
Z L A F C A I G A H S I N R A G N M A W
R E E N K E H D M M W I T Q G C D U U T
F L P E Q T R F D A R T S J P A R T Y R
M U R T S A O T E D I S C O U C G C X O
```

Solution on page 338

Physically Fit

```
R Q E J Z X X T U H X V A Q S Y J W E F
I A K B H N O E G G L I H Q G O J M S D
I R C Y S I E H C J N U U T G N I K I B
M E D O M S L D E P U A B O L G T E I T
P V T G R Q D F I A T C U P E A T C B G
I E P A C R F M C S M I L R F G E W T T
D R G R K O U N M O C S U A H P N H I E
M O P E R S P I R A T I O N S A L A D R
Y A Z T C N L N E E A U P L E S Y D O B
P I V L D J I T D C A T H L E T E W P N
S G E E C N A R U D N E C I I G I S C C
Q N D R G R X E F A E G T M T N T P A Q
M I T W D E L C J I Q N E D G M E O L A
R K A Y D H T N M J U S R A Q A S R O Z
N L H L E O T A R D I H T E I R I T R G
K A R B S S G D B C P T S R P A W S I Y
L W X G R E W P R L M A T T I T U D E M
T Q K Q S N E E R G E J P U S H U P S I
Z W F J W D X P A E N S T T U O K R O W
V I S Z R E B I F T T N V M Y N U R V S
```

ATHLETE

ATTITUDE

BICEPS

BIKING

BODY

CALORIE

CLASSES

DANCE

DIET

DISCIPLINE

EFFORT

ENDURANCE

EQUIPMENT

EXERCISE

FAT

FIBER

GREENS

GYM

HEALTH

HYDRATE

IMAGE

JOG

LEAN

LEOTARD

MARATHON

MORNING WALK

MUSCLE

PERSPIRATION

PUSHUPS

REGIME

ROWING

RUN

SALAD

SIZE

SKATE

SPORTS

SQUATS

STRETCH

SWEAT

SWIM

TREADMILL

VEGETABLES

WALKING

WORKOUT

YOGA

Solution on page 338

Looking for Oil

BARREL
BIT
BLACK
BLOWOUT
BORE
CARS
CASING
CRUDE
EARTH
ENERGY
ENVIRONMENT
EXPLORATION
EXPLOSION
EXTRACTION
FIELD
FLOW
FUEL
GAS
GEOLOGY
GULF
GUSHER
INDUSTRY
KEROSENE
MIDDLE EAST
NATURAL
OCEAN
OFFSHORE

OIL
PETROLEUM
PIPE
PLATFORM
PRESSURE
PRODUCTION
PUMP
REFINERY
RESOURCE
RIG
SPILL

TAR
TECHNOLOGY
TEXAS
WEALTH
WELLS
WILDCAT
WORKER

```
X Y M H G N U T O S C J G G O W P Z C B
W T P Y T M N T M F L X U C M Y E U P E
E Z F R E F I N E R Y L E R R A B Q M R
S P G V X P R D X D F A E B O D L M U P
H B I X A K Y S D V N X O W F T Q K E M
C O R P S F I L G L P R J I T A I I L K
Y A K R J B H N E L E X T R A C T I O N
W T R E N V I R O N M E N T L D A N R H
Y O E S R Q S S L I X N A I P L O C T L
C O O S B O I A O T T R O S B I M E E A
J H Y U A O S G G K E A A B T W R S P U
B L I R N K U E Y M C A R C W O P I F X
Q E A E C S C H N A H O U O H I N W P T
D B N R H R T C S E N D L S L D O O A F
I W L E U Q S I X B O F F L U P U R P B
F A R O R T N J B R L F K S A E X K R J
K C S F W G A E P F O A T F A F I E L D
H E H Q G O Y N P D G R C R U D E R S S
R U U B W W U J H S Y K T K I E G N F C
K Z F W E A L T H F H H L J F G L I D X
```

Solution on page 338

Watching Football

```
O R V C M E M O R A B I L I A B N F U Q
W W D L E I F O L L O W E R I W K J B P
T A H D Q M E C N E R E F N O C U I F P
I N S O T P A J R D Y C R D P F D T B B
C C A F U E G G E T A G L I A T O O R V
K V B N X S L R J J L Y G N I T M R Y D
E J T O N N V E B O A S N O Y E U A Y U
T E K M T E I K V M K N D I C A I S S X
R R W E X F P O K I C K O S G M D G H D
Z O S Z W F T O N P S H P R C H A N O Y
Y C T M S O Y L L A R I B E I F T R U P
J S A J R Y L N Y Q D S O V A D S E T S
A Q K Y G E I O Y T R A P N M X I V D I
W X I Y Y O C C X T Y A A O K H E R D X
X V E W M N A O L M E T Y C P U A E G E
D Y W N S P F L A G I F L L G Y F S T S
Z H Z A A K I C V C Q C A A T E B B R W
S M R I T E V X I U H Y E S N U U O A W
N M E J Z C G Q R Y E L P S Y E S R E J
G W D N L C H E E R E F E R E E P K G C
```

BET
CHEER
COACH
CONFERENCE
CONVERSION
DEFENSE
DOWN
FANATIC
FIELD
FLAG
FOLLOWER
GAME
GEAR
GOAL
GRIDIRON
JERSEY
KICK
LEAGUE
MEMORABILIA
MONDAY NIGHT
OBSERVER
OFFENSE
ONLOOKER
PARTY
PENALTY
PENNANT
PIGSKIN

PLAYER
PUNTER
RALLY
REFEREE
RIVAL
ROOT
SAFETY
SCORE
SHOUT
STADIUM
SUNDAY

TAILGATE
TEAM
TELEVISION
TICKET
WATCH
YARDS
YELL

Solution on page 339

Very Nice

BEACH

BOY SCOUTS

CHAMPAGNE

CHARITY

CHOCOLATE

CLOTHES

COMPASSION

COMPLIMENT

CRUISE

ETIQUETTE

FAMILY

FORGIVENESS

FRIENDS

FUN

GIRL SCOUTS

GIVING

GOLD

GRANDMOTHERS

HANDSHAKE

HAPPY

HUG

JEWELRY

JOY

KINDNESS

KISS

KITTEN

LAUGHTER

MANNERS

NATURE

NURSES

PARTY

PETS

PUPPY

RABBITS

RAINBOWS

RAISES

SHARING

SHOES

SILK

SMILE

SUN

TEACHERS

TRAVEL

VOLUNTEERING

WEDDING

```
B U J Y R K O D R M P S N M J M P Y Z X
G I W J W E X S A Z Z Q R M A T R W Q S
C S U F M U T K C D W E D D I N G M D E
T E E G G I V H H S F U J B I E N N K L
U S H G B O O J G T K B M F S M E E S I
P I T B R C L V G U G H F T K I Y G R M
Q A A Z O A U D N O A I O P R L P I G S
C R D L X M N A K C R L R F U P P V N K
G H A G S B T D C S E A G L A M U I I L
M T S C G U E M M Y Q U I F S O P N R I
E A R V R T E C E O C Q V N U C D G A S
S J E E D U R T O B T H E E B N O O H G
S L H G M J I R B M C H N C E O N U S S
I E C S U Q N S X A P G E S L S W D T E
K V A H U H G I E F A A S R E O D S T S
I A E E A O O B A P G C S O S P T M L R
T R T P P R D M M E K A H S D N A H T U
T T P H A L I A H T L S V U I J J R E N
E Y K K U L H T S S A X U N R O X F T S
N Z U P Y C V X Y R L E W E J Y N D F Y
```

Solution on page 339

Shoes

ADIDAS

ARCH

ATHLETIC

BASKETBALL

BOOT

BUCKLES

CANVAS

CASUAL

CLEAT

CLOG

COBBLER

COMFORT

COVER

DANCE

DESIGN

DRESS

```
S G W F T G E Z N W L S C A S Q B O O T
I M Q E I P O Y F Q R J P B P A I R R H
C V L C O B B L E R B V S D G D N E E B
K I Y K L C I D E P O H T R O I A D W L
P U T R Z P R O T E C T I O N D K M A M
J G W E F A V T R O P P U S C A S U A L
E M O L L A B T E K S A B L N S Y E N U
T A O H V H W R W C L E A T H E R S X Y
E P D C Z A T X C O F R Z O R B A X D T
S N K R C C K A M M N D E S I G N K E L
A H F A H A S G R F E H N P V I J N E S
G R E N I H S N U O O C Y U P L N C T R
K N X E J E E I N R D G N W O I K Y J W
E X I J L F R P N T H E O A S R L N H Q
O K O K L R D P I Q U D F L D E G S L L
J I C R L C N O N A R E V O C B I A M M
H U T O V A L H G J R U Z P M L R V C I
B C B W S F W S Y H X S T R O P S N A Y
V U A S N G N B B R X O E P T F L A T F
G Q H X X B Y U W S F O O T A E L C Z R
```

FLAT	PROTECTION	SUEDE
FLIP FLOPS	RUNNING	SUPPORT
FOOT	SANDAL	TENNIS
GROUND	SHINE	TREAD
HEEL	SHOEHORN	WALKING
LEATHER	SHOPPING	WOOD
LOAFER	SLIPPER	WORK
MOCCASIN	SNEAKER	
ORTHOPEDIC	SOCK	
PAIR	SPORTS	
POLISH	STYLE	

Solution on page 339

The Peanuts Gang

```
G P U M P K I N X C H U C K K V Z J M P
C S B L X I O G Q I J O J P F Q B H Z S
G B Q E N R I A B S T U N A E P K C Q M
D E R L A T N C E S D Q I K W K P J G K
N Y F B Y I R L A A P L R O C L R N N E
U S D R M C R N G L S F I O V J O G O F
O E V A I A Y D L C H N T H M S T L I O
R W T I H E M H E T V S P E C I A L S O
Y E Y C L U Y X Y K D G F H Y L G A I T
D T P L H D M N O O T R A C G O O C V B
D A O A Q R B O O D I R E B O S N I E A
Y W O L P E I W R E A L N D X E I S L L
T S N B D S S S N C B Y G A E R S U E L
T Y S A G F W D T A O R X E C O T M T L
A F G R U Q S E V M I M S H S I R R I A
P I T C H E R O N E A A A K T W R H K B
S L U C Y D L Z F R A S L C B F A E C E
S M E O C O M I C H A L L O W E E N M S
M Z B Q P G A I P F X Q Y L Q T D F E A
G Z O W K E E R T F Q F T B N F U G J B
```

AMERICAN
ANIMATED
BASEBALL
BEAGLE
BLOCKHEAD
BOY
CARTOON
CHARACTER
CHARLES
CHILD
CHRISTMAS
CHUCK
CLASSIC
COMIC
DOG
FAILS
FILM
FOOTBALL
FRIENDS
GOOD GRIEF
HALLOWEEN
HUMOR
KITE
LOSER
LOVABLE
LUCY
MARCIE

MUSICAL
NEWSPAPER
PATTY
PEANUTS
PITCHER
PROTAGONIST
PUMPKIN
RED BARON
ROUND
SALLY
SCHROEDER

SNOOPY
SONG
TELEVISION
TREE
TV SPECIALS
WOODSTOCK
YELLOW

Solution on page 339

Home Movies

```
J U H F V Z K L L A B E S A B B F C A W
T T P E B A P T I S M E G D O U W H E I
F A Q L A I C E P S N X Q N N S Y I R W
B J P R O F V A P O O B Z N I E V L P A
X D I E U A I O T J M N Y D U D I D R T
J S V D M M D S I I O N I A H H D R N C
A E I R B I E C K I O G F C D G B E F H
K G Z O T L O C T J I N S G R H M N W I
M D U C I Y G A N T M E N P X E T D N N
T I S M D B R H A N N I V E R S A R Y G
F R O A E B A L Z T S E C I B Q W O I S
L T C C E Q P S I S J H T R Y F A C T B
H R C L G F H M A L R E I T O R A E N K
L A E U W O E R O I R J R R E P P R A A
A C R J O N R N S G F A E M L S H K J M
S G H T T A R T B H P U A Y T K S O Z A
L I U A B E M V T T N C Y Y U N I A N T
Y S L M E A J S E I R O M E M A E B C E
N W E L S I O K O N T D O P I R T V T U
R S A R Y L G N E G A T O O F P W H E R
```

AMATEUR

ANNIVERSARY

BAPTISM

BASEBALL

BBQ

BIRTHDAY

CAMCORDER

CAMERA

CARTRIDGE

CASSETTE

CELEBRATION

CHILDREN

CHRISTMAS

DIGITAL

EDIT

EMBARRASSING

EVENT

FAMILY

FOOTAGE

FRIENDS

FUNNY

LIGHTING

MEMORIES

MICROPHONE

MILESTONES

PARTY

PETS

PRANKS

RECORD

REEL

RETIREMENT

REUNION

SENTIMENTAL

SHOOT

SILLY

SOCCER

SPECIAL

TAPE

TRIPOD

UPLOAD

VACATION

VIDEOGRAPHER

VIEW

WATCHING

WEDDING

Solution on page 339

Costumes

ALIEN

ANGEL

ARMY MAN

ASTRONAUT

ATHLETE

BEE

BROOM

CAT

CELEBRITY

CHEF

CLAWS

COWBOY

DEVIL

DOG

DRESS

ELVIS

```
V U G O Z U E U F W I M Y M H S A C J B
J S P G F A R E T O U R V U G E H N V V
L U R J B R E E Z M R E T K S E K S F E
S C X C K E Z W M B Y F S U F L X I L Z
F G E M X K G Y X E D A O Z A V G I E T
N E T L N M A G O E M M H N O I H U I R
F O N Q E H S C T B F Q G B K S S E R D
W V K A N B T A K S W E K P R I T E Q P
S I F U C W R E I D L O S W N O T Z T U
L F M S I I O I E W S J C U Q S O O R M
V I H G P S N N T T U U R P N Y S M G P
W Q V R B J A O D Y P S P O K P R B O K
N Y P E N C U T P E E R M E R M A I D I
O N Z P D A T E N N R J S J R W W E A N
M A T P U T M L S I M W B A L H T W A F
O E C A T H L E T E A P O L I C E M A N
R P R L H I V K R S N P O M T L Y R C E
P G Z F A O G S J I C V R W A M O U O I
E I Y K L W E E R E F E R V R N Y R V L
F T J G D V S U R P U E K A M N I N J A
```

FAIRY	MUMMY	SUPERHERO
FIREMAN	NINJA	SUPERMAN
FLAPPER	NURSE	TEETH
GHOST	PAINT	TIGER
GLOVES	PIRATE	WIG
HAT	POLICEMAN	WONDER WOMAN
MAKEUP	PUMPKIN	ZOMBIE
MASK	REFEREE	
MERMAID	SAILOR	
MONSTER	SKELETON	
MOUSE	SOLDIER	

Solution on page 339

Book Report

```
G A G Y A Y V T W E X E F V F R H G R R
O R E W P O H E R R D A N A L Y Z E E O
H Z A D G G I W N I A L P X E C C S P H
K R G D I V N E T C P D R F D O O I H T
Q I E S E R O I O Y L O E G M R N F S U
E Q N R T S E N N I W Q S M P I F L T A
T I R K S R C S B A I Q E T O E L E N B
H A E C H L A R O H E N N N G V I R E X
E P E U U F A E I L D M T C L A C U V C
M N V S T R N K G P U S A N G L T T E H
E N I N Y E V R W A T T T J F U X A N A
Y O T S K A B O S Y U I I C I A P R G R
N I C C C D G W L D Z G O O L T L E L A
Y T E R E F L E C T I O N N N I G T I C
H C J I C L I M A X A N T A G O N I S T
K A B T S Y N O P S I S C A L N I L H E
K C O I L O O H C S T C U L Y P T P D R
L L D Q H C R H K F V J J Q A E T O U Q
P U Z U Y Y L Q S T O R Y A S S E G M P
T X A E Z D L A Y G Y R A M M U S X U M
```

ACTION

ANALYZE

ANTAGONIST

AUTHOR

CHARACTER

CLASS

CLIMAX

CONCLUSION

CONFLICT

CRITIQUE

DESCRIPTION

EDIT

ENGLISH

ESSAY

EVALUATION

EVENTS

EXPLAIN

GENRE

GRADE

HOMEWORK

IDEA

INSIGHT

LANGUAGE ARTS

LIBRARY

LITERATURE

MEANING

OBJECTIVE

OPINION

PLOT

PRESENTATION

PROSE

QUOTE

READ

RECOMMEND

REFLECTION

RESOLUTION

REVIEW

SCENE

SCHOOL

SETTING

STORY

STYLE

SUMMARY

SYNOPSIS

THEME

Solution on page 340

Picture This

```
H K G D E R W W H U M L W S G E N D E U
Q X O T D P H R X C W B V I E H E E I V
X Y I F R I E N D S X X J I A C G V M C
I P P C Z T V A C A T I O N S B A E G U
L P R C M D Z R G C H S G N I H T L F W
L A F O R G E L P E D I T E S B I O P M
U H N J P E C O S R N T R E T K V P O R
S I L D N S R O Z G E U I Y E Q E M A O
T B X S S T O H T Q T R J N J M E N N L
R E H M F C P C L R O S E Z I N A G R O
A O X O Z M A S E M H S H U T T E R O C
T D L O K D P P E G S P H S A L F I F G
I I O M D S A M E P D Y M W E D D I N G
O L P V S R M G F M A L E N S U D I M S
N X X N T D O O D L E I G D T H W N U E
M K Y U N T I C L I H M N S C A E O B Y
V W W A X U Z K E F P A M T R W M C L N
A T D Y U Z N K D R X F E D I G I T A L
H I P H B F B H O P C K I M T N T X T F
L N U R S Z R G M E S O P I R T G X Q M
```

ALBUM

APERTURE

ART

COLOR

CROP

DEVELOP

DIGITAL

DOODLE

DRAWING

EDIT

FACE

FAMILY

FILM

FLASH

FRAME

FRIENDS

HANGING

HAPPY

HEADSHOT

ILLUSTRATION

KIDS

LANDSCAPE

LENS

LIKENESS

MAP

MEMORIES

MODEL

MOMENTS

NEGATIVE

ORGANIZE

PAINTING

PLACES

PORTFOLIO

POSE

PROPS

RECORD

SCHOOL

SCREENSHOT

SHUTTER

SKETCH

STUDIO

THINGS

TRIP

VACATION

WEDDING

Solution on page 340

Computer Talk

```
U S B P O R T E R M I N A L X C T J F B
Q D U X Q A X F C T R O P E S U O M X C
E R A W D R A H U N E T W O R K C A R D
D I A L O G B O X N K A W L C L G I M X
E O I P P A P P L I C A T I O N A Y U W
F M W Q N H T E N R E T N I H T M L L V
W R I N E P A C S E H N I C R R E V T K
I O V C L T F N M Z C M T O Y O P R I A
R F B R R O S L U U L I S E N P O D M G
E T E G K O A A O M L S N N R P R R E Z
L A R C E V P D P P E T E O L U T A D T
E L A T G F I R Q C P R I A R S Q O I R
S P W L D X V D O E S Y I T F T W B A E
S R E V I W Q R E C R R D C A J C Y P H
A I R T R T P E D O E A P R X S J E V A
W N A E T D L V B S C S W V I U K K L G
N T H A R D D R I V E A S T B V Q I P E
V E S O A D P E C N A M R O F R E P N M
T R W D C O M P U T E R B D R O I W M G
T L S E H C T I W S P E A K E R S I M P
```

ALPHANUMERIC

APPLICATION

CARTRIDGE

COMPUTER

DIALOG BOX

DOWNLOAD

ELECTRONIC

ENTER

ESCAPE

FAX

FLOPPY DRIVE

FUNCTION

GAME PORT

HARD DRIVE

HARDWARE

HTML

INTERNET

KEYBOARD

MEGAHERTZ

MICROPROCESSOR

MOUSE PORT

MULTIMEDIA

MULTITASKING

NETWORK CARD

PASTE

PERFORMANCE

PLATFORM

PRINTER

SERIAL PORT

SHAREWARE

SOFTWARE

SPEAKERS

SPELL CHECKER

SUPPORT

SWITCHES

TERMINAL

USB PORT

VIDEO CARD

WIRELESS

WORD PROCESSOR

Solution on page 340

Very Pretty

BABIES

BEACH

BIRDS

BOWS

BRACELET

BUTTERFLY

CATS

CLOTHES

DECORATION

DIAMOND

DRAWINGS

DRESS

EYES

FACE

FIREWORKS

FLOWER

GEMSTONES

GIRL

HORSES

HOUSE

JEWELRY

KITTENS

LACE

MODEL

MOUNTAINS

MUSIC

NAIL POLISH

NATURE

OCEAN

PAINTING

PEOPLE

PICTURES

PINK

PUPPY

PURSES

RIBBONS

RING

ROSES

SCENERY

SCULPTURES

SHOES

SKY

SMILE

SUNRISE

SUNSET

```
S I T J I K L L C V S W G Y V J N Y L T
O H E E H N R H B N E E C L F P L J N D
X O O W S A I D O I S S R V O C E A N D
X H M E G N R F P E R E I U R E W O L F
A Y O L S N U Q T Y U D Y R T K M S C I
L Z D R B O W S K H P N S B N A Q H E X
S X E Y S V O G L E C A R A I U N K C J
F M L D L E S G N I W A R D Q A S T A C
C H I L S F S F B Y C T E U W C I K F I
E Z M L S K R O W E R I F B U F L S Y Q
F S V L E D Z E L K U D F L S E Y E S F
C I U M R J E E T S I G P A I N T I N G
G A L O D I T C E T E T N K I R E B O R
N D E U H P G R O M U G T I P O L A B E
M R L N D R U V S R Y B Q E R S Y B B C
X H P T Z T J T E Z A X T S N E P D I A
R V O A C P O S S E H T O L C S P S R L
E S E I I N A I L P O L I S H U U J B P
W C P N E K T W Z L S S H O M M P D Y P
Z L K S R Y R O Y N S S C E N E R Y Z T
```

Solution on page 340

Busy Bees

```
V F P B H F L W K B O G T Z H Q Z G X U
D B D Q Z I X M Z T H P D H C R A E S X
Y J X V C F A N N I N G C X E S R U N D
M W A U R U O D H I V E M P F M B P M X
D U Q E J J M R A T L R E P A I R Y L H
E V Q T R R O Y A L J E L L Y I O B N O
Z F I R X U R B S G K B K P W C O H F B
D J B P R A T C E N I C L Y P L D Z U M
C M C Q H A U A V D A N C E G E A R Y O
E B X E E E A R R G R X G M G F V B M C
M Q P H W O R K S E J O E H E X A G O N
X V R L S L Y O D G P P N E K C A L B R
Z M E Z Z U B N M I N M D E F L O W E R
F R O I D N E F W O G I E V L N E E U Q
M O P L Y F E B F M N L W T Y S U B T E
Z F O Y E M S L E G I E D L I U B Z B A
U L W D A W I E L K T F U H N A E L C V
N T I L O P U X B O S D U U G A T H E R
C Q E H L M U X P M P A D F B X G E N A
I R J G X S X P L S D Z T B B L C O O L
```

BLACK

BROOD

BUILD

BUSY

BUZZ

CELLS

CLEAN

COLONY

COMB

COOL

DANCE

DEFEND

DRONE

EGG

FANNING

FEEDING

FEMALE

FLOWER

FLYING

FOOD

FORAGING

GATHER

HEAT

HEXAGON

HIVE

JOB

KEEPER

LABOR

LARVA

MORTUARY BEES

NECTAR

NURSE

PHEROMONE

POLLEN

PUPA

QUEEN

REPAIR

ROYAL JELLY

SEARCH

STING

TASK

TEMPERATURE

WAX

WINGS

WORK

Solution on page 340

Storage Garage

```
I S R O O L F G U V Q K R N E C A P S N
X U T F W H E E L S I K L E K I B E K C
G H W H L B R J P B B O P C T N X V X M
N O I X G U T A A M W W I N D O W S A N
L F W L F I I L C O U T L L B T O I N P
G B I S K F L D H K A P P L I A N C E S
Z K U R R S I X S X Z F E R G T D V S B
F M S I E G Z Q M D M F E R E Z E E R F
R U I A M F E B O R P S J N O H K X L T
P D U H M S R D U A R R A C L W A S K S
Z M N C I N L I T O T N O Z A I R S B C
K U H N R S F O G B C S L O D A C T P O
D N P W T S O K O E S T T H D Q I D Q Y
U R P A L Y H G L T R H F O E S O H W T
T H A L R O H K P A L A O C R A H C F E
I H I X K T C X R K B N T V E A U E D C
P R N F H A S C Z S G L A O E M G G L M
D S T R T P L A W N M O W E R L E E X F
J O E J M S Q R U I H G B T L R Z N Y B
U E V Q U W J A Z B K V L F K C U R T W
```

APPLIANCES

BALLS

BIKE

BINS

BOXES

CAR

CEMENT

CHARCOAL

CLEAN

DOOR

DRILL

EDGER

FERTILIZER

FLOOR

FLUIDS

FREEZER

HOSE

LADDER

LAWN CHAIRS

LAWN MOWER

LIGHTS

MAINTENANCE

OIL

PAINT

PARTS

PUMP

RACK

RAKE

REFRIGERATOR

SAW

SCOOTER

SHELF

SHOVEL

SKATEBOARD

SLED

SPACE

STORAGE

TACKLE

TIRES

TOOLS

TOYS

TRIMMER

TRUCK

WHEELS

WINDOWS

Solution on page 340

Television Channels

```
H W T E Z I F P G E P W Z L H Z Y M D T
B B Q J C V M P D H S G L I H G T V E Q
M Y F L P E F T O X H A L L M A R K N O
H A Y I B K Y U N T B A S Y A L U C N N
K N D I S N E Y R E V O C S I D O I O E
S Y E W Z P R K S Q M H T F A Z C M E S
I T P X C O O A W B A N E N B E V I D N
L Y G A A T B P T N I T I B T Y C Y O E
N D X S S G G H N S I M L A G K O Q L T
B E W E A T H E R M A L I A T K M I E W
O M L I N Q L O E L E L Y T S R M L K O
W O G V S S J F P H I S T O R Y E M C R
L C N O O Q D L C F P B N R S M R T I K
E B I M C L A B F I E T U W U A C V N X
H R S N C N S A K S C I E N C E I W Y E
W A U S E T E E S H W N D R A M A Y R I
U V K T R M L G S U X O F A M I L Y H A
J O I O A V A C Y P T H C B V I D I K J
K L P J L N N X O X N K L C E X Y P U Q
M S U M M I W R V C O D B M M T S R G V
```

ABC

AFFILIATE

ANIMAL PLANET

BASEBALL

BET

BRAVO

CBS

CHANNELS

CINEMAX

CNN

COMEDY

COMMERCIAL

COURT

DISCOVERY

DISNEY

DRAMA

ENTERTAINMENT

ESPN

FAMILY

FOX

HALLMARK

HBO

HGTV

HISTORY

LIFETIME

MOVIES

MTV

NASA

NATURE

NETWORK

NEWS

NICKELODEON

OXYGEN

PBS

SCIENCE

SOCCER

SPIKE

SPORTS

STAR

STYLE

TBS

TELEMUNDO

TLC

USA

WEATHER

Solution on page 341

Vacation Adventure

```
J N Z Y S J W U E L O E D K S T Y H E M
H K E L S T Q E N G Z B B O C D H C X R
U O E A L B E K M J K E R N K A B U R A
I Y T L Y C D Z C V K V P E M E P L I W
C J L E V A R T U O G Y N X E R U T A N
N L L R L J P S T K M N C O C O N U T Q
Y Y J J J N P A Y Y G M I Q T I S R W N
C S U A U L S B P T M X A L G Q U E R Q
A I A F P I K R O I F I S H I N G P G Y
W A Y O F T C E N W S F T I I A W A H X
A J R F P I N E A P P L E C O Q S E V B
B N L A K C H Z C S I Q A F J D D G S E
U L L N Y K R Y L F K S G N I F U N E R
C M X H F E E C E U S N D N D L U U A F
S E A V S T T N K L E I I I I S D O S S
H R U O T S A W R P V N G R V K Y L W C
L F R C D P W M O I G V A B D V I T I B
N T R E L A X H N U D G O L F N V H M W
N N R A M Y S G S U W Z K L P P X S M O
G D X N P E T I Y E G A N B V O D Y I I
```

ARUBA

BREEZY

CANOPY

COCONUT

CULTURE

DINING

DIVING

DRINKS

FISHING

FUN

GOLF

HAMMOCK

HAWAII

HIKING

HOTEL

ISLAND

JUICE

LOUNGE

LUAU

NATURE

NIGHTLIFE

OCEAN

PACK

PALMS

PAPAYA

PINEAPPLE

PLANE

READ

RELAX

RESORT

SAILING

SAND

SCUBA

SEA

SHOP

SNORKEL

SPA

SUN

SWIM

TICKETS

TOUR

TRAVEL

WARM

WATER

WILDLIFE

Solution on page 341

Smiles

AMUSED
APPROACHABLE
ARTIFICIAL
ATTRACTIVE
BEAM
BRACES
CAMERA
CHILDREN
COMMUNICATE
CONTENT
CREASE
DENTIST
DIMPLE
EMBARRASSMENT
EXPRESSION
EYES
FACE
FAKE
FEELINGS
FLASH
FRIENDLY
FUN
GLAD
GOOD
GREETING
GRIN
HAPPY

HUMOR
KIND
LAUGH
LIPS
LOVE
MOUTH
MUSCLE
PEOPLE
PHOTO
PICTURE
PLAY

PLEASED
POSITIVE
PRETTY
ROMANTIC
SMIRK
SOCIAL
SPONTANEOUS

```
R S N K J H U N I R G O O D R G M M H E
L L M M Q Q N J S P I L U P E Q T S Z S
L I O L V B G C C X B R A C E S A D R A
F U B U J D A L A I C O S D I L S P T E
W W X Y F V N S O K H O X T F G P T L R
L P E V I T I S O P I A N S N T R O T C
I A R T I F I C I A L E M I E A P V E B
Y E H K A G P K I N D I L T C L Y A L P
O L L X P C H K C O R E K T N Y P T B J
Z G D B V M I T N K E C I G P G B M P N
B N A N A A A N U F N V I P H O T O I U
O I M E E H M S U O E N A T N O P S C D
D T B Z K I C U Q M M H C O N T E N T S
D E M B A R R A S S M E N T E A U I U T
W E S Q F O A F O E E O M W L F M N R I
P R V A M R B C N R D Y C H C J Y O E A
W G C U E V O L E X P R E S S I O N R S
J E H M K L T E K V I P H G U A L D D X
J D A J U U P R E T T Y A B M R M V U P
S C O O D R B Q B R X I S F U Z G W A Y
```

Solution on page 341

Too Loud

```
A P M J X A U A L J L Y S B K W K C D R
V A C U U M A L S H R I E K S M V J W M
M R H Q S C W A T E R F A L L E N I E W
Z T E M D I A R R E K R K Q A L N C O G
A Y E C Q V C M T G E C W D B D I A F O
M N R G A D P P U W U N U C M A L R L H
Z J L I K J O P O R T M O R Y A B G D P
O I E D U C K L T N E K E H C S H I G U
X Y A B I L B A S R D O W N P O U R E S
S D D L N W B Y M O S O D W T A P N H S
M C E E O V S G U B E G E P V E G O Z T
E H R N B L P R R Z U C O R C I U E E E
L P S D E U E O D O H L C D N T O J M R
A N Q E L S A U Q I I H A E I S D N T E
D U U R W L K N L C T C R N H I A R H O
Z N E Q N B E D E R C R G S C R N O U J
K N A G G G R Y O O V H A M M E R I N G
D P L B U E S R Q W E R L I A N O D D Q
K M S T N E N B D D C H O R N Z T A E F
N C F M S U T H R U J Y N K I K N R R A
```

ALARM
AMBULANCE
ARGUMENT
BABIES
BAND
BLENDER
CAR
CHEERLEADERS
CHILDREN
CRASH
CROWD
CYMBALS
DOGS
DOWNPOUR
DRILL
DRUMS
DUCK
ENGINE
GUNS
HAMMERING
HELICOPTER
HORN
JET
MEGAPHONE
MUSIC
PARTY
PLANES

PLAYGROUND
POLICE
RADIO
SHOUTING
SHRIEKS
SIREN
SNOWBLOWER
SPEAKERS
SQUEALS
STEREO
THUNDER

TORNADO
TRAIN
TRUCK
VACUUM
WATERFALL
WIND
YELL

Solution on page 341

Join the Navy

```
X L L U N I F O R M S O O T T A T Q T F
S H I P S U Z T Y Y M L P Z Q D F O C L
Z R L D P A C I F I C O C E A N R H S G
F A E F O G K L O F R O N R N P I R T U
R D S V L M M D E F E N S E E E E N N N
I A S Y I O I R R A R M E D F O R C E S
G R E A S D L D O I R L O D C S X R M I
A S V E H A I H D Q X P E Y E Z S U Y L
T A F L E E T N O M L S O N V L E I O O
E L J V D N A M M P T X I W A S N T L P
S U Q V H H R R M R M R N E E B A I P A
L T W W K L Y M O S A A S A L R L N E N
A E A C A G T Y C M M Y C B E I P G D N
R O E O V V E I B A V A O T R G R Q B A
I D V T B R E U E A P S M Y O C I S O Z
M G N I E E S S N T X L P A H O A E M S
D S M T R J F A A W Z A A T S W B S B K
A N A S R E C I F F O D S R O L I A S X
O W N G I S N E L R R E S I U R C B Y O
K A E H S C S T U E G M X R F H G I Z J
```

ADMIRALS

AIRPLANES

ANNAPOLIS

ARMED FORCES

BASES

BOMBS

BOOT CAMP

BRIG

CHIEF

COMMODORE

COMPASS

CRUISER

DECKHAND

DEFENSE

DEPLOYMENTS

DESTROYER

DIVERS

ENSIGN

FLEET

FRIGATES

GUNS

LIFEBOATS

MEDALS

MILITARY

NAVY SEALS

NORFOLK

NUCLEAR POWER

OFFICERS

PACIFIC OCEAN

POLISHED

RADAR

RECRUITING

SAILORS

SALUTE

SEA CAPTAIN

SEAMAN

SHIPS

SHORE LEAVE

SUBMARINES

TATTOOS

TORPEDO

UNIFORMS

VESSEL

WATER

WAVES

Solution on page 341

It's a Circus

ACTS
AERIAL
AGILITY
AUDIENCE
BALANCE
BEARS
BIG TOP
CANNON
CLOWN
CONTORTION
COSTUMES
DOGS
ELEPHANT
EMCEE
ENTERTAIN
EXPOSITION
FUNNY
GALA
HORSE
JUGGLER
LION
MAGIC
MIMES
MUSIC
NET
PAGEANT
PLATFORM

POPCORN
RING
SEATS
SHOW
SPECTACLE
SPOTLIGHT
STAGE
STILTS
STRENGTH
TAMER

TENT
THRILL
TICKET
TIGER
TRAIN
TRICK
UNICYCLE
UNUSUAL

```
U W K G O P L A U S U N U I H X Q Q N I
B I K D Z Q G D P S V V H N Z I C M L B
E P E G T I G E R Y W S I E U F N E T P
M N J C H S C X Y S T A G E U V S A A X
T P T L A T B P T A R J E N H R I M G E
W T R E A U H O E T A M N R O C P O P C
R R E C R Q D S N G C Y F H C A N N O N
V T L K O T L I T E J I S T L I T S T A
T E G X C N A T E J P L K C I R T T G L
D O G S C I T I U N T A M E R U P C I A
L C U F Y Z T O N A C V G I M L I A B B
B K J L S T W N R X N E B E A G S E D G
M R J K T H G I L T O P S T A T N R V Q
Z R V T S Q A G N I I G F M R N B I Q G
H W Q H I B E A R S L O N E K G T A A Z
R N O R C V H W E C R U N I C Y C L E P
Q W M I N P V M O M P G S B R L A X F P
V C S L E T I D O Y T I L I G A O O J P
X U N L D M O I D H N Y T N Q M W W D A
M E E X C D J J F R K Q N O B Z X S N W
```

Solution on page 341

Around the Coast

```
S R Q D I X S C O J V H W T H R Z C E H
Y W C A G K O R T H C A Y Z O A E S I H
C R B D B K U S A N D Q O C B W V H P T
J D M Z N R G R A R K L K C O D N I E I
G U J D Q U B I T R N S P H D G R P Z U
H W F B U O Y B H G A R E B V T A T Z Z
K I O S R A X C C N E Q E M L C A Z E S
C N G V Q E C L O U D S U T O U R I S M
Y D P H W D E I I S Q E J A A H F R L V
F D C E W Z T Z P T R S S N T W N F B S
P P A K B A M G E D E T R B R I D G E S
Y H L W C B Y W N R L I V D J W C F A R
U E Y A B O L S I I A U H Q F F I L C F
F C V V C Y W E N V X S L H U B T O H B
P C F E Y I I E S E A M J F O Y K R L Y
V Y A S M G T G U V T I B A R T D A O R
S N J M X R S U L O I W T U Z B E S L R
B P I M O Q X Q A C O S C N Y G U L F Z
N N V P F I Y N P N N H B A I R N E E Q
G F F J L O X M A R M Y B Z F U G L F Z
```

AQUATIC

BAY

BEACH

BLUFF

BOATS

BREEZE

BRIDGE

CAPE

CLIFF

CLOUDS

COASTLINE

COVE

DOCK

DRIVE

FAUNA

FLORA

GULF

HARBOR

HIGHWAY

HOMES

HOTEL

NAUTICAL

OCEAN

PEBBLES

PENINSULA

PORT

RELAXATION

ROAD

ROCKS

SALTY

SAND

SEA

SHIP

SURF

SWIMMING

SWIMSUITS

TOURISM

TOWN

TRIP

VACATION

WATER

WAVES

WET

WIND

YACHT

Solution on page 342

Water Supply

AQUIFER

BATH

CANAL

CITY

CLEAN

CREEK

DAM

DRINK

DROUGHT

ECOLOGY

ECOSYSTEM

ENVIRONMENT

EVAPORATE

FARMLAND

FILTER

FISH

FLOOD

GLACIER

ICE

INDUSTRIAL

IRRIGATION

LAKE

MANAGEMENT

MILL

OCEAN

PLANTS

POLLUTION

POOLS

POWER

PROTECTION

RENEWABLE

RIGHTS

RIVER

SALT

SNOW

SOURCE

SPRING

STORAGE

STREAM

SURFACE

SWAMP

TAP

WATERSHED

WELL

WETLAND

```
C V G Z P X N Z N J Y Z O Y H W W B J F
D L P U N R V P D G R H X D L S A L Z E
W T A B T H G U O R D E N D A G B W X X
T D C N R N A L E L E A I D H M U B E S
O B M G A E O V N S L L C F V E F C N S
W K I A O C I R A T I U B H I T K O Q X
G D K E E R C N E H Y S T A N S W A M P
L Q C D N R Z W L G I V K I W N H S L O
P I C O B O T W C I T L A S O E W T E O
L P I K C X I S T R A D L I B N N R G L
A A O F D E Q T E H P W T I Y E M E A S
N I I W M K A T A W V C R A M E E F R P
T A I R E M A N A G E M E N T C Y I O R
S H S H T R V T O T I C O S A D T U T I
L N H O O S E Y O Q I R Y F R R I Q S N
Q W T P U R U R W D I S R R E I C A L G
Q H A V S R P D G V O U K I T N O L E Y
S V B H F M C A N C S O H N L K E H Y K
E E E W T W X E E I P J L I I W Q C L I
U D N A L M R A F M Z Q J F F N Y L Z T
```

Solution on page 342

Look for Rs

```
D Y L H B J S B M R C R A K R X K A F F
Y F H Q R P N L A A O R S D M C W E K K
G B N E X L O D T O M X D A N R S H L D
B O P G W L I C M R R R R R H U G N N L
P L R I S O G B T E E R E Y F C O I H A
Y G A S L R I N B S E S T E K F A R K V
I F C V Z A L M O I P H R R H T C J R I
T L I C O L E U N O M S E I E R A D A R
N F A A B M R D N C C T A R V P X R M C
R H L C E C E D N U S C T C P E L H E Q
O O C R E E L R S O T S A O R A R I R K
B T M W R A I J O Y U O O R E P L I E D
I P K A E V A R E V O L V E C L C B C S
P C I V N H B P U A G C D P O R R F K D
M S E R R E L A T E Z N X L R D E L O I
E R L R E S E R V E I I I A D I T F N G
Y K G W S S J N F M D N D C L S U Z E I
K N S G T R O P E R R I B E A N R T N R
L L X H M W Z R H M U Q R F E R N B C I
W R M A C O G E T S T J S S M B R N J A
```

RACCOON

RACIAL

RACING

RADAR

RADIO

RADIUS

RAISE

RECKON

RECORD

REFER

REFUSE

REINDEER

RELATE

RELIABLE

RELIEF

RELIGION

REMARK

REMEMBER

REMIND

REMOVAL

REPLACE

REPLIED

REPLIES

REPLY

REPORT

RESERVE

RESORT

RESOURCE

RESPOND

RETAIN

RETREAT

RETURN

REVEAL

REVOLVE

RHYTHM

RIGID

RIVAL

RIVER

ROAR

ROAST

ROLL

ROMAN

ROOM

ROOSTER

ROUND

Solution on page 342

Do You Remember?

BITTERSWEET

CARDS

CHARMING

CHILDHOOD

DIARY

DREAMY

DWELL

EMOTION

EVENTS

FAMILY

FEELING

FOND

FRIENDS

GENERATION

HANDKERCHIEF

HAPPINESS

HEIRLOOM

HISTORY

JEWELRY

JOURNAL

KEEPSAKES

LACE

LETTERS

LONGING

MEMORIES

MOVIES

MUSIC

OLD

PAST

PEOPLE

PHOTOS

PLEASANT

RECALL

REFLECTIVE

REMEMBER

REMINISCENT

RETRO

ROMANTIC

SOUVENIR

TRADITION

TREASURES

WEDDING DRESS

WISTFUL

YEARNING

YESTERYEAR

```
C J F V A S Y R G N I N R A E Y T Q X M
Y M A E R D S A D N O I T O M E D K C B
H J M S R N R E M I N I S C E N T D D N
T G I R J E H Y R T S O T O H P R X H G
P O L E Q I M R R D O D L A N R U O J D
C R Y T S R L E J C G X I H R E C A L L
E T Q T T F A T M K P N U A D E V F T E
L E O E D S C S E B H P I N R W N E U L
B R A L U W E E Z E E B I D S Y E E L Z
Y H M R T A P Y M O V R H K D W M L G L
R C E G N S V I P E G I H E S E D I L I
L S P R A S G L C T M T T R I O W N D C
E C X K S O E O A S R O E C O R S G C I
W I E M A U D I R A D T R H E T L P Y T
E S Q O E V S T D B T N D I N L Y O M N
J U B V L E G I S I D L O E E J F A O A
K M N I P N T A B A I N V F K S G E G M
R S S E N I P P A H P E O O P T C M R O
C Z A S O R G S C H A R M I N G N O P R
D B G N I G N O L U F T S I W C I O O F
```

Solution on page 342

Book of Maps

AFRICA
ARCTIC
AREA
ASIA
AUSTRALIA
BOUNDARIES
BRIDGE
CARIBBEAN
CITY
COAST
COUNTY
DIRECTIONS
DISCOVER
EQUATOR
EUROPE
GEOGRAPHY
HIGHWAY
INTERSECTION
KEY
LAND
LATITUDE
LEGEND
LONGITUDE
MAP
MIDDLE EAST
MOUNTAINS
NATIONS

NEW
NORTH AMERICA
OCEANS
PACIFIC
PLACES
REGION
ROADS
ROUTE
SCALE
SOUTH AMERICA
STATE

STRAITS
TERRITORIES
TOPOGRAPHY
TRAVEL
TRIP
WATER
WORLD

```
R R E O T X E P O R U E T I V Q S W K V
Q O R S C B W P E D F Q H E F F D Q V N
I X T I E E A T G A Y U T D Y X L X K E
C Q Z R N C A R S Y C A R I B B E A N D
S O W F I T A N B C N T U C R F I J W U
D X U F S P O L S G O O O S B G D D X T
A T I N C I T Y P D I R E C T I O N S I
O C Z E T R A V E L T Y H P A R G O E G
R P I A S Y Q G W S C H I G H W A Y P N
B T N R A A C R A R E V O C S I D L C O
W O Q R E G I O N A S V G Y I Z W H I L
H P U S E M C T E R R I T O R I E S T A
I O E N L D A C I R E M A H T U O S E F
C G O I D D U H S D T V F R E T A W G R
F R P A D A N T T T N S B O Q C N Q D I
Y A W T I L R A I R I E Z U A R C T I C
M P K N M K R I L T O A G T Y N A B R A
K H K U N E Y O E H A N R E V V I R B I
M Y T O A X Q L W S A L K T L M S C K R
F W K M O B B Z V M I M N T S C A L E Q
```

Solution on page 342

Clean House

BAKING SODA
BEDROOM
BLEACH
BROOM
BRUSH
BUCKET
BUFF
CLEAN
CLOTH
COBWEBS
DEODORIZE
DISHES
DISINFECT
DUST
ELBOW GREASE
FILTH
FRESH SCENT
GARBAGE
GLEAM
GLOVES
GRIME
KITCHEN
LATHER
MILDEW
ORGANIZE
RAGS
SANITIZE

SCOUR
SCRUB
SHINE
SOAP
SPARKLE
SPONGE
SPRAY
STAINED
SUDS
TIDINESS
TOWELS

VACUUM
VARNISH
VINEGAR
WASH
WATER
WINDOWS
WIPE

```
Y C D V K Y R O Y T K X O R I A K W A D
D A B H E T B Y M U U C A V I S C R U B
D Y P J G Q Z F I L T H E B X L Z N Y O
A I A A N R F C L V N S B Y O U A S V N
U V S R O Z Y R D A A E H T G E S D Z W
X F P C P S U P E T D R H I L E M U K Y
A Y A O S S U E W S S G N C N G M S S G
V R R B K T Q Z U U H U K I T E K I B G
G E K W B R A J N D D S D A S I R A R E
G H L E G H M I Y J W I C V T H K A A G
K T E B L S S A N I T I Z E T I D F G D
B A E S O Y U A E E O R G A N I Z E E S
M L V V V W N E W L D S S G M T V O N O
Y I V H E R G S L V G R S O T K D L I P
Q P R S S A L R W S U O O G S O X B V B
C L E U B B A B E O D R D W R L U T U R
O O T R A S Y F C A D I S I N F E C T O
D Z A B N D I S H E S N Z P F J K W A O
V G W H C A E L B B K E I E W E J Z O M
K M X M U J C W Y J E C X W T S A G Q T
```

Solution on page 342

Ingredients

APPLE

BACON

BAKING POWDER

BAKING SODA

BANANA

BARLEY

BEANS

BEEF

BREAD

BROCCOLI

CARROT

CHEESE

CHOCOLATE

CRACKERS

CUCUMBER

DATES

EGG

FLOUR

GRAINS

HAMBURGER

HERBS

ICE

MEAT

MILK

NOODLES

NUTS

ONIONS

PEPPER

POTATO

PUMPKIN

QUINOA

SALT

SEAFOOD

SEASONINGS

SHORTENING

SOUP

SPRINKLES

SUGAR

SWEETENER

TOFU

TOMATO

TUNA

TURKEY

VANILLA

YEAST

```
U U G T Y D B O V C N N W X B W A H Z D
E X M Q A A N A N A B E A N S U G A R M
Y T R V H P N Z I I X C V Y U Y P N H Y
Q U D H E I V B T A O M X F O H N O L H
D A Q I L O C C O R B N O H E R B S M V
S S A L T U B H M Y E A S T Q J A E G G
H P A P P L E O A S R E K C A R C W E Z
A T R U O L F C T E E S E E H C O O C F
Q Y Q I R G T O O A D H G M X A N U T E
R W Q U N U B L E S W A Y G Q K S I T M
N S X F R K S A J O O M K N L O K S D Q
M Q J K Z E L T K N P B S I O N Z I S S
S W E E T E N E R I G U M N A O T C T H
O Y R A D I C E S N N R W E I O D Q W N
U B D E K C B L Q G I G A T R A N L L U
P O W P P M T G B S K E S R O W R I E T
B P M W U P A R J S A R A O X F J G U S
Y U F C H Y E L R A B C Q H D F U Q B Q
P H U Z D A M P O T A T O S E A F O O D
K C I C D X J Y S Z Z K P Y W T I R E J
```

Solution on page 343

90

Video Games

```
C F I O W C A S U A L G X I P X C O Q L
N R C Y P W A R C A D E N I L N O I G A
J Q A I V I R T S I S T N I A L N A L V
W E L A U S I M V T E D N Q T H I G I I
Q K W S H O O T E R R V O F F H V K P V
Q T C Q N Z F P F L F A I S O R G F S R
L L E C H A R A C T E R T K R V O I P U
D M V N O H C A Z Y S O I E M H K L F S
V L L C R E S D N T R H T J G A A G E S
V Z J H R E O V P Y H C E Y N Y S L X X
Y R L A O V T E P N G W P N O L C R V T
U I Z L R I R N O I N M M N P A E I P E
O F W L Y S Q T I U I N O I T A C U D E
L S A E O U T U N P T I C S L I Z R H N
B E I N Q A R R T M T Z B I H Z I H L Q
E N V G T L O E S C E O S P L V I B Y K
H W J E E A P P I M S T A E I K W Y O Z
E Q J B L E S F L S I R T N E L O I V F
G T L M Y S T Y K C G O G N I C A R O N
I H I B U R P C E L O J T T R I M M Q K
```

ACTION
ADVENTURE
ARCADE
CASUAL
CHALLENGE
CHARACTER
COMPETITION
DRIVING
EDUCATION
FANTASY
FICTION
FIGHTING
FIRST PERSON
FPS
GRAPHIC
HORROR
INTERFACE
INTERNET
LEVELS
MYST
OBSTACLES
ONLINE
PLATFORM
POINTS
PONG
PUZZLE
RACING

REALISTIC
ROLE
RPG
SEGA
SETTING
SHOOTER
SIM
SKILL
SPORT
STORY
STRATEGY

SURVIVAL
TEEN
TRIVIA
VIOLENT
VISUAL
WAR
WII

Solution on page 343

Sail Away

AERODYNAMICS

AFT

AIRFOIL

BOW

BREEZE

CANVAS

CLOTH

CREW

DRAG

FLOAT

FORCES

FORESTAY

FUN

GLIDE

HOIST

KEEL

LAKE

MAST

NAUTICAL

NAVY

OCEAN

POWER

RIG

ROPE

ROTOR

RUDDER

SAILS

SEA

SHEET

SHIP

SLOOP

SPEED

SPINNAKER

SQUARE

STEER

STORM

SURFACE

TRAVEL

VACATION

VOYAGE

WATER

WAVE

WEATHER

WIND

YACHT

```
T Y F I Y I I G X G H N L O E T W I K N
H C A H U W S N C L I E M Y L R J R L L
E T L C S E P X A G A R D D P K G X L D
Q T A O H A E K L V S M B Q K W Q O U G
X C L O T T E I H W Y H R V T Q A Q W M
R K Z S S H D P C W O P U O Z D V G G R
A F S T E E R D F R O P A F T G N F G R
P E C A F R U S D B E O D C A S H I P K
M R R W T P S L I A S W C Q H X S F W K
R I K O U L P C R W L E F E S C Q Z C U
Q Q V B D F I V L E N R E M A P U A S W
B O G L O Y N W E V T T C R E N A D E T
S X G F A W N K F R B A R Q O L R Z C S
A Z I Q O N A A A L N Q W I A T E J R Q
R E D D U R K V M V O L T C I E O F O I
J O P F H K E B A I O A I R R X P R F B
N J P Z J L R S M W C T T B F O W W K N
E P E E H O I S T A U S G V O Y A G E W
N D R I D C Y U V A S U Z L I P V A N C
L M G P F W B H N R Y T S U L G E I Q D
```

Solution on page 343

City Center

```
I C H Q L G M F C V X J L I Q K C L V S
U A Z V K E S M O G P O P U L A T E D A
Z F D Z G X S S G N L T N A R B I V Z P
T N M K B A Q I A I Y Q W U R B A N Q R
M M R B L U U L O K K S G E C I F F O B
Q Y L N A A I H D N S T T L T B O A F A
B K S R O V W P A O S N D P E O P L E R
A B E E E I L E R H E A O E N C Y U C S
B H R C R E T C D C O R E D C I L B U P
G I O R U E L C A I Y U V E I X A T T O
F W T E T S T Q E R S A L S T C C M B H
I A S A L O T E C S T T J T C O O B Q S
K L R T U K H E M D R S R R E M M U S G
D K G I C O Z R E G V E C I L M M I T O
Q A E O L R N X P R N R T A C U E L H P
T R A N S P O R T A T I O N E T R D E K
B O J T E Y A W B U S S K D I E C I A B
B U L C L R T X D G O V E R N M E N T B
C N H S T H G I L S S I G N A L Y G E O
P D Q K I H B Y C K B W I T P P Q S R N
```

ALIVE

ARTS

BARS

BUILDINGS

CENTER

CITY

CLUB

COMMERCE

COMMUTE

CORE

CROSSWALK

CROWDS

CULTURE

DISTRICT

ECLECTIC

ENERGY

GOVERNMENT

HONKING

HUB

INTERSECTION

LIGHTS

MAIN

NOISE

OFFICE

PARKING METER

PEDESTRIAN

PEOPLE

POPULATED

PUBLIC

RECREATION

RESTAURANTS

SHOPS

SIDEWALK

SIGNAL

SMOG

SQUARE

STORES

STREETS

SUBWAY

TAXI

THEATER

TRANSPORTATION

URBAN

VIBRANT

WALK AROUND

Solution on page 343

Rockabilly Music

ALBUM
BAND
BASS
BEAT
BILL HALEY
BOOGIE
BUDDY HOLLY
CARL PERKINS
COUNTRY
DANCE
DRUMS
ECHO
ELVIS
FANS
FUSION
GENRE
GUITAR
HILLBILLY
INFLUENCE
JEANS
JOHNNY CASH
LYRICS
MELODY
MEMPHIS
MUSIC
PIANO
PORTMANTEAU

PRESLEY
PUNK
RADIO
RECORDS
REVERB
RHYTHM
ROCK
ROLL
SINGER
SLAPBACK
SONG

SOUND
STYLE
SWING
TENNESSEE
TWANG
UNITED STATES
WESTERN

```
U Q B D W J O G L Z L P W U K C I R H E
E A A U I X G C F A N S I N G E R I N F
C B S Y D I X N R L H D M A R G K K V U
Q C S P A D K Q F S F S H U N E C U S X
O R I Q B K Y S I V L E A I R O T O Z G
K O O S P X M H R E B B W C R D I S R A
O C H L U E P L O B I S K X Y D O U E Q
H K P C L M X K C L L N Z B A N D C I W
R N Y O E G O C A R L P E R K I N S G M
B S D M R D J A R O H Y T C I E E H O N
P Y W L U T G B E B A R L U U T C S O C
N R X Y R K M P E Z L E Z L A A N W B J
S T Y L E A Y A N R E W F T I L A U V U
C X J S C L T L N S Y N S S O B D M G D
N A Y N O B S S S T I D I C G U L N K M
B J C A R D K E R N E G I O U M Q L H O
A E L E D G N K R T W A N G I N A T I F
Z E V J S N U U I P C O U N T R Y B A H
O E W M E O P N O I S U F L A H H K J K
R Y F T F S U G J S U N L Y R I C S I T
```

Solution on page 343

Freeways

ASPHALT

AUTO

BRIDGE

BUS

BYPASS

CAR

CITY

COMMUTE

CONGESTION

DIVIDED

DRIVE

EXITS

EXPRESS

FAST

INTERCHANGE

INTERSECTION

JOURNEY

LANE

LIGHT

LONG

MEDIAN

MOTORWAY

NETWORK

NUMBERED

PARKWAY

PASSING

PATROL

PAVED

POLICE

POLLUTION

PUBLIC

RAMPS

ROUTE

SHOULDER

SIGNS

SPEED

STREET

SUV

TOLL

TRAFFIC

TRANSPORT

TRAVEL

TRIP

TRUCKS

VEHICLES

```
B A E F I B Q R Z L T Y A M E Y Y D M O
Y T C Y I U U C H R O W Z H I S D N D P
N R T L A H P S A R S E C I L O P Q E G
Q I A S C T I V E T U M M O C O H G X C
C P K L T Z E Y K L V N Y B L S N G I S
R G A O D L W L R P C O R L Q A N R W J
M Y L N I R S Q O A N I U D H O Y K F F
R L S G N W I J W T C T H C L B L S W E
F A H T H Y D V T R I C R E S R I H C Q
E T M E L A E J E O D E D I V I D O I L
E T L P S W X V N L T S Z L X D N U F H
Y D U R S K P M A N D R S Y Y G I L F R
N O S O E R Q G I T O E T A E E M D A I
G A T T R A N S P O R T R S P N U E R T
A U I G P P U B L I C N T E T Y R R T S
S T X D X D U L V C F I A O B R B U K A
Y O E M E J F M O T O R W A Y M E C O F
V D P V R M J R G N I S S A P K U E D J
F L A N E N T E Q A Q K V T U R X N T B
S P E E D F U I F P W Z K T T B U T T O
```

Solution on page 343

Michael Phelps

```
X H P D E C O R A T E D E V L G W P E D
P X Y H V B N T R V F N X K H O E K N U
E B O Q I S K A G T T S A O L L O A N A
N Y E I T L V G C W C E N M Y D L P K B
C C K R I N A H N I T O C T W Y L T E T
N F O J T C E N P Z R V S H R O E E C N
P P R F E E P M T S J E R A N A B H A Y
S H T O P P Y X E H E K M G M I I B R E
S P S U M L Y L S R R T C A X L Q N O C
H M U N O I L I F O I O K H D C H U U B
K D R D C H F W D M U T P R A R E S E W
H E D A I G R E E R J O E Y D M A L V G
M C E T N S E S S N B N N R I C P A N E
T E A I P P T E R M W E A Q U A T I C V
H K Y O S X T A Z E P F I H H K M R O E
U L V N C C U I N A C I I J L M Q T H N
F T S A E R B V I C T O R Y I R G K Y T
Z I P R L A D E M Z E E R W A N I F Y E
R J J X Q W S S E C C U S D G C G N L X
U K M U E L Q J A S S I B S K F A M D A
```

AMERICAN

AQUATIC

ARMS

BEIJING

BOB BOWMAN

BREAST

BUTTERFLY

CHAMPION

CHILDREN

COACH

COMPETITIVE

CRAWL

DECORATED

DISTANCE

EVENT

FINA

FLYING FISH

FOUNDATION

FREESTYLE

GOLD

HONORS

KICK

LONG COURSE

MARYLAND

MEDAL

OLYMPICS

PHILANTHROPY

POOL

RACE

RECORD

RETIREMENT

SPEEDO

SPORTS

STROKE

SUCCESS

SWIMMING

TEAM

TECHNIQUE

TIMES

TRAIN

TRIALS

USA

VICTORY

Solution on page 344

Holiday Time

BAKE

CARD

CELEBRATION

CHRISTMAS

DECORATION

DINNER

DRESS

ELVES

ENTERTAIN

EVE

FAMILY

FEAST

FOOD

GALA

GARLAND

GATHERING

GIFTS

HOLLY

HONOR

IVY

JOLLY

LIGHTS

MEALS

MENORAH

MERRY

MUSIC

ORNAMENT

PARTY

PRESENT

REINDEER

SANTA

SCENTS

SEASON

SHOPPING

SINGING

SLEIGH

STOCKING

SUIT

TINSEL

TRAVEL

TREE

TURKEY

VACATION

WREATH

YULE

```
W S F Q K R Y F Q Y K A R K P F A B N E
N R L T Y U L E Y E T L P R E N N I D S
X T R A V E L A K N W R E A T H W B T D
Z D I H N C O A A A C S A Z Q N Q H E F
C Z Q N O U J S L A E M C P O F Y G J Y
B V D S S N H O G N L Y V I H O V N G I
F Y B S A E O A T R E N T E R T A I N C
B T L E E M L R P D B A G T E J C P I M
Z C U R S A M T S I R H C Y T T A P R B
Z U Y D E S E C M O A A F E A S T O E C
A B Y R R E M O C R T Z C Z F Q I H H O
Z A B E R U D E G N I K C O T S O S T Z
R Z J T Q C D N S A O B O W H U N V A O
A A V X Z I J M I M N D D N A L R A G C
P J J P V S H R N E V E I S R B A K E U
U Q Y R U U C G G N R X P T O E L V E S
D N G I E M I E I T G G K H N N O G D Y
Y N T Z X X B P N E X S I G E T U G K G
A A Y G S T F I G T L Y L I M A F F I P
E Y S B Z S L V E O S S Y L L O H E D R
```

Solution on page 344

Fun with Kites

AIR
ALTITUDE
ART
BEACH
BIRDS
BOX
BREEZE
CHASE
CHINA
CLOTH
COMPETITION
DESIGN
DIAMOND
DRAG
FABRIC
FALL
FAMILY
FESTIVAL
FIGHT
FLY
FRAME
FUN
GLIDE
HEIGHT
HIGH
HOBBY
HOLDING

LIFT
LIGHT
MATERIAL
NYLON
OUTSIDE
PAPER
PLAY
RECREATION
RUN
SHAPES
SILK

SKY
SPORT
STRING
STUNT
TETHERS
TOY
WIND

```
D K W G G S H P Q M E G T R A D R G T Z
K G I T O D D D C P I M A E W N L K Q D
U P E H N M Y A M O C P A C A I R L X Y
B B B C Y Y O S Y A M A P R D W T A S Y
I T Y E S A I Y M F T P H E F N N V E A
G M U N Z F H G I H W E E A U D N I L L
V S K F M X X X G O Z R R T C L O T H P
L I I Q W P A I N E T U S I I Y I S H G
Z Z R C M I L P E P W N R O A T L E K L
I G F N C S S R H O B B Y N U L I F V Y
H A L B J L B P Y S A N I D B G G O D G
R N J J K S R F O F I H E O H V A O N T
V F L G P O V X A R C A X T U S R I O Z
A O Y E N X G M J C T B D K S T D Y M J
T J V F O N I U H C A E B A H L S R A I
Z F M I L L W A P W S E T R O F B I I L
F M P Y Y N S G N I R T S H A P E S D B
P O R C N E T H G I F I F L E O A K P E
K Z K R J D N N M U L D L I G R N I H G
Y Z Y U B S J K N K W W R E L A S U V D
```

Solution on page 344

All *OLOGY*

```
Y G O L O I C A L G Y N E C O L O G Y E
G B X Y G O L O H T A P O I S Y H P D X
O I I G R E T Y M O L O G Y G V K I D O
L R T O G P H Y G O L O I S E L C C E B
O I O L M L I Y G O L O T O O U W O M I
N D X O Y E S C G O L R H Q C S G N O O
E O I H G G T H R O L O X Z H O H O N L
R L C C O Q O E A Y L O T W R P G L O O
H O O Y L U P L O G P O I A O L Y O L G
P G L S O Z A I O R I T X B N G D G O Y
N Y O P T D T E I G O O O E O O C Y G G
E G G O A E H N T L N L L L I E N Y O
U O Y R M N O T Q H U Y O O O F D N V L
R L G U R D L O C C O T R G G G E A I O
O O O E E R O M X D E Z U A Y Y Y R R C
L R L N D O G O I M M U N O L O G Y O E
O C O D A L Y L S E I S M O L O G Y L M
G E E Y G O L O N I M I R C U C T F O R
Y N H A V G C G E P I D E M I O L O G Y
C Z T H G Y G Y G O L O P A C S E S Y M
```

BIOMETEOROLOGY

COSMETOLOGY

CRIMINOLOGY

CRYPTOLOGY

DEMONOLOGY

DENDROLOGY

DERMATOLOGY

ECCLESIOLOGY

ENTOMOLOGY

EPIDEMIOLOGY

ESCAPOLOGY

ETYMOLOGY

EXOBIOLOGY

GEOCHRONOLOGY

GLACIOLOGY

GYNECOLOGY

HAGIOLOGY   OTOLOGY

HISTOPATHOLOGY   PHRENOLOGY

ICONOLOGY   PHYSIOPATHOLOGY

IMMUNOLOGY   RADIOBIOLOGY

IRIDOLOGY   REFLEXOLOGY

MYRMECOLOGY   SEISMOLOGY

NECROLOGY   THEOLOGY

NEONATOLOGY   TOXICOLOGY

NEUROLOGY   VIROLOGY

NEUROPSYCHOLOGY

OTOLARYNGOLOGY

Solution on page 344

Made You Laugh

```
L U K M W B C X Z M C V K Q E I O E J X
F F O N H S Q T Z K P Z I E L G G I G S
Y J B U F F O O N E R Y S A R C A S M T
N O M P Y F O O G P N E T T I R W T K E
O O I F M I C R O P H O N E B K M R S Y
R J G U L K N L V O D D D I V I F O Z Y
I T L N K W I S E C R A C K S G D U P P
G R V N C T S O E O N U N C P N E T D G
N I O Y I R S N E O J D H Y E I L I M R
I C N C T G A E C Q N I W U D K S N T Q
K K A R N G R L J Y E E N Z J O W E Y U
N L E E A E A J C F N N Q Y O J R P B I
I L L A P S R V C W I C D O W K N A R P
W E C T S T N K O P G E Q C A P E R P G
D T H I B U L L M R M W Y U Q L R N H F
O F C V P R C B I O P A T S D W I A P R
O W L E V E U Y C W F M R D S I T V Z M
H Z B X Y L L I S L G N I M I T A V Q L
Q M S O C A O X F B A R D F B T S M G A
I N T M A W W B O U W G S W Y Y E J V N
```

ANECDOTAL

ANTIC

AUDIENCE

BAR

BUFFOONERY

CAPER

CLASSIC

CLEAN

CLOWN

CLUB

COMEDY

COMICS

CREATIVE

DIRTY

FUNNY

GESTURE

GIGGLE

GOOFY

HOODWINKING

HUMOR

IMPROV

INNUENDO

IRONY

JEST

JOKING

KNOCK KNOCK

MICROPHONE

MISCHIEF

PARODY

POLITICAL

PRANK

PUN

QUIP

RIDDLE

ROUTINE

SARCASM

SATIRE

SILLY

STAGE

TELL

TIMING

TRICK

WISECRACK

WITTY

WRITTEN

Solution on page 344

Ski Trip

ALPINE

AVALANCHE

BOOTS

BUNNY

CABIN

CHALET

COAT

COLD

DRIFTS

EXCITEMENT

EXERCISE

FLIGHT

FREESTYLE

GEAR

GLOVES

GOGGLES

GONDOLA

HELMET

HILLS

HOTEL

INSTRUCTOR

JUMP

LEASH

LESSONS

LIFT

LODGE

MASK

MOUNTAIN

NORDIC

PARKA

POLE

POWDER

RACE

RENTALS

RESORT

SKIS

SLALOM

SLED

SNOW

SUIT

THRILL

TICKET

TRAIL

TREES

TRIP

```
T E F Y X J D C A B I N S S U I T D F E
M N D O E R O V N J O X R E N T A L S P
T S J A I A W D M E F O I E C O I X I Q
C Z M F T O R O F H T H T T D G W B K L
H I T N E M E T I C X E O S H W B J S Q
N S L E D J K S U N S C K T F S O Y N T
A I A J L N G R E A E O S P E F F P V I
S N A E U F T K V L M P A E A L N L I C
Q D O T L S I M Y A G Z M P V R U C H K
D B Y N N U B T P V Q G R R S O K A B E
E T R I P U S N X A G G O N D O L A F T
G X K K W E O H P M U J G G L E E G H L
X H E P E R S M E O A H R G T S L L I H
C Q N R D E N I P L A G E U N R L N B Q
C J F I C O O Y D A M A R H H I A V P V
R R C D Y I S J G L R E S O R T D I O D
F E H Z C Z S M N S G T T H X C X G L W
U Q C V P W E E D D O T T R E E S O E Y
Y J I W T Z L Z O D Z L R B G E C A R E
X T G Y L I D L I F T F S P U U G M U T
```

Solution on page 344

Farming Crops

ALFALFA

APPLES

BARLEY

BEETS

CARROTS

CORN

COTTON

CUT

FARM

FIELD

FIGS

FLAX

FOOD

GARDEN

GRAPES

GROW

HAY

HOE

IRRIGATE

LEAFY

LETTUCE

OATS

ONIONS

ORANGES

ORGANIC

PEANUTS

PLANT

POTATOES

PUMPKIN

RAIN

RICE

ROTATION

SEED

SOY

SPRAY

SUN

TILL

TOBACCO

TOMATOES

TRACTOR

VEGETABLE

VINES

WATER

WHEAT

YAMS

```
E W U H M T R P C A B Y F I W H T B K G
N R O T A T I O N K P C O T T O N B K B
G H C N R Y R T L Q R S R R C L B F J Z
X E B H U N R A T S V O S U G H X H Y Q
R U R O S C I T A E H W T T B A V T Z L
N U O S L S G O G G P N U C F W N B N E
M M F E E P A E P N I U N L A A A I V U
T C T Q A R T S Y A T S A R L R K T C I
E S S O W A E O R R I F E P L P T R E M
M D S U B Y M J M O L L P E M S B D G R
A N N L I A P R U A L A Y U E N E O P A
D L E I F T C I H Y T X P J C O F N Y F
A Q E D A O D C C G R O W D U I S K I V
M V Q G R G O E O T B L E M T N O T V V
T R W N H A O D J D M E Q S T O R R A C
G I R B P H G K A N S R E S E P A R G O
G L Q Y K H B U T M E L G T L L G N E M
F H K B M U P W A M P I L E A F Y O S E
C F Q Z E J D Y O P F Q B E B B B K X Y L
I T K C K F W J A F G D N B E C N E Z U
```

Solution on page 345

Wintry Weather

```
I R K D Z R B G T H Y E S E S N W X H R
H K H G D B H G X E D R I F T S L I P B
J C G Z R E E V L L I H C W P X V M N Y
J D L N B H A E W I M F Y A A B Y B K B
G P O H I R T Y B H Y W R S U R L S Y I
N L V F V B E S Y N B K E O L T N Y O T
Z I E B I X M A C O L G T Y S U I I G I
C A S J A R P U K I I V S L G T S O N N
W T K D W R E A N T Z G U G R L M H N G
B U J I D E S G F A Z Y L L Y C C R D A
J E T G W T T E L T A E B G L O O M Y L
Q N H I N T Y R U I R O E O L A Y V R E
Z I T R Q I F A R P D N S D O Z U O V L
N R T F G B Z P R I P U E C I K S Q B J
V M A W H I T E I C R I V D E L S U S E
S N O W E R P R E E Q G E N D E S F W Y
O L C M O O I P S R J D R I O U T R F H
B O H F Q X F G O P F H E W P T S A L B
L H M C M O J L E Z I H F R C A U C N W
N X K E X S X Q S M U V M C C H G S G C
```

BITING

BITTER

BLAST

BLIZZARD

BLOW

BLUSTERY

BREAK

CAUTION

CHILL

CLOSURES

COAT

COLD

DRIFTS

FIRE

FLURRIES

FORT

FREEZING

FRIGID

FROST

GALE

GLOOMY

GLOVES

GUSTS

HAT

HEAT

ICE

MIX

NUMBING

PRECIPITATION

PREPARE

SCARF

SEVERE

SKI

SLED

SLIP

SLUSH

SNOW

SNUGGLE

SPARKLING

SQUALL

SUDDEN

TEMPEST

WARNING

WHITE

WIND

Solution on page 345

Bike Ride

ADVENTURE

BANDAGES

BELL

BICYCLE

BRAKE

CAMP

CHAIN

CITY

COAST

EXERCISE

EXPLORE

FRIENDS

GEAR

GLOVES

HEADLAMP

HELMET

HORN

JERSEY

LOCK

MIRROR

MOUNTAINS

NATURE

NUTRITION

OUTDOORS

PACE

PATH

PEDAL

PICNIC

PUMP

REFLECTORS

REPAIR

RIDE

ROAD

ROUTE

SIGNAL

SNACK

STAMINA

STEER

STREET

SUNGLASSES

SUNSCREEN

SWEAT

TIRES

TRAIL

VACATION

```
S O O U L U I E Z H I O J K U K R Z K J
B G M L W C C N Q A N B C G N C W P Z E
E X E R C I S E G A D N A B S H O M K R
A S R O T C E L F E R U T N E V D A W L
P A G Y Q T S T A M I N A L G G R L S G
P A V S F D S G Y O J L M Z E B I D J T
A U C P N A A C P K I E B Z P F D A J R
A T F E K Q L D C A T N L I S T E E R V
B C I O L M G A R N O I T A C A V H W I
P R N M O U N T A I N S V I D Y V H A N
F D K K C S U D T R G B N Y P E C P G Y
P K C F K Y S I G I V C E P U M P L H G
O U T D O O R S X A I S M I R R O R E W
P L L E B T T Y A P R Z T W L V G C X H
P B A S U N S C R E E N T E E R T S P W
Z D S N H D I C J R R R Z S D T H S L Z
K I A R G T W A I R O U T E W E I O O H
L E X E H I A M H A L F T R A E G R R L
Y J C Y P L S P D C K K T A Z I A G E N
G O O O N O H O U O N R X U N E X T S S
```

Solution on page 345

Life on a Boat

ADVENTUROUS

ANCHOR

BED

BOW

BUNKS

CAPTAIN

CHAIR

COMMERCIAL

CREW

DECK

DRIFT

DWELLING

ESCAPE

EXPLORE

FISH

FLOATING

GALLEY

HOME

KITCHEN

LAKE

LIVE

LUXURY

MARINA

MOBILE

MOORED

MOTOR

MOVABLE

PORT

PRACTICAL

RELAXING

RENT

RESIDENCE

RETIRE

RIVER

ROOMS

ROPE

SAIL

SCENERY

SINK

SLEEP

TRAVEL

VACATION

WATER

WAVES

YACHT

```
S J N E F M T D U V H W O B B D A D I T
F N S P E Z T H E S E V A W K K O J J Y
Q R Y O H E N X C L O J X T P R D H O Z
A Y Q R G J S E X A Q S P Q E A B H O F
O S R W U T T U H I Y I F T H R B D X M
M J C A P X I G O C K N R F F L O D O L
X J U E O E U A N R T K O K O I Y O A I
C V A B N B E L U E U I C E R Y R N M A
Z I I T E E W L D M N T K E R E O D H S
M G R D X L R E S M E C N E D I S E R Y
N O X N P B K Y R O F T C E T F T E K R
P I T R L A C I T C A R P A V A Q E E I
I N K O O V G S F N H I C P P D A L R V
A N H S R O A E L F N A N H W T A A V E
V Y J S E M T Q O Q V X I E T X A N S R
Q M O B I L E P A C S E L R I K H I K Z
F T G Q T F G Z T E G L A N C H O R N U
Y X W P O O E V I L I V G I Q K M A U E
F H D A E R F C N N E H G Z X A E M B I
C R P B Z T T L G L A K E P X Q P K M G
```

Solution on page 345

Popular Music

```
P E V W T T K R R P E Y N S W B F L D K
X A I W E I D N I C N M D E D N A M E D
V D N O R M R A H T I M S O R E A N Z W
H E W G M F A V O R I T E W K S A A N Z
M S I K L B X Y E L S E R P S I V L E P
S V A N H A L E N D N E D A N C E Y P B
S G C O N C E R T T N W P B E A T D W O
I W S T S I L A C O V P O N J N N B H D
E N I Z G W B C B H E K Q D E H E O H S
T A G N I S T H I A J G U U O E M B M Z
P A G A G Y D A L R I R I J A L U U T T
S X N L X L K I L K U O N V S R R Q Z R
S O Y N E F S R Y G N O S A O D T A K E
D I U K O S G A J G T V T P R J S E C N
U L T L I D P M O L U E V B C T N N T D
L P K K H D A R E I F I L P M A I O S Y
P H T W Y C I M L I D J T S B R T S B F
B Z N D L K C O R E H C Q A P Z E C T J
O U A I Y A Z R O F N X N G R H Y T H M
J M P I K Q W Y D T A D O R B L S M C Y
```

AEROSMITH

AMPLIFIER

ARTIST

BAND

BEAT

BILLY JOEL

BOB DYLAN

BON JOVI

CATCHY

CHER

CONCERT

DANCE

DEMANDED

DOWNLOAD

DRUMS

EAGLES

ELTON JOHN

ELVIS PRESLEY

FAVORITE

FOLK

GIG

GROOVE

GUITAR

HOT

INDIE

INSTRUMENT

KISS

LADY GAGA

MADONNA

MARIAH CAREY

MASS APPEAL

PRINCE

QUARTET

QUEEN

RHYTHM

ROCK

SING

SONG

SOUL

SWING

TOUR

TRENDY

VAN HALEN

VIDEO

VOCALISTS

Solution on page 345

Library Visit

ALMANAC

ARCHIVES

BIOGRAPHY

BOOKS

CATALOG

CHAIRS

CHILDREN

COMPUTER

COPIER

DESK

DICTIONARY

ENCYCLOPEDIA

EXHIBITS

FICTION

GEOGRAPHY

GLOBE

HISTORY

INFORMATION

JOURNALS

LAW

LIBRARIAN

LITERATURE

MAGAZINE

MOVIES

MYSTERY

NEWSPAPER

NOVELS

PATRONS

PENCIL

PERIODICAL

PRINTER

PROGRAMS

QUIET

RACKS

REFERENCE

RESEARCH

RETURN

ROOMS

SCIENCES

SHELVES

SIGNS

STUDENTS

TABLE

TEXTS

THESAURUS

```
H G Y D R M F I M T C A T A L O G J S X
K P K K Y N W Y R K H A S H E L V E S Q
I A T S S R A P Q H Z E N P U T E X T S
O T U T E E E I E M I A S A X N V F I E
E R X U D D C T R T E S D A M L A H B N
S O C D K S N N S A A N T P U L N Y I C
N N O E L N E H E Y R B I O G R A P H Y
E S P N A G R C R I M B L Z R O U U X C
A L I T O I E R V E C Y I E A Y Z S E L
M A E S Y S F A C E T S T L P G M X D O
N N R M B K E E O X L U E S R I A H C P
X R E A D O R S G E O G R A P H Y M R E
G U T R N O V E L S Y R A N O I T C I D
C O U G D B Y R P N O I T A M R O F N I
W J P O X L I M P A S H U Q W A L I I A
H P M R T E I U Q E P E R I O D I C A L
L F O P A R C H I V E S E Y M U C T M Z
S K C A R Q E V C P W W W R E T N I R P
K Q T H E B O L G E J J P E Y V E O D N
H R R O O M S V V G X E B L N M P N R X
```

Solution on page 345

To Your Health

AEROBICS

BALANCE

BREAKFAST

CALCIUM

CALORIES

CARDIO

DIET

EXERCISE

FATS

FIT

FRUIT

GRAINS

GYM

HAPPINESS

HYDRATION

JOGGING

MINERALS

MUSCLES

NUTRITION

POSITIVITY

POTASSIUM

PROTEIN

RECYCLE

ROUTINE

RUNNING

SALAD

SERVINGS

SLEEP

SODIUM

SQUATS

STRETCH

STRONG

SUGARS

SUPPLEMENTS

SWEAT

SWIM

TRAINING

VEGGIES

VIGOROUS

VITAMINS

WATER

WEIGHT

WELLNESS

WORKOUT

YOGA

```
J J P A V Q S M T T M X O Y B V G Z A U
S X D H G B B W U Z C A H T I U R F D I
W G I G N Y B O C S A Z S T R E T C H S
Y N S B I F L R Y K L S A G O Y M G R B
B O U M N E S K U T C M T G Q P Y A B X
A R O G I N J O G G I N G E Z T G N G W
L T R N A N X U T N U V L R O U T I N E
J S O I R C E T S T M T I F S I V E Y I
N O G N T C U R H Y D R A T I O N T P G
E D I N K M N C A R D I O B I T S O V H
N I V U I S U P P L E M E N T S T R S T
C U K R E V T Z E D S Y H S E A O P W X
T M S J R A R S I G R A I N S F A P I Z
F V T E E E I E U G B J I S C K A M M T
B E D W I C T L S A J P I L I A W T U D
F G S A R R I A L Q P U C E B E Z I S F
G G I E L T O A W A M Q W E O R H M C W
E I X H U A N L H J P D O P R B I E L S
Z E J D E C S T A U Q S S S E N L L E W
R S Z K E R E C Y C L E P W A L J H S U
```

Solution on page 346

All Kinds of Pets

```
M V L U D H Q S E M O P C R E T S M A H
D M S O T P O L O X X M A R M V D U S T
O C G P X U L S N C P X E H G I R I Z O
I S F N L Z R P A V E T E R I N A R Y R
F E C O X N I T F E A S L F P C Z A E R
D K Y L Q G F T L W L A Y T A X I U M A
N A N I M A L S H E L T E R E S L Q J P
L N S E T Y K B R E E D E R N R U A E D
D S Q C O M P A N I O N S H I P R T R R
R R D A L L I H C N I H C G U E F E W T
E H O U S E H O L D A Q N C G O Z B F M
T R E N W O S I B D D I P R O J I R E G
U A A T N E M Y O J N E A D L R O D U E
E E R B N X X P B I R L R E D G I U H V
N C S A B K T C A O L Y A U F C S R U F
V T M R N I I R T O I P K K I T T E N S
Y U C D O T T S C O B P E N S V A T B N
H U K N O H U S M Y R U E U H D C T A J
X H Q X X P J L Q R E P T I L E S I K R
Y O E A O I S P A Y G I L G C W A L K U
```

ADOPTION

ANIMAL SHELTER

AQUARIUM

BIRD

BREEDER

CARE

CATS

CHINCHILLA

COLLAR

COMPANIONSHIP

DOGS

ENJOYMENT

EXOTIC

FERRET

FROG

FUR

GERBIL

GOLDFISH

GUINEA PIG

HAMSTER

HORSE

HOUSEHOLD

HUMANE SOCIETY

KITTENS

LITTER

LIZARD

LOYAL

MEDICINE

NEUTER

OWNER

PARAKEET

PARROT

PET FOOD

PUPPY

RABBITS

REPTILES

SNAKES

SPAY

STORE

TARANTULA

TRAINING

TURTLE

VETERINARY

WALK

WATER

Solution on page 346

Big Music Festivals

```
L A R J F R I E N D S T E K C I T D S L
G A C B U L B L A N P U Q F N A X O M J
Q J U T N C R O W D E R O O D T U O C Y
R R P N S C N L A R A G A O L T H F S O
T B B E N H V L X T K A P R B B E E R T
X X T V I A X A L L E H C A O C I O H X
S R O E C R V P V D R S N N R P R D K Z
T K O S N I Q A M S S D H N U T V N I W
N C U G W T N L L P M D U O L J Y E Y Q
E M M H U Y S O A C U B R B W E A K D F
M W M H I I H O R G S G C Z A L D E R Y
U R F E G S T Z G T I X T S U P X E F W
R J D A E R T A E K C O T S D O O W T W
T E A W N W L O R D U E P U I E S F C F
S S M U R D P K R R T D L E E P I O I V
N R P C E X P E R I E N C E N E N I L D
I O L J S J A T R E C N O C C A G D I N
P Y J A K G L I O Z S U M M E R I A L R
G I N I B B H I C B A O X R E Y N R Q N
E E L M B O A G K O K S I D L V G G G V
```

ACTS

AMP

ANNUAL

AUDIENCE

BAND

BEER

BONNAROO

CHARITY

COACHELLA

CONCERT

CROWD

DAY

DRUMS

ELECTRONIC

EVENT

EXPERIENCE

FAN

FOOD

FRIENDS

FUN

GENRES

GROUPIES

GUITAR

HISTORIC

INSTRUMENTS

LARGE

LOLLAPALOOZA

LOUD

MUSIC

OPEN AIR

OUTDOOR

PARTY

PEOPLE

POP

RADIO

ROCK

SHOW

SINGING

SPEAKERS

SUMMER

TENTS

TICKETS

TOUR

WEEKEND

WOODSTOCK

Solution on page 346

Movie Making

```
Y A I F Q X C P Z M Q K R F D F E E B B
L E R U T A E F G N I T I D E A C X T A
W I G G I A C T I O N W O M G N K T E P
T V Y Z C L I M A X J O D N A E R R E C
R O R Z K B F R W I W I T M N A C A N U
E M A Y E Y F E Y Y S T O T I P N S I R
D A T R T Z O E L T E R E L L I R H T N
E R N E S O X L R R T R E A V M O E A V
I S E N Q V O I U J T R N N I A C T M V
V M M G X H B T C A V O O I D G P X E D
A C U I R U N N I N G T I M E E O G D S
L L C S T E N N N O R Z T A O S P K I S
F D O E V R M W E I Z K A T G N I T A R
U I D D E E H C M T E B T I R G D G R L
D S A T N I A I A A Q U P O A E U R E I
V N S T V M M S T C P D A N P N J U T G
Y E U V E E A U I O N G D N H R Q E A H
W Y E O Q R R M C L Z E A A E E C T E T
Q S E H S P D J B R O T C E R I D X H S
I G K H J E O I D U T S E P W K G F T U
```

ACTION
ADAPTATION
ADVENTURE
ANIMATION
BOX OFFICE
BUDGETS
CAMEO
CINEMATIC
CLIMAX
DARK
DESIGNER
DIRECTOR
DISNEY
DISTRIBUTED
DOCUMENTARY
DRAMA
EDITING
ENTERTAINMENT
EXTRAS
FEATURE
GENRE
HOLLYWOOD
IMAGES
LIGHTS
LOCATION
MATINEE
MEDIA

MOVIE
MUSIC
POPCORN
PREMIERE
PREQUEL
RATING
REEL
ROMANCE
RUNNING TIME
SET
SOUND

STUDIO
THEATER
THRILLER
TICKETS
TRAILER
VIDEOGRAPHER
WESTERN

Solution on page 346

Yearbooks

```
M A X L U H N I V T A X S M R I K S W T
E I I Y G Y E L A H S D D T Z K L G U M
O Z C D F V E M V V A I P J U C A X C B
G T G S E T O S C F S W H D I D N A C Y
A P Y N J R D U E X E V O L D R E A M S
C D T N P N O J G W N F T L A U N N A A
T S M O E M N M G N I M O C E M O H T S
I S T I A R T R O P O T S N B R K Y R S
V G R T N T I Y J H R N S E G A S S E M
I F F P S I I O L A P R L A M T N R N Q
T K K A O C S R H E Z O N C A S U D D P
I B O C C J I T I C K I S F G T A A S W
E S U O L U I M R P Z I F U C S M I O L
S S T L B N L L E A S T L I K E L Y H H
S F O O C I B T T D T S P T M T Y O D T
A G C R S O D I Y S A O D O S N N G I S
L M S Y G R O Y K Z M C R A O O J T L S
C D A H S N H X E D N I A S R C M A C U
H L M U S I C A L M E C L S T G H W B J
P M I E T S C U R S S M A E T N Y X P X
```

ACADEMICS
ACTIVITIES
ADMINISTRATORS
ANNUAL
ART
BAND
BOOK
CANDID
CAPTION
CHOIR
CLASS
CLUB
COLOR
CONTESTS
DREAMS
EVENTS
FACULTY
FADS
FRIENDS
GRADS
HOMECOMING
HONORS
INDEX
JUNIOR
LEAST LIKELY
MASCOT
MEMORIES

MESSAGES
MOST LIKELY
MUSICAL
ORGANIZATIONS
PHOTOS
PICTURES
PLAYS
PORTRAITS
PROM
SENIOR
SIGN

SMILE
SOPHOMORE
SPIRIT
STAFF
STUDENTS
TEAMS
TRENDS

Solution on page 346

Make Something to Eat

APPETIZER

BAKE

BEEF

BLEND

BOIL

BREAD

BROIL

BRUNCH

CHEESE

CHILL

COOK

DINNER

DISH

FISH

FOOD

FRY

GREENS

INGREDIENT

KNIFE

LUNCH

MAIN COURSE

MASH

MEAT

MENU

MICROWAVE

MIXER

NOODLES

OVEN

PAN

PEPPER

POT

PRESENTATION

ROAST

ROLLS

SALT

SAUCE

SERVINGS

SIDES

SIMMER

SKILLET

SPICES

STEAM

TOFU

TURKEY

WINE

```
E F S X G H V M D C F E Q Y H S I D L I
X Y J K P I C C E W N I P O T T L I J U
P B Z Q P D B R E A D K T E U O O P X A
E H G Z W Z U E V Z T P A N R Q F D L K
C K K G X T H Z F Y P M D E K S O U K H
E C W Z H P K I S S C E Z D E A H Q W O
Y D E F K Y R T S I K T M C Y U M I V A
U Q S K I L L E T M L L I H C C P O I L
M M E B A S R P S M H P C B F E E B V T
S J E L R V H P I E S T R G V R V O R P
G C H E I P R A S R N U O X R Q Z K S R
V Z C N R F K R E E N T W N P E K J E Y
J U G D D Z U X I C Q S A R E E E B D X
P S Y O U O I D H L T A V T G V P N I L
Q K O O C M E X K U Y O E N I W O P S I
F F M N U R A T U N N R T S B O I L E O
J X I X G N Z S N C I E F L D I N N E R
E A F N X H Z T H H X F M L A N E K A B
M Q I C S O D G W P O O E O E S Q L C I
H V Y M Z M N Y A O T S J R R I W Y A R
```

Solution on page 346

Go Outside

ANIMALS

BASEBALL

BEACH

BICYCLE

BIRDS

BREEZE

BUGS

COOKOUT

ENVIRONMENT

EXPLORE

FIELD

FISH

FLOWERS

FOOTBALL

FOREST

FRESH AIR

GAMES

GARDEN

GRILL

HUNT

LAKE

LAWN

MEADOW

OUTSIDE

PATIO

PICNIC

RABBITS

```
F L S G R V Q J M C Y I V K K H X M B W
T L J I H S M W J F E E V Z W L C G D H
W P M U N U S E C C L D F P N L G A T P
G X F S U N E L C Y C I R T G A R D E N
F G W O D A E M O J Y S E R U B N L Y B
S K C O R O R T O J C T S A T E S E S L
V E N C X E O S K T I U H C N S H G L P
F E R D C W S W O S B O A K E A U A J B
P E V C L U R T U C J R I N M B B P M W
A R E H T A E W T L C J R D N T N I A R
S T U G Y K W R G A M E S W O X A L U B
J N U I A B O N O E D W R O R N K N R I
T Z V L W P L N C L G R F G I R N E E R
I F N H O L F B I S P C A M V I E W C D
M H P J N I Y W N R J X A Y N Z G E E S
Q F S R S V T F C V H L E G E Z F I S H
I D O P F X B A I S S T I B B A R G S P
I A E J X G U V P E W T R G X U B I M X
V T I H F O I F J L L I R G U D Q N O X
P V U M W K F P Z S P D M O S C K Q Z F
```

RAIN

RECESS

ROCKS

RUNNING

SNOW

SOCCER

SUN

SWIM

TAG

TENNIS

TRACK

TREE

TRICYCLE

WALK

WEATHER

WILDERNESS

WOODS

YARD

Solution on page 347

Have Some Garlic

AROMA
ASIA
BREAD
BULB
BUTTER
CHIVE
CLOVE
CONDIMENT
COOK
CULINARY
DRIED
ELEPHANT
FLAVOR
FOOD
FRESH
GOURMET
HALITOSIS
HEALTH
HERB
INGREDIENT
ITALIAN
LEEK
MEDICINE
MEDITERRANEAN
ODOR
OIL
ONION

PASTA
PLANT
POWDER
PRESS
PUNGENT
REMEDY
SALT
SAVORY
SHALLOT
SMELL
SPICE

STRONG
TASTE
VAMPIRE
VEGETABLE
WEREWOLVES
WHITE

```
E X E Q H S X F E O F S G P H I H A F N
H U C H L C P V M I C N C D F X E Y C U
S N I V L B A O B F O I X A R R X F U V
D A P R E S S U N R M A N E E C A U X K
I E S P M H T I T I P W M R S A U C O N
E N B X S T A S Y U O E P B H U Y M Q A
S A G R E T N E M I D N O C L G Y Y I V
W R R R E I E V J Y F X N G A U K V L O
L R E S E H A L I T O S I S M O B A G S
Z E Q P A D S O B D X Y L Y O D T M O W
Q T E F R V I W S A H J B C R I J P U G
A I M K V A O E Y I T A L I A N U I R W
F D I R M Y T R N Q L E E H U N K R M V
R E S O E E A E Y T A D G U G G L E E E
D M D V D N V W J P E E L E P H A N T Y
S O X A I A W O P R H I N E V I H C S D
R B O L C S H A L L O T S F A F Q M A K
W A U F I I I D B C A V A O F S L U T Z
J C C N N A T U U Y R N L Q X J G O M C
P O W D E R E C O F K B T P M O E X D G
```

Solution on page 347

Being a Coach

```
M D R F M D J Y E K C O H J V S P R M I
P E E R M J Z G K O U N U D N R G L H O
Q M E D E T E R M I N A T I O N F I E R
D G R T I E S M E P V D E F E N S E F E
E Y A O I C U C O U N S E L I N G I Q G
V M C J F N A C P T R S N V W I N E R A
E N B E I N G T N H S Y I R N A B E D N
L A T C N W I M I I C I L S N U S F R A
O S A P L C X G O O E Z P C P U F O N M
P T O E E L O N O I N I I R L Z L O O X
E I H C L R A U V A R A C T Z E T T I N
A C T H C L S B R E L P S O M C I B T X
D S E C Z E E O T A R S I O U V A A I U
V P S B H T R R N E G M D R A S H L S G
I E N I T I O R P A K E T T E A M L O V
C E E P S P N A B E L S E B D P V H P H
E C F K S T R G B H N W A N A L Y Z E P
M H F N F E A X O I I L O B E A I L B K
N L O D I H C N E B L L N N H N P F U G
U V S U P P O R T I U R C E R E D A E L
```

ADVICE
ANALYZE
ASSISTANT
BASEBALL
BASKETBALL
BENCH
CAREER
COMMUNICATE
COUNSELING
DEDICATION
DEFENSE
DETERMINATION
DEVELOP
DISCIPLINE
ENCOURAGE
FINANCIAL
FOOTBALL
GOALS
GYMNASTICS
HEAD
HELP
HOCKEY
INFORM
INSPIRE
INSTRUCT
LEADER
LIFE

MANAGER
MEETING
MOTIVATE
OFFENSE
PERSONAL
PITCHING
PLAN
POSITION
PREPARE
PROFESSIONAL
RECRUIT

RESULTS
ROLE MODEL
SOCCER
SPEECH
SPORT
SUPPORT
TEAM

Solution on page 347

Martin Luther King Jr.

```
Q G P H M X Y Y H U M H L Y M M I O F D
O R A T O R W A I G R O E G L Q T Y E V
S Z M U V M U D X N I G R E V E R E N D
V B S O E P Q N O B E L P R I Z E O W H
P N K S M M A U U B D I C O N J N B H S
R Y R M E E S S E N N E T H O V H P I E
O R A A N N B Y T E S I X T I E S O S H
M E P Y T O N D S O I R P O T M E T T C
I M A P Y I P O W S R O L O A V H N O R
N O S C M T L O I Q T E F E N G A I R A
E G O C K A S L E T N H R V I O M A Y M
N T R H L G H B A C A D G R M L A T P L
T N E I P E V G E K A N L I I B B N E E
S O K L P R R Y N E I I I A R I A U A S
I M A D G G E G V I V L J S C N L O C H
T S E R D E V A Y I M C L F S X A M E C
P I P E I S H L C M J R C E I A W M F R
A C S N E I S I Q H A B I N D C S L U U
B A L C L L L L H H E N P B V O W S L H
U R O U N O I G I L E R A T N A L T A C
```

ALABAMA

ASSASSINATION

ATLANTA

BAPTIST

BIRMINGHAM

BLOODY SUNDAY

BUS BOYCOTT

CHILDREN

CHURCH

CIVIL RIGHTS

CLERGYMAN

DISCRIMINATION

GEORGIA

HISTORY

HUMAN RIGHTS

I HAVE A DREAM

ICON

JAIL

KILLED

MARCHES

MONTGOMERY

MOUNTAINTOP

MOVEMENT

NOBEL PRIZE

NONVIOLENCE

ORATOR

PASTOR

PEACEFUL

PREACHER

PROMINENT

RACISM

RELIGION

REVEREND

ROSA PARKS

SEGREGATION

SELMA

SIXTIES

SOUTH

SPEAKER

TENNESSEE

Solution on page 347

Figure Skating

ADAGIO

AXEL JUMP

BRACKET TURN

BRIAN BOITANO

CANTILEVER

CHOREOGRAPHY

COSTUMES

DOROTHY HAMILL

FLIPS

FLYING SPIN

FOOTWORK

ICE DANCING

ICE RINK

INDIVIDUAL

JACKSON HAINES

JUDGING

LIFTS

LUTZ JUMP

MOHAWKS

MUSIC

PAIR SKATING

PARTNERS

PEGGY FLEMING

POPULAR

RAW MARKS

ROTATIONS

SALCHOWS

SASHA COHEN

SCOTT HAMILTON

SINGLES

SIT SPIN

SOAKERS

SPIRALS

SPLIT JUMP

SYNCHRONIZED

TOE JUMPS

TOE LOOPS

TOE PICKS

WAIST HOLD

WINTER

```
S Y Z L M O H A W K S I N G L E S Z R G
P O P U L A R T Y J L A U D I V I D N I
I T E T L G N I T A K S R I A P O I Q E
R D E Z I N O R H C N Y S K X T C V G M
A G S J L Y S R E K A O S O H N H J R M
L S A U S L I F T S U X V J A A H U E M
S K L M F N L O G O P W E D M J Q D V S
W C C P B J O I G N I M E L F Y G G E P
T I H S Q R N T M H I C U Z J T O I L L
I P O O S Q A M L A I P G J A U R N I I
X E W R R J T C S I H S S J E B M G T T
O O S Y Z E I F K N M Y I G W O C P N J
O T O E L O O P S E O A H T N O T I A U
I I V N K R B G L S T I H T S I M S C M
G H P A R T N E R S P T T T O P Y Q E P
A N E H O C A H S A S I U A T R I L W U
D L O H T S I A W Z P M L R T O O N F C
A R A W M A R K S Y E H C F N O C D B D
W I N T E R B M U S I C Y H F W R S Y K
T P F O O T W O R K N I R E C I P F Y G
```

Solution on page 347

Precious Infants

ADORABLE

ARRIVAL

BABBLE

BIB

BLANKET

BLUE

BOY

BURP

CAR SEAT

CARRIER

CHILD

CRY

CURIOUS

CUTE

DARLING

DIAPER

FRAGILE

GIRL

GROWING

HIGHCHAIR

HOSPITAL

INFANT

INNOCENT

LOTION

MILK

MIRACLE

NEW

NURSE

OFFSPRING

PACIFIER

PINK

PLAYFUL

PRECIOUS

RATTLE

SHAMPOO

SLEEPY

SMALL

SOOTHE

STROLLER

SWEET

SWING

TOYS

WELCOME

WIPES

YOUNG

```
P A A J T X B X S L X W I G H X G B W Z
R A Y F X E B Y O J T M I T M L D A E S
L Y Y O L I S Y O T Y R C V X N V J I B
A E B T X R Q G N I L R A D V B M I L K
T A G U X P R E C I O U S W I N G U T J
Z O C Y Y I C V B A B B L E S L E E P Y
T P A G O O F F S P R I N G O W T L M C
B Q R Q N B L D U I E S O O P M A H S K
A L R N B U C E A W L U E E X Y L L M N
M F I R W R O H D N L T B A F A G I V I
C U E E O P C Y O R O N M U T E R G N P
Q U R I W H M X R Q R E L I G A R F P F
P U R F G U J E A U T C P S C O A W S Z
L A V I R R A Q B S S S H L W N S W E R
K K H C O M E L L N O P E I T L E B P N
Z D E A T U A P E H S O N L L E T B I H
P C N P D N S K A M E G T A T D H X W B
F I K B K I L O T I O N M H M T D U U Q
U W W E L C O M E M D S C V E E A R Z X
C U T E S F H T X C O O P H Q E S R U N
```

Solution on page 347

Ending in *L*

ALCOHOL

ANNUAL

APPEAL

AWFUL

BARREL

COLONIAL

COLORFUL

COUNCIL

CRUEL

FINAL

FORMAL

GENERAL

GRADUAL

GRAVEL

HOTEL

INTERNAL

INTERVAL

MEDAL

NATURAL

NAVAL

NEUTRAL

NICKEL

PANEL

PEACEFUL

PENCIL

PERSONAL

PHYSICAL

PISTOL

POWERFUL

PUPIL

RACIAL

RATIONAL

ROYAL

SOCIAL

STEAL

TOOL

TRAVEL

TRIAL

TRIBAL

TROPICAL

TUNNEL

TYPICAL

USEFUL

VITAL

WELL

```
H I H P R T M L A N O S R E P C G Q U L
Z T E W T U E H A P L A C I S Y H P Q Q
S E R O B N Q H U I A A S L E T O H X I
W T J I G N D P L N N C G U L L E W R Z
J K U H A E I F E T R O T F P H G A R K
S E Y C R L N R V E E U L R E A Q H L O
T L X D C S A E A R T N A O A X N Y H U
Y A G A U T Z I R V N C I L C P P E B S
P R E X I L L T G A I I C O E M P F L E
I U P O W E R F U L L L A C F K W E W F
C T N N K A R X L E L A R T U E N A A U
A A V C V H W T R O P I C A L A N I F L
L N I E I G D R T C H S X A L A Q E D A
Z N L L T W A S R K N O M I A A U D C D
V M S E A B I U I B B R C W U Q I N C E
K Q J Z L P E Y B V O N F L D K Q C N M
O U C C T L B Z A F E U G A A W L L O A
K L W P W E W M L P L T O V R Y O S D S
G J U L T Z S D B N I R Q A G T O B W S
B A X D Z L O O F P P T R N J S T R F I
```

Solution on page 348

Lots of Energy

BATTERY
CALORIES
CARBOHYDRATE
CHARGES
CHEMICAL
CONSERVATION
DYNAMIC
ELECTRIC
ENGINE
FORCE
FUEL
FUSION
GAS
GENERATOR
GREEN
HEAT
INTENSITY
LIFE
MAGNETIC
MASS
MECHANICAL
METABOLISM
MOVEMENT
NATURAL
OIL
PETROLEUM
PHYSICS

POTENTIAL
POWER
PRODUCTION
PROTEIN
PUSH
RADIANT
RENEWABLE
RUNNING
SOLAR
SOUND
SPEED

SUN
TRANSFER
TURBINE
VITAL
WATER
WIND
WORK

```
S C M J E T C T C F V P R O C I Y J B U
L Z A S F H U Q E I O L E U F H S U P J
U V S R A R N A R T M R N A N P U C U R
R K S R B G E C I N G A C P E N O O Z A
R F G I W O Z N Y T I S N E T N I M J L
F E N R N M H K X R D W D Y S L M N A O
S E N B U M J Y A J W X R E D Q O R G S
A M F E F E G D D L Y L R X Y I U E I O
G O G D W H I O U R W V A B T T H N V N
S V E P F A M E C H A N I C A L E G V X
M E N O N G B U V T U T U N I T A I C V
E M E T A B O L I S M D E C I M T N C H
N E R E B G E O E U O V I C O G E E G P
D N A N M G N U V R M R H A J P H H R H
R T T T D B R V P E T R O L E U M P C Y
W C O I L I F E I C I O N O I S U F W S
I A R A G C I T E N G A M R E W O P X I
N X T L O Z V L Y N F B N I E T O R P C
D I D E T R E F S N A R T E K Q J R B S
V O U A R A S R I A Q G X S O U N D K V
```

Solution on page 348

Travel Stories

```
T I D B I T S P E T S C R G N B V X I L
S I N C J S W E N Q A N E C D O T E S B
I J D M T N E M E T I C X E K R U O T D
S N J E N B I X J E L Y T S E F I L O W
O H F M A O V I E X P E R I E N C E P D
R O A O S S E V S U L X N C V R U Q E Y
K A E R R D R O C E R R U N R I L S I N
F Q T I E M E N D O R S E M E N T P P O
L L K E M G A O W P E O P L E I U I K I
I E A S N O I T A T R O P S N A R T E S
G N I N N A L P I E N D N A I T E P R S
H S P Y D A N I S O E O T T S K B D U U
T L E I N M O T E S N I I V I N I F T C
Q E R R R A A J C Z O T N T U S N A N S
B T U K U U P R I N S T R U C T I V E I
J O T L R T I M K X P E I O N A S J V D
J H A A A B C O O S U D V Y S A R P D E
J R N B E K C I S C H E D U L E L T A D
G T L Q I L Y H P A R G O E G U R O T M
U E C E E X J E R Y H G S E L C I T R A
```

ACTIVITIES

ADVENTURE

ANECDOTES

ARTICLES

ATTRACTION

COMPANY

CUISINE

CULTURE

DESCRIBE

DESTINATION

DISCOVERY

DISCUSSION

ENDORSEMENT

EXCITEMENT

EXPERIENCE

FLIGHT

GEOGRAPHY

HOTEL

IDEAS

INFORMATION

INSTRUCTIVE

JOURNAL

LANDMARKS

LIFESTYLE

MAPS

MEMORIES

NATURE

NEWS

PEOPLE

PICTURES

PLANNING

RATE

RECORD

RESORT

RESTAURANT

REVIEWS

SCHEDULE

SHARE

STEPS

STOP

TIDBITS

TIPS

TOUR

TRANSPORTATION

TRIP

Solution on page 348

Financial Headquarters

AGGRESSIVE
BANKER
BEAR
BID
BONDS
BROKER
BUY
CAPITAL
COMMODITY
COMPETITION
CORPORATE
CURRENCY
DYNAMIC
EQUITY
FAST
FINANCE
FUNDS
GOLDMAN SACHS
HEADQUARTERS
INVEST
LARGE SALARY
LAWYER
LONG HOURS
MARGIN
MARKET

MONEY
MORGAN STANLEY
MORTGAGES
OPENING BELL
OPTIONS
OVERTIME
PENSIONS
PORTFOLIO
PROFIT
RISK
SECURITIES

SELL
SHARES
STOCKS
STRESSFUL
SUITS
SYMBOL
TICKER
TRADE
WEALTH

```
Y Y C L O B M Y S R N X V I P R F Y L I
Q S T E F W T B K Z R J K W Q T O Y M E
N R E K C I T V A G E M Z S E C E O Z V
E H S L U B N D I N V E S T F A N D T S
D I B Q L J M A F S K C O T S E L E M V
R S E O P E N I N G B E L L Y P A T W O
S T R E S S F U L C Y S R A T E T R H E
G M C E E I E S B S E C U R I T I E S R
P N S E T R F D H O L I T G D A P K U Y
R O O L V R Y U A C N P K E O R A O I K
O U R I O I A G N R A D O S M O C R T C
F L O T T N S U D D T S S A M P R B S Y
I S C E F I G S Q Y S E N L O R E R A E
T N U M M O T H E D N P K A C O Y T F B
J O R A Y I L E O R A A S R M C W K S I
H I R R I P T I P U G E M Y A D A T K X
V S E G A G T R O M R G H I B M L Q U Z
K N N I C S A W E A O S A P C A H O S W
X E C N D E J T H V M C X U S N A B G W
K P Y U B Y R S S N O I T P O I Z L M I
```

Solution on page 348

My Sons

ACTIVE
ADOLESCENT
ATHLETIC
BOY
BROTHER
CARE
CHARMING
CHILD
CURIOUS
DARING
ENERGETIC
FATHER
FIGHT
FOLLOW
FOOTSTEPS
FUN
GIRLFRIEND
GROW
HANDSOME
KID
LAUGHTER
LEARN
LOUD
MESSY
MOTHER
NEPHEW
OFFSPRING

OUTSIDE
PRIZED
REBEL
RELATIVE
RIVAL
ROMP
SIBLING
SISTERS
SMART
STRONG

SUPPORT
SWEET
TEACH
TEEN
TEMPER
TWIN
WILD
YOUNG

```
E F Y W Y V W R L M M F S E T X E B I T
U V P O O Z E J H A U H T A H K G J O A R
R L A W U B Q T O P C E I N G R I H A R
D I T Y E N L I G I R L F R I E N D U E
M C V L A U G H T E R M O H F Y O D T P
R E L A T I V E H S H M T Y S L J C N M
A J D L L U L T M I B C I T E G R E N E
S S N E U H O A B F O O T S T E P S S T
F W H X T M R E G F Y E C H A R M I N G
O G I A I T L E F O E E A P L B S H C O
L U N E C T A S H W N N M R L T C W Q G
L S T I U N P J S T D T T E E R A C U F
O Y G S R R I M W S O E W R S H H T V Q
W Q T N I A O A O Z P R S I O S T U Y D
Y U E N O D D M C R C D B L N P Y A E A
I E G Q U R E F L T H L U L W N P Z F X
T J L H S Z T W U C I A W O R G I U C M
Q T B K W Z J S A N L V E A L R J L S P
R M V G K B D E G O D W E H P E N J W K
S K C L N Y T R W W I L D L D V P N P M
```

Solution on page 348

Pool Parties

BALL

BIKINI

CHAIR

COCKTAILS

DECORATIONS

DIVE

DRINKS

FAMILY

FLOATS

FOOD

FUN

GOGGLES

GRILL

GROUP

GUESTS

HOSE

INVITATIONS

JUMP

LEMONADE

LOTION

LOUNGE

MENU

MUSIC

NOODLES

PARASOL

RAFT

SHADE

SHELTER

SLIDE

SNACKS

SOAK

SPLASH

SPRINKLER

SUITS

SUNSCREEN

SUNSHINE

SWIM

TABLE

TALK

THEME

TOYS

TRUNKS

UMBRELLA

WATER

WET

```
H Z V R E M E H T A B L E D I L S S R I
E Y D E L K S A M X E D W Q T C S C E N
N J N I K S L T C W A T E R F O G F S B
A P G T Z K P V P H H D G U A O X Y E C
S N Z Q Z B B L S U A G C K R J O F Y K
O F V P E U A C A N O I T O L T L D S N
N B A D T C B J O S N R R P K O E L N T
H L S M I W S M T C H Z G W A C I O A J
S U X M I V E S A G K F E T O R K Q C B
O K P S X L E T D K D T S R M M A M K N
R N N Y Q U Y I N V I T A T I O N S S T
T R X I G C M O D G A T E I N L P U O T
U D E J R U O B D I I G R N L R N Q K L
A Z O T P D E S R O Q O N I I S T I U S
C G Q O L T M O N E X G R N C H E G D W
T I S E U E K S G H L G K R A S S M Y L
L J S N N T H N O R L L E B I K I N I K
D H L U E S U S D Q E E A M W N P M U J
J J O F M O E P I R N S A I T R U N K S
A Q M D L G Y S G O N N T K K T K C X E
```

Solution on page 348

Artistry

ABSTRACT

ARCHITECTURE

BALLET

BLEND

BOARDS

BRUSH

CANVAS

CAST

CHARCOAL

COLLAGE

COLORS

CRAFTS

CRAYONS

CREATIVE

DANCE

DECORATIVE

DESIGN

DRAW

DROP CLOTH

EASEL

INK

KNIFE

LITERARY

MIX

MOLD

MULTIMEDIA

MUSIC

OIL

PALETTE

PAPER

PASTEL

PENS

PHOTOGRAPHY

POETRY

POTTERY

SCISSORS

SCULPT

SHEARS

SKETCH

SMUDGE

TAPE

TECHNIQUE

TEMPERA

THEATER

VISUAL

```
P U O F N V N P U J M E C E O I L Y A A
A N Q C D U R H B U F L A K X V M G B M
N M W R M H G O L W L E T S A P V M U B
O I A R C H I T E C T U R E E Y I N K R
A W M T Q E I O I V Y O O I L L S W E U
G H E O P M V G Y B I D T V E L U F V S
G K A V E Z X R P E O T C G J V A T I H
S I Y D N W A A E V S A A S T L L B T Z
J R I R S R L P S A C L R R E A K O A T
D A E X E E A H C V L O T D O O L X E X
F A Q T T E Y E O S C S S S C C S R G
F X I T A A T A C S R J B A P R E H C M
J L E O R E W O I P O O A O A A U D A J
A Q Q S A O H C P N L W R F M H Q R E M
C R A Y O N S T O B O D T M W C I C Q T
B L E N D M F P E D C S U S A V N A C O
P F T P U P Z L T F M S E D B A H L S K
F T U D M W K U R P I M O L D M C E I U
M R G N W E H C Y C X N N G I S E D M O
R E P A P T T S Z K L Y K A V D T L I S
```

Solution on page 349

Stanford

ACADEMIC

ADMISSION

ALUMNI

ARTS

ATHLETICS

BOOKS

BUSINESS

CALIFORNIA

CAMPUS

CARDINAL

COLLEGE

COURSES

DIVERSITY

DORMS

EDUCATION

ENGINEERING

EXPENSIVE

FACULTY

FOOTBALL

GRADUATE

HOOVER

HUMANITIES

INSTITUTION

LAW

LEARNING

LIBRARY

MARCHING BAND

MEDICINE

NOBEL PRIZE

PALO ALTO

PHYSICS

PRIVATE

PROFESSOR

SCHOOL

SCIENCE

SILICON VALLEY

SPORTS

STUDY

TEACH

TECHNOLOGY

TUITION

UNIVERSITY

WEST COAST

YOUTH

```
T K Q X Y I S N Q I R Y Z C M O P T Z A
J R S E I T I N A M U H P L H M P C N G
Y I R O S S E F O R P E D U C A T I O N
K O Y E C Y L L A B T O O F A N N M I I
W K U H H S Y K P M E K S A E S M E T N
T P O T T P R T T K E L I P T K B D I R
R O A R H R A S R N U N P I G O U A U A
L V O L O I R M M W R N T R N O S C T E
R P R Y O V B J A O E U I S I B I A X L
S A V K V A I L F R T V V V R Z N I T F
V P T A E T L I X I C M I I E A E S S A
T H M H R E L T O I X H P S E R S Y A C
F Y E L L A V N O C I L I S N Y S Y O U
U S D A C E T A U D A R G N I E L I C L
P I I N W U T E C H N O L O G Y P V T T
S C C I W S C I E N C E Z S N B Y X S Y
B S I D O R M S C O L L E G E J A P E G
T T N R D I V E R S I T Y D U T S N W R
H R E A L U M N I V W N O I S S I M D A
S A V C O U R S E S U P M A C C J L Z G
```

Solution on page 349

Full of Food

ANCHOVIES

APPLESAUCE

AVOCADO

BACON

BLT

BOLOGNA

BREAD

BROTH

CHIVES

CHUTNEY

CINNAMON

CROUTONS

CUCUMBER

FENNEL

FRUIT

GAZPACHO

GINGER

GRILLED CHEESE

HORSERADISH

JAM

LENTIL

MAYONNAISE

MEATBALL

MEATLOAF

NUTMEG

OREGANO

PARSLEY

PEANUT BUTTER

PIMENTO

PITA

POTATO SOUP

RAMEN

RELISH

REUBEN

SMOKED SALMON

SOY SAUCE

SPINACH

SPROUTS

STEW

TARTAR SAUCE

TOMATO SOUP

TUNA SALAD

TURKEY

VINAIGRETTE

WATERCRESS

```
Z T N S S P I N A C H O H C A P Z A G P
R P O T A T O S O U P S Y D D E E Z Z N
G E M T U N J J A M I M E A T L O A F B
O G T I U R F W X D L K L E U N K Y K L
T U P T J E C U A S R A T R A T X E E T
A I A U U N I R O T S Y S B U F S N S T
Z M T B O B E E O A E W R D X E T T T B
C H I V E S T T N U Y R G E E I O U U Z
W L P S R E O U T T T A C H L K P H O M
K R U O A I T T N E U O C R V I O C R C
G M H Y M V F R A A R D N K E D S M P D
U I Y S E O R U P M E G S S P S Q H S L
K Q E A N H R F P L O P I P A R S L E Y
Z O K U G C E F L U E T A A V O C A D O
W J R C I N V I E E S I A N N O Y A M T
A E U E N A R Z S Q F P R X G I H X F N
C F T E G G L L A B T A E M A O V I O E
M A L S E A Z C U C U M B E R K L C P M
Z H T O R B N X C I N N A M O N A O Y I
Q J A X Q B P O E N E B U E R B M I B P
```

Solution on page 349

Jaguar

ANIMAL

AZTEC

BITE

BLACK

CHEETAH

CLAWS

CLIMB

COUGAR

DANGEROUS

EAT

FAST

FELINE

FOREST

FUR

HUNT

LARGE

LEOPARD

LION

LUXURY

MAMMAL

MEXICO

MUSCLE

MYTHOLOGY

OPPORTUNISTIC

PANTHER

PAWS

POPULATION

POUNCE

PREY

PUMA

ROAR

SLEEK

SOLITARY

SPEED

SPOTS

STALK

STOCKY

STURDY

SWIMMING

TAIL

TEETH

TIGER

WATER

WILD

ZOO

```
M K D N M H Z D M J L E O P A R D G R P
F U R J J S W F Q S S P E L B Y L O I T
F S S B H U G N N T P I H I J A V H B S
Q C S C T O V O S O L I T A R Y E F P A
X C B O L R H I R P I V D G T S E R O F
F Q H H X E P T Z S T L E E S E Q W B O
G Z N F Q G U A T N U H T E E T E I L T
V H U C M N E L W Q R K W A O T A H A W
M K W M I A O U B S P Y U T I K G L C W
M Y A S X D C P Z I V I H P H S U L K V
L L T A Y K C O T S T P V A M U P R E Y
D I E H R C O P O D E E P S U B F B D O
C N R B O E N I L E F S W A L C A R H L
Y U U U H L H N S W W W N L Z E U M U G
F M G W I E O T R E G I T Y V T E H H J
T A W M P C C G N I M M I W S A E K M K
R M L P B N I R Y A T U Q B M I L C N O
O M B Y R U X U L A P W C A D L I W C X
A A B I E O E B Q L X O C R B G B V R O
R L U B D P M O Z Z Y C P K W M S W E B
```

Solution on page 349

Ride a Scooter

```
N S Q L J G I I K I L K Y W N S E S Q C
Q S Y Z Z Z Y B B E G H P L B R A K E C
K L R C M D Q M Y S A F E R A D D J B T
M K B L R T P W T Q E S V J D Q X U B D
V Q F U S Q D B R K D V Y L A J S D N D
V V B H S E X I A U R R E P P O H C N R
N N P P R F D S N I A C L L S E L I O I
S X S W A E T I S Y O P R L E L W E M V
Z O P Z B R U R P N B L A D A C N N H E
B Z V O E S O B O L R N H M T I T M F L
I S U E L A H M R O O D S I G H M R Y C
T D T K D O I L T S O E B N X E T O I Y
A E Z P N C I O R F L L E Y K V K F S C
L P M D A G M E E F F I C I E N T T Y T
Y O A L H R P A E H C V B N V D O A R S
E M F T E C K S C V J E L J E R W L I A
R H S Y F H P I E P O R U E A H H P X F
S B W Q M A T S N R S Y P G G O E L X E
G T F F D Y P A P G I S E I T N E E K J
S O M E K A T G H Z U T H K U Y L U B F
```

AXLE

BIKE

BRAKE

CHEAP

CHOPPER

CITY

CYCLE

DELIVERY

DRIVE

EASY

ECONOMICAL

EFFICIENT

ELECTRIC

ENGINE

EUROPE

FAST

FLOORBOARD

GAS

HANDLEBARS

HARLEY

HELMET

HIGHWAY

HONDA

ITALY

LIGHTS

MOPED

MOTOR

PARKING

PERSONAL

PLATFORM

RIDE

ROAD

SADDLE

SAFE

SEAT

SMALL

SPEED

STORAGE

STREET

TIRES

TRANSPORT

VEHICLE

VESPA

WHEEL

WIND

Solution on page 349

Pack Your Bags

```
M X G M F T W Z S R O L L I N G S M T R
I N C U H L S T N A R O D O E D J M U N
K K T F V T N C O S M E T I C C A S E R
S B D E R A N P A M N L R C Y G V Q S G
C D M A P Q W H E T S A P H T O O T E T
N G P O U C H D I W A N T O Q D N J G Y
H F D Q C S I F I I M R R S T E K C A J
W T B B U C I M Y I A U A B M O O T G N
X I K R I C S F A C J O B U C A E L G A
F W B N A U M L O L A J C S T H A V U Q
I Z E T I E C H U L P O G I C S E A L K
T S I T S U W D E D D A P N S F F C C X
I O I P S S E R D A T A M E I N P A K A
N F A W P T A X E N V O S S E H L T N R
E M U A O E E B S D B Y W S T B T I U E
R J O T W U R L I M N B D E E R V O W M
A S T Z Z K E U L N B U C K L E I N L A
R A N O L E H U A V N S H O E S R H O C
Y S I L H M E W V W A F C S V A D B S I
M N S W C O S F G P W K I O K P I R T H
```

BLACK

BRUSH

BUCKLE

BUSINESS

CAMERA

CHECK

CLAIM

CLOTHING

COAT

COMB

COSMETIC CASE

DEODORANT

DOCUMENTS

DRESS

FOLD

GLASSES

HEAVY

IDENTIFICATION

ITINERARY

JACKET

JOURNAL

LOCK

LOST

LUGGAGE

MAPS

MEDICINE

PADDED

PAJAMAS

PANTS

POUCH

ROLLING

SHIRTS

SHOES

SOAP

STRAP

SWIMSUIT

TOOTHPASTE

TOTE

TOWELS

TRIP

UNDERWEAR

VACATION

VALISE

WHEELS

ZIPPER

Solution on page 349

On Our Block

ACQUAINTANCE

ASSISTANCE

BABYSITTING

BARBECUE

BORROW

CARE

CHILDREN

COMMUNITY

COMPANIONSHIP

COOKOUTS

DRIVEWAYS

FENCES

FEUDS

FRIENDLY

GREET

HELP

HOUSE

INTRODUCTION

KINDNESS

LEND

LOAN

MEAL

NEAR

NOISE

OBSERVANT

PARKING

PARTIES

PRIVACY

QUIET

SHARE

SHOVELING

STREET

SUPPORT

TEA

TOOLS

VISIT

WATCH

WAVE

WELCOME

YARDS

```
P R C O T W L R N E R D L I H C T U K B
D R V D K N A S Y D T O J A O R F N F O
S D R A Y C A V I R P F J M O H R E T W
X E R Y M M Q V E H E L P P A E S I O N
I L O E U C E B R A B A P S T E I U Q C
F W C W E L C O M E N U S S I A H X O B
S Y L D N E I R F I S I L T M E Z O O P
L L O E D B C Y O Y S B R G N I K R A P
X Z O H G I H N L T E A O I Z O R R R R
E Y I O Y C S A A S P B S N U O X G M Z
G R E E T H D N U T G Y I T W C A R E I
W P V A I T C N N F N S S R R Z N R T S
Z F W P N E A R E V H I D O C E A E Y L
Y S I U U A R U A O H T A D K H E A B H
U D K U M E D D V E R T T U S V W T H K
X T N S M S S E N D N I K C Q E N A O L
B W V V O E L U W E S N S T V C C G U Q
H Z Z U C I A V I I L G Z I J D A N S Y
Y Z K D N N U L V M Q Z R O Z A B Q E L
X Y L G T Q H T Z S P D R N D I R D S F
```

Solution on page 350

132

In the Summer

ANTS

BALMY

BARBECUE

BEACH

BICYCLES

BLOOMS

BOAT RIDE

BUGS

CAMP

CICADA

ENJOY

FAMILY

FISHING

FLOWERS

FRISBEE

FUN

GARDEN

GRASS

GRILLING

HAMBURGERS

HEAT

HIKE

HOT

ICE CREAM

LAZY

LEMONADE

MEADOWS

OUTDOORS

PARKS

PICNIC

POOL

RELAX

SAILING

SANDCASTLES

SOLSTICE

STIFLING

SUNNY

SWEATY

SWIM

TAN

TEA

TRAVEL

TRIPS

VACATION

WALKING

```
G A S P U I L U M F G S C I I F Y B C M
Q F Z S N Y E C H L M D B O I F M Z V N
W A U N A P Y Z S H C C K U R J G G A U
C M A F G R Z O G Y E Y I I G O Y O W L
F I S H I N G D J G N C S N S S F F E S
S L O O P L I R S N L B I I C P N M K V
Z Y M L A B J L U E E L T T P I O S I C
T V W Z W J C S F E L L I E S N P W H W
Q M E A D O W S W I U C X C A L G K S B
D R H S L H A E R J T C Y D E O O R E I
G V E J E K C G B E K S E C D C E S L F
C Z A L V K I A M E W T E B I G R H T U
L R T E A R C N E Z W O K F R B V E S G
L T P C R X A S G B T H L U T A N C A F
X K A N T S D M K E Y B B F A S B R C M
I M B F U F A O V R T M I N O C D S D S
P X I R B F N O I T A C A V B E Y P N C
Z P Q W L I T L F H E P N G N I L I A S
D D E A S T S B U H W O U T D O O R S Z
W E N W H W I Y V J S D R U D V V T E J
```

Solution on page 350

Mexican Food

```
A B Q F Z T A M A L E C I R E P P E P G
U I Z M A I Z E E S Z I O C A S L A S P
H F H Z S P A N I S H V Q M O L E G S F
D N A Y A M R U Q I A L I U Q E T E T G
Y F Z P K Y H D Q L F T N X V K P I H O
X Z T O M A T O F T D S I A J I C N N C
M T E R N U B R T B T B R N C A D D F I
V X C K P M O S T N E I D E R G N I B X
M A L K X Z N O K E E A R N E A U G B E
D W E C U A S N F T V C E I S Q C E D M
P G L M E A G E Y O J A X O T S U N V E
Z M N B F A O P C T S E U U A Y I O X R
Q V Z L R W L A C A R T Z T U M S U B U
L K T L E W D L D A H A I N R J I S U T
J Y I P S O Z A I W N D D A A Y N F R L
L C O S H Z N J E T R R J I N V E Q R U
Z I H S Q U A S H O R Y O R T N A L I C
Z P A I A A T U G R D O H C S I Y C T V
Y S L P L S A D A T S O T I S V O V O D
N G G N O I N O V W S V G Q M T R N L J
```

AVOCADO

AZTEC

BEANS

BEEF

BURRITO

CARNE ASADA

CARNITAS

CHEESE

CHILI

CILANTRO

CORN

CUISINE

CULTURE

FLAVOR

FRESH

GARLIC

GORDITAS

HOT

INDIGENOUS

INGREDIENTS

JALAPENO

MAIZE

MAYAN

MENUDO

MEXICO

MOLE

ONION

PEPPER

PORK

RECIPES

RESTAURANT

RICE

SALSA

SAUCE

SOUTHWEST

SPANISH

SPICY

SQUASH

TAMALE

TEQUILA

TOMATO

TORTILLA

TOSTADAS

TRADITION

VARIETY

Solution on page 350

Back to School

APPLE

ART

BACKPACK

BOOK

BUS

CAFETERIA

CHAIR

CHILDREN

CLASSROOM

COMMITTEE

CRAYON

DESK

DODGE BALL

ENGLISH

FOLDER

FRIENDS

FUN

GAMES

GLOBE

GLUE

GRADE

GYM

HISTORY

KICKBALL

LUNCH

MAP

MILK

MUSIC

PAPER

PENCIL

PHONICS

PLAYGROUND

PRINCIPAL

PUZZLES

READING

RECESS

SCIENCE

SCISSORS

SOUNDS

SPELLING

STAFF

TEACHER

TESTING

UNIFORM

WRITING

```
D S E M A G F F Z T H X E U L G R A T C
U Q U C R J F S V W B D Z I R M E W F B
H Y T B N J A W V R P J C K A L P P Q V
X G B W R E H C A E T N Z K F F A T S A
T O H O C H I L D R E N R S U Q P R L M
M C Z B O A P C P P V G C C U P H T I T
U O G Y M K F Q S Q N I T N L R O L W B
S Q I Q M L M E T I S K I A H I N U G K
I S B A I I O O T S S F Y I J N I N N L
C U E M T M W S O E O G P G L C C C O A
S F D C T Z E R D R R E N G L I S H Y M
D G A D E T S F M O S I K C A P K C A B
W P R O E R P U U F M S A T R A M B R S
E S G M W S N N G N I D A E R L O R C P
R F D L Y I D O D G E B A L L F E I E E
Y L Q N B V Q N I R B H K I C K B A L L
J Q V P U Z Z L E S T J K J M D O H P L
K K W E A O R G N I T I R W L M L C P I
B N N E K M S C O Y R O T S I H G J A N
D Z R V N A G D N M H F O L D E R K G G
```

Solution on page 350

At the Mall

```
G Q B S S T I F T U O P B Y V N E C L C
B X S E Q R Y A W K Y A C D E T A F J E
N Q T N P Q E G R K R N K N E E M A E R
N E S O B A N K S G G T E E C D V B W O
S A E H L U G G A G E S N R A A W R E T
D D T P Y L D I D E C S T T M C T O L S
G T N E S N N T X R N N O J U R S W R O
Q Y O O S N L A E K E S A T S A C S Y C
M J C P X E S D C M I T O K E G I I C K
X U H L V R I C T C N E E S M U N N E S
J E V E O T S R L A E A S O E H O G Y U
N C L O C T A F S C V S O I N R R O J O
M U D A U P H S P E N D S K T O T O Y C
A N R S E U Q I T U O B S O C R C T H Q
I D E D O A K X N Y C H J E R L E I R D
X S O S T E G D A G O C R D A I L V P S
E O G Q Y E Q A T E R I O E R D E N D G
F L M C O H S E S S E R D A R X K S Z A
Y W A S H R O O M S V R V E T L Y O O B
A M P S T Z N R S P F Y N B V F U C P I
```

ACCESSORIES

ADVERTISE

AMUSEMENT

ARCADE

BAGS

BANKS

BARGAIN

BOUTIQUES

BROWSING

CHILDREN

CLOTHING

COAT

CONTESTS

CONVENIENCE

CREDIT CARD

CROWDED

DEAL

DEPARTMENT

DRESSES

ELECTRONICS

FOOD

GADGETS

GROCERIES

INDOORS

JEWELRY

KIOSK

LEVEL

LUGGAGE

MAP

OUTFITS

PANTS

PEOPLE

PHONES

SALE

SANTA

SHOES

SNEAKERS

SOCKS

SPEND

STORE

TEENS

TOYS

TRENDY

VARIETY

WASHROOMS

Solution on page 350

Lottery Winnings

BOAT

BUY

CAR

CHANCE

CHARITY

CLOTHES

CRUISE

DEBTS

DONATION

FAME

FANTASY

FORTUNE

HELICOPTER

HOBBIES

HOPE

HOUSE

INVEST

JACKPOT

JEWELRY

LUCKY

LUXURY

MANSION

MILLIONS

MONEY

NUMBERS

PAYOUT

PLANE

POOL

PRIZE

PROPERTY

RELAX

RETIRE

RICH

SAVE

SCRATCH OFF

SECURITY

SPEND

SPLURGE

SPREE

STOCKS

SWEEPSTAKES

TRAVEL

TRIP

WINNER

YACHT

```
H P L H U W U N N A D Y U B O R D P J U
J X U V A X I I H X L A E P A W C M I P
A I C B V M O N E Y X C V N I E T T A S
B R K V J W X I N N H H R I T Q B J Q C
P A Y O U T R O D E B T S K K S X E X T
L U S S H C I R R T R D Z R B K G J L Y
G E S R A S I D V S S R E B M U N A A B
U L V C N T N M L E E Y U C H A N C E Q
R U U A R B N O K M P C N P D U E K G R
L C M H S A R A I T C O U E N A L P N L
P R O P E R T Y F L Y T I R A H C O O P
S U Y Z A S L C O S L H M J I I I T O H
K I J C P E R T H E L I C O P T E R O P
C S E E V V H T I O F A M E A S Y Y L J
O E E A W E S O X S F R E N U T R O F C
T W R W S E M A B P P F O O W U D V P X
S T P I V M L D I B R D H V X N K W Z P
S A S N T E K R T U I F I U E L T G E M
N O I M R E T B Y T Z E L P Y X H Z D Q
T B E N Z T R K F J E K S P L U R G E F
```

Solution on page 350

At Night

```
W V L D L P Q S S J P A R T Y X M K Z I
K T U M V N G S P E E L S L W O P C S X
R S T S O H G Q T H X E A V O Y Z G G Y
K N E L E P L P T A S E J N L D Q N O C
T I U U U V Q Y N U R M E T E K C I R C
M I A M R C L H O U R S P A E T L N F X
N Z R B S N O O Z E Z U D E T I S E S L
P B S E M C E D W O K O F W P L R V V G
U N X R D L U W L E F I I S A R C E R S
T T T L P A F T V N R R R T H H A D E S
Z H P U I N R U I Y P E E R C A N D S E
M G A T T R F G E M I T W M Y E D L T L
V I S H C U H R J D R S O C I E L O O N
Y N I G H T F A L L I Y R D B T E C W U
I D L I W C G C N T P M K N A M D N A S
C I E L P O B Q F M O N S T E R S E T R
V M N D A N C I N G N I T O O H K A B A
V F C H V L H B R N M A X I A T B W D B
Y V E E U S M L O D P G A O G J R S W H
O Y K B Z V Q J Y L S E L S K U J I F B
```

BARS

BATS

BEDTIME

BIRDS

CANDLE

CLUB

COLD

CREEPY

CRICKET

DANCING

DARK

DEAD OF NIGHT

DIM

DUSK

EERIE

EVENING

FIREWORKS

FROGS

GHOSTS

HOOTING

HOURS

LATE

LIGHT

MIDNIGHT

MONSTERS

MOON

MYSTERIOUS

NIGHTFALL

NOCTURNAL

OWLS

PARTY

PITCH

PLANETS

REST

SANDMAN

SHADOWS

SHIFT

SILENCE

SLEEP

SLUMBER

SNOOZE

STARS

SUNLESS

TIRED

WEREWOLVES

Solution on page 351

Yarn

ACRYLIC

ART

BALL

BLANKET

BOOTIES

COLOR

COTTON

CRAFT

CROCHET

DYE

EMBROIDERY

FABRIC

FIBER

FILAMENT

GAUGE

HAT

KNIT

LENGTH

LONG

LOOM

MANUFACTURING

MITTENS

NATURAL

NEEDLE

PATTERN

POLYESTER

PRODUCTION

QUILT

SEW

SHEEP

SILK

SKEIN

SOCKS

SOFT

SPIN

SPOOL

STITCH

SYNTHETIC

TEXTILE

TEXTURE

THICK

THREAD

WEAVE

WEIGHT

WOOL

```
I M X F E G W U T D C O K O F G T R A I
X J E R J M T Z O A P P T S J I K L H I
F C W R T G B P B A L L D H N Z B H L V
M Y E R B A C R Y L I C N K X O Z E Z K
X U I V M U X O O U Z O K L O I F J R V
W I V V A G Z D Q I V B L T T G F S Y T
T N N X O E X U A R D I I X N R V P H G
M N I C D S W C E I J E S I W V N I M I
R U E S H A T T Q D S G R T E S C N K O
O R K M N A S I W L E U S Y I K G P P I
L Y S S A E M O T G T L W G G C N K S V
O A J V Y L T N D C J V D N H O O N H I
C Y M L C N I T A I H T R E T S L T E T
I I O F W W T F I S K E D T E N G U E H
W P R F G E U H K M T H O Y A N E X P R
C C L B K N S H E T S C J T E X T I L E
B R T N A Q O H A T O O U L H U L F O A
I V A M G F H P Y L I R Y U R N R C O D
T L A F G A L H G X A C Q E A X X G M S
B F G R T S P O O L O O W F Y S I O Y R
```

Solution on page 351

Pricey Gifts

ANTIQUES
AUTOMOBILE
BOAT
BRACELET
BUSINESS
CHOCOLATE
COLOGNE
COMPUTER
DIAMOND
ELECTRONICS
EMERALD
ESTATE
FERRARI
FINE ART
FLOWERS
FURNITURE
GOLD
HORSE
HOUSE
INSTRUMENTS
JET
LAND
LEATHER
MOTORCYCLE
NECKLACE
PAINTING
PET

PHONE
PIANO
POOL
PURSE
REFRIGERATOR
RING
ROLEX
ROSES
SILK
SPA
TABLET

TELEVISION
TRIP
TRUFFLES
VILLA
WATCH
WINE
YACHT

```
H Z D D W D W U E R U T I N R U F J Z M
A S K T L Z J M H N L V F E R R A R I W
A A E N G O L O C H B P F F P U R S E J
L G F L N N G I W V A R K L T Z W E U Q
L E V W F Q H N I I I G L O R H A S B X
C G N I R F B S N G H A M W A L O O P B
N S G S L T U T E V P O O E E D A R E E
Z N T C X L I R D K B I G R N T O T W L
X Y H I L N A U T I L E A S I C A X E A
K U C N G T F M L K E I U N F L X R T J
C K A O O A T E L E V I S I O N E E A P
U E Y R M B S N L T N E G C A C L H B Q
N M U T J P U T L C U J O Q A E O T L M
G E G C A F U S M Q Y H P L C H R A E Q
V R X E P I R T I F C C K A T O P E T W
B A V L X P W T E N E C R N E R T L W L
G L S E H T N J A R E B L O P S I Z A W
L D N O M A I D B N E S T A T E U N T V
Y W N J K F K S Y F Q L S O V O D O C L
R E F A A Q B X Z Q K T I O I C M U H H
```

Solution on page 351

Frightening

```
G V O D J R X O M R B B S M V I I H M X
O X S B Q U P Y L V H R Y D L M G F S B
D S A F N U L H G G B F R E A K Y T O U
M D Z Y R A F L O W E R E W F E R A H G
N K R X H I L U X J K S T W V A D C J S
Q E I O A G G A E I R E E N N G R N K X
A B C M U N U H R O N Z M G H O I E U P
F T X A N I G H T M A R E S C L L X S C
Z V P O T Y A A D E I R C O B E A R C Y
W O I R E F G F A W N N D O T M T R R Z
N L M B D I S E R A R I G O X U E E E R
W R F B L R P J K A L N N T X T T G A H
K E E L I R I T Y E I A S G S S F I M S
T D A N G E R L H L M D N N Y O N T N K
N I R H O T I U L Y P I O M E C H A B R
N P S T Y V T I E N K M M O V I E G K X
V S O P E G H G U A N E Y H D S L I P E
M U M M Y C O W E R I P M A V U D A H T
Q U E K I B K R A H S O G U V M F G Y U
J I K C R N C Z F S N N V G M W H B C H
```

AFRAID

ALARMING

ALIENS

ALLIGATORS

BEAR

BOGEYMAN

BUGS

CEMETERY

CHILLING

COSTUME

CREAKING

CROCODILE

DANGER

DARK

EERIE

EVIL

FEARSOME

FOG

FREAKY

FRIGHTENING

GHOST

GOBLIN

HAUNTED

HYENA

JUMPY

LION

MONSTER

MOVIE

MUMMY

MUSIC

MYSTERY

NIGHTMARES

SCREAM

SHARK

SKELETON

SNAKE

SPIDER

SPIRIT

STRANGER

TERRIFYING

TIGER

UNDEAD

VAMPIRE

WEREWOLF

ZOMBIE

Solution on page 351

On the Internet

```
P X E L I B O M S S V X C T Q E B D N P
E S D R A O B Y E K C O R E T U P M O C
B X O T U N E S U O M O L C X F I H G X
W V S W S T D P O M Z I N H E T S V N O
R Q S I O P E I U D A O L N W O D I I P
C D A T A I V N N M W S O O E K A J D F
O S N T S C I F E G S H D L N C X K A Y
G A M E S T D O D Q P L G O G E T C O B
F P O R Y U E R B T K A O G T O E E L R
U X Q O H R O M R S X N G Y H B O R U O
M U Y T T E S A B T I O N E O G F G C W
W V R I D S M T O A A I I O R F Y J L S
I X B N I S N I M H A T K W U U S H T E
N K R O W L O O H C S A R N E W S R F R
D A G M D S D N N I P C O J E K E I S U
O Q R C N T E L B A T U W E Y A R U E B
W B R O A D B A N D H D T P M E D L G L
S E I B B O H D R I B E E I F L D O A O
L J H I O M U S I C X W N O D M A X M G
T O G R W J J J X R H G X T W Z C J I S
```

ADDRESS

BANDWIDTH

BLOGS

BROADBAND

BROWSER

CHAT

COMMUNITY

COMPUTER

CONNECT

DATA

DOMAIN

DOWNLOAD

EDUCATIONAL

E-MAIL

FACEBOOK

FIREFOX

FUN

GAMES

GOOGLE

HOBBIES

IMAGES

INFORMATION

KEYBOARD

LANDING PAGE

LEISURE

LOADING

MOBILE

MONITOR

MOUSE

MUSIC

NETWORKING

NEWS

PICTURES

SCHOOLWORK

SCREEN

SEARCH

SHOP

SKYPE

SMARTPHONE

STREAMING

TABLET

TECHNOLOGY

TWITTER

VIDEOS

WINDOWS

Solution on page 351

Celestial Paths

```
F O G K O T S R V E E W S A E N X D C Z
D Q M R R J Y P E L V C V P E C I K C Q
F S U A R P S V N V L J A K M E R E R X
F A C D T R T M U R E T I P U J S O I A
U K D I O R E T S A S L G E S L T C F W
T F G U H I M C L X J G O I Y A R O W M
R Q N S U T H W C R P L X C T S T A R I
O D I N E P T U N E S A A E I A H O X Q
K W R M M Z B S V C N I P B V T I C J T
K V O M W D C O I O S T F X A E Y A L M
R C O R Q I M M T S U S R K R L E E P Y
N O O M S Q A W O A Y E C I G L S L Y P
N D C Y G N E L N S Q L O I C I U Q E L
W S H K Y N A O W I I E A R S T N R V A
L P F D E R R A O R V C I N O E I Z L N
L H K J Y T N E L B E C D W A O D O O E
S E T E S P I L L E Y N W Q D F L O V T
Y R I A T R T C O D N N P A P O G E E L
I E A S P K T Y F Z B U T K E P L E R G
F D Q M Z K L C N H R V T J O Z W I V D
```

ANALYSIS

APOGEE

ASTEROID

ASTRONAUT

AXIS

CELESTIAL

CIRCLE

COMET

CYCLE

DEBRIS

DYNAMICS

ECCENTRIC

ELLIPSE

FOLLOW

FORCE

GEODESICS

GRAVITY

JUPITER

KEPLER

MARS

MOON

MOVE

NEPTUNE

NEWTON

PATH

PERIOD

PHYSICS

PLANET

PLUTO

RADIUS

REVOLVE

RING

ROCKET

ROTATE

ROUND

SATELLITE

SOLAR

SPACE

SPHERE

STAR

SUN

SYSTEM

TRACK

VELOCITY

VENUS

Solution on page 351

The Trojan War

```
D E P N V Q E Q I H K J F A V D U T F V
M P H O L M B U V Y E E K T R G I N V Z
W M F Y W I W A Q E C L L D F I R E A R
J A V D M R T R O Y I A E A S E R I T X
R F M H O M E R K K T O T N T S H C H G
B I A K Q L Y E S S Y D O E E P I N E P
B A G V I R Z L Q W S I M P O R T A N T
W I S C O N F L I C T A X A R H E R A C
N W C I D D G T J I X M Y T H O L O G Y
L Z S A R G O L D E N A P P L E G O S P
Y L I T C A Y E H M R U U F I O D W A R
F L E T E H P L Y D E G A R T D J L O I
I F P G G X A Q R U S M E N E L A U S A
W R I T E R S E D R K T O S R P H T J M
E H C S I N T I A V B K S W A O J B E K
I K R O S U D L R N S E E N T E J D O Q
N O A T R I O A A E S U X E U M E L U S
H I O N N H V Y R W H A P H R O D I T E
L R S E C R I C P Y H T E L E G O N Y Q
Y L N S K O O B V J I L V S H Q U Q H M
```

ACHAEANS

ANCIENT

APHRODITE

ATHENA

BOOKS

CIRCE

CITY

CONFLICT

CYPRIA

EPIC

ERIS

EUMELUS

EXPEDITIONS

GODDESSES

GOLDEN APPLE

GREEK

HELEN   MYTHOLOGY   TELEGONY

HERA   ODYSSEY   TRAGEDY

HEXAMETER   PARIS   TROY

HOMER   POEM   VERSE

HORSE   QUARREL   WAR

ILIAD   RETURNS   WRITERS

IMPORTANT   SCHOLARS

KING   SIEGE

LEGENDARY   STORY

LITERATURE   TALE

MENELAUS

Solution on page 352

Bookkeeping

```
M T Y F U N D S J X J O I J L R B Q J J
G E S R U U V M S T T B X V G N I A G D
C K I E E M F E I R D R P S J Z K C N Q
Z S C V R B R D U E T A C O L L A C X K
K V E E K E E S F J C O L L A T E R A L
W Q R N H R T A L T S N T M Q D M U M G
A B I U C C U N N I R H A N R N N A O L
G U A E O L P E I D Q A H W U F E L R R
E Z D L T Y M E H N D U N A O O I D T T
S M W I A E O I F R C I I S P L C R I N
J T M C T N C K N E M O V D A A L C Z E
T E S A D O C W S V C X M I A C Y A A M
N S T V R M W E O L E N C E D T T L T E
R S O L Q G L R E F S N A R T E I I I G
Z A C A G B I X M Z A O T I O I N O O A
B F K T A N P N D N Z I V O R B B D N N
P C L I A B I L I T Y S A O R A A E I A
W B R P T L E F I B O N D S H Y V L D M
B A Z A D I U H X J T E G D U B H V I X
V G N C Y M Q M A J A P L H A H P K W F
```

ACCOUNT	LIQUIDATION	TRANSACTION
ACCRUAL	LOAN	TRANSFER
ALLOCATE	MANAGEMENT	TRUST
ALLOWANCE	MARGIN	VARIABLES
AMORTIZATION	MONEY	VARIANCE
ASSET	NUMBER	WAGES
AUDIT	PENSION	YIELD
BALANCE	REVENUE	
BANK	RISK	
BONDS	STATEMENT	
BUDGET	STOCK	
CAPITAL		
CHECK		
COLLATERAL		
COMPUTER		
CREDIT		
DEBIT		
DEFAULT		
DIVIDEND		
FINANCIAL		
FUNDS		
GAIN		
INCOME		
INTEREST		
INVENTORY		
LABOR		
LIABILITY		

Solution on page 352

Cooking Outside

ANTS

BACKPACKER

BARBECUE

BEAR

BURGERS

BURNER

CAMP

CAST IRON

COAL

COOKOUT

CORN

DUTCH OVEN

FAMILY

FIRE

FISH

FLAME

FLIP

FOOD

FRYING

FUN

GAS

GREASE

GRILL

HEAT

HIBACHI

LIGHTER FLUID

MARSHMALLOWS

MATCH

MEAT

MUSTARD

PAPER PLATES

PARTY

PATIO

PIT

POTATOES

PROPANE

ROAST

SAUSAGES

SMOKE

STOVE

SUMMER

TONGS

VEGETABLES

WILDERNESS

WOOD

```
U E M K K C O X P A Y Y T R A P X B G T
Q W T U U U J D O C I Q D T E C O R N J
C U N C Q M V G S S N U F R Q M I M T N
G D P T G S M P S R P B R F C L M B T H
M U N P R M I M E A T I Y I L E Q U U Z
S G P P B L B A M S X E I R Y A M R S D
F W T O F I H C A B I H N E U Q M N F B
C O P D I U L F R E T H G I L J S E I S
G I O A D R A T S U M Z B U R G E R S V
T V R D P W B O H S P W K S U S G F H C
J S A T U E K B M D E K O M S M A T C H
T B E U P T R I A Q C N E V O T S G L E
S K B O A S C P L C B A R B E C U E B A
H V R K T F A H L Q K E Y E R O A S T T
F P C O I A S K O A M P S I D C S D F J
I S N O O M T N W V T Y A A N L I O Q I
T G J C A I I O S I E E W C E B I O Y N
S F L L X L R B P N C N S X K R B W V I
U A J W Z Y O P J S E L B A T E G E V T
Q P B G W A N T S T O E N A P O R P V V
```

Solution on page 352

Recreational Travel

```
B H O T E L E T N D C E S A X B Z A A P
D V T Y L R J L L F P A F U N T E U I M
B H T G U T U P Z L K C D W M I P A N R
Y K U S D Z P T C Y L I M A F M G P C H
Z A I A E I I Y R R E T R E A T E H G H
F E W J H R G E T A N E V U J E R R T K
L R M S C G J X K R P T E M N I E I B S
B B J O S N X P D E R E P E S C R N Z J
E D F C T I R E K N Y R D T R C U E C T
J O U R N E Y R C I A N M E O L T V G C
E C N Y Y E L I S T P A A M S O N U X S
L D Y R P S E E D I S T F W S O E O H I
E H D E S T I N A T I O N E I P V S W H
J P E V Z H K C E O R A E S W G D A D D
C L A O J G T E N T V R R K G N A E E Z
S R N C E I K F A M O U N T A I N S O U
Z E U S S S T B L L C K R S V P E R K V
S L J I Y E L N P X N H C Y H M T E G L
Y A V D S E A X E H G E T A W A Y V F V
H X Q M U E E V I R D E J D P C T O U R
```

ADVENTURE

BEACH

BREAK

CAMPING

CHRISTMAS

COMFORTABLE

CRUISE

DAYS

DEPARTURE

DESTINATION

DISCOVERY

DRIVE

ESCAPE

EXCURSION

EXPERIENCE

EXPLORE

FAMILY

FLY

FUN

GETAWAY

HOTEL

ITINERARY

JOURNEY

LEISURE

MOTEL

MOUNTAINS

NIGHTS

OVERSEAS

PACK

PLANE

POOL

RECREATION

REJUVENATE

RELAX

REST

RETREAT

SCHEDULE

SHIP

SIGHTSEEING

SLEEP

SOUVENIR

SPA

SUMMER

TOUR

VISIT

Solution on page 352

Money Management

```
B I V M V F W K Z Z A Y N B B D Y F H L
M N W V P P N D M K J M G L U B F L S C
Q X R Y O A G L O S S O O A B D L G Y F
P S S U B T R A C T I N G U O X G F G S
Y V X G T T L Q G V S O O Y N K C E H C
M J M C R E D I T S Y C S P D T X Y T F
S W Z T F A R D W I L E R P T P V O O N
B F F U R T O F F N A R E C E I P T S F
M G D A Y T T Z O V N Y X N A N O O M G
D F E E G R A H C E A Y S B K P D N J F
B K E T E D L X C S T E C D Y L N I S M
F I S V D N U F B T S A Q B G A C W N B
A A L I X A C U E M O Y R P O N P G A G
S I N L S Q L N K E C O E L Y N I L T P
S G C D T R A D I N G R O S S I A L Q R
E O T S E Z C S O T S E R E T N I K I O
T L S B U X A C C O U N T K C G C T V F
H D F L N L Y S N E F M R E C O R D S I
F R S G N I V A S O Q J M A T H V Q J T
O A V Y R A L A S F W M H S A C K M Q I
```

ACCOUNT

ADDING

AMOUNT

ASSET

BALANCE

BANK

BILL

BOND

BUDGET

CALCULATOR

CASH

CHARGE

CHECK

COST ANALYSIS

CREDIT

DRAFT

ECONOMY

EXPENSES

FEE

FILING

FUNDS

GOLD

GROSS

INTEREST

INVESTMENT

LOAN

LOSS

MATH

NET

OPTIONS

PAY

PERSONAL

PLANNING

PROFIT

RATE OF RETURN

RECEIPTS

RECORDS

SALARY

SAVINGS

SILVER

SPENDING

STOCK

SUBTRACTING

TAX

TRADING

Solution on page 352

Poetry

ALLUSION

ART

BALLAD

BEAT

CANZONE

COUPLET

DRAMATIC

ENGLISH

EPIC

FLOW

FORM

FUNNY

HAIKU

HYMN

HYPERBOLE

IAMB

IMAGERY

INSIGHTFUL

LANGUAGE

LIMERICK

LINE

LITERATURE

LYRIC

MAYA ANGELOU

METER

PASTORAL

PHRASE

POETRY

QUATRAIN

REFRAIN

ROBERT BURNS

ROMANCE

SCHOOL

SIMILE

SONNET

STANZA

SYLLABLE

SYMBOLISM

THOUGHTFUL

TITLE

TONE

VERSE

WALT WHITMAN

WORDS

WRITING

```
X B Z J F T A F Z D V Q E C N A M O R R
Q K S B P O Y Z R L S L P I B F R I T F
Z Z I P F V R H N D A D A K O N W T U N
A S O N N E T M B A T R R X U T I T L E
R R A U T T E R N Z T L O O H C S T I P
J N O E E N O Z N A C S V T W U W K M I
O T M B C S P L U F T H G I S N I S E C
P M U G E I R Q M I L I T E R A T U R E
J N H O N R T E L P U O C H D M P J I N
M L L S O S T A V Q N M Y H A T H T C I
H P M S I L O B M Y S P J Y L I R E K L
U J P M S L U B U A E S A S L H A C Z V
F O I C U E G I G R R A Y F A W S Q U D
C L U V L Z I N B A N D H L B T E K A U
E N O T L M I O E G O S A N L L I M I Z
F L Z W A T L U E E G A U G N A L T F G
U M Y G I E Y L Q T I J O B H W B O T M
N C E R T H O U G H T F U L M I V L A E
N R W E I U A Z T T Y X Z N I A R F E R
Y E B I I C V J V J K Z H K P X I O B M
```

Solution on page 352

Business Look

ASCOT

BLAZER

BLOUSE

BRIEFCASE

BUTTONS

CARDIGAN

CLEAN

COLLAR

CRISP

DECENT

FANCY

FORMAL

GROOMED

HEELS

JACKET

JEWELRY

KHAKIS

NEAT

NEUTRALS

NICE

OFFICE

PANTS

PLEATS

POLO

PORTFOLIO

PRESSED

PROFESSIONAL

PROPER

PUMPS

SCARF

SHINY

SKIRT

SLACKS

SLEEK

SOCKS

STYLE

SUIT

SUSPENDERS

SWEATER

TAILORED

TIE

TOPCOAT

VEST

WARDROBE

WATCH

```
I A C Q B B C T S I S H D L K P J F G F
Q R U O L W E S T Y L E R W Z A A Y W Y
Q I Y P O B Z X W C L E A N C N D K B P
G C L P S U O Y S E Z L M K E E L S U U
P M M Z C G L X N A A S E S D J B I Q M
J S P O R T F O L I O T U C R E P O R P
E K S K I R T B A S H I E A J T C R J S
Y C A L E N B Y N E T S P R E S S E D U
Q O I L A L U X O X H N V F H U Y C N H
J S V F O R T A I L Z C A I S C A C D T
Y B E U F F T H S E O R T P N R R V Z X
V J S D Z O O U S C P P E A D S T I E U
A E T Q P R N Z E I O N F I W Z W T S L
D E C C L M S V F N D T G S I K A H K P
G A O K E A H H O E S A C F E I R B C K
K A L D A L U Y R T N E A T L B D K A T
T H L T T W S S P D E M O O R G R E L P
K J A I S R M J E W E L R Y A R O J S N
C K R R Y T U V A S F E U U P L B M H D
B R N E Z P N N F T D L N Z Y R E E C H
```

Solution on page 353

His Name

AARON
ADAM
ALAN
ANDREW
DANIEL
DONALD
DUANE
DYLAN
EDWARD
FLOYD
FREDERICK
GORDON
HENRY
HERMAN
IAN
JACK
JAMES
JARED
JASON
JEFF
JIM
JOEY
JOHN
JORDAN
KEVIN
LOGAN
MARK

MASON
MATTHEW
MIKE
NICHOLAS
NOAH
PATRICK
PAUL
PETER
RICHARD
ROBERT
SAM

SCOTT
SHAWN
TIMOTHY
TYLER
VINCENT
WALTER
WESLEY

```
X C Q R Z O L F V Q U K Q Z F F G S D R
F S S C L E D B Y Z P U L D M C P P N Y
N H G A W R S P R Y Q Q Y M L U V C X Z
S F D Y W C S J Y F R Y Y V B V J P A G
X Y R S O S S L H S D E T G Y K A B L H
H S E T J E N R C D A L W R C U K X F B
U A T A V M T O E W C S N A L A N E Q M
S L E I N A D R A W D E J N R L C J W L
Q O P L M J A A O H H W Q O O E K I M C
K H A J A J R H N I P L D G B S R C A J
K C I R T A P K O U O W A I E M A D A R
A I I S T N E C N I V N R G R D M M I J
F N O R H D H J U Y T I M O T H Y J N F
Q A D I E Z O H F Q C H E R M A N O K X
R L S R W D A N I H J O R D A N N H L D
Z Y H M E A E P A E L J M O F J I N L F
A D A C R W L R N L J R E N A U D V S J
G S W O X I D T F O D V N S B T Y L E R
C I N I J W Q J E O K J O O V D L F I K
C S B S Q R P Y C R K N Y Z E M F Y Y Y
```

Solution on page 353

Grownups

AUTHORITY

BEER

BIGGER

BILLS

BRANDY

CAREER

CHAPERONE

CIGARS

DECIDE

DEVELOPED

EDUCATED

EMPLOYER

EXPERIENCE

FATHER

FREEDOM

GET MARRIED

GROWN

GUARDIAN

IN CHARGE

INDEPENDENT

JOB

LEGAL

MATURE

MIMOSA

MOVE OUT

NIGHTCLUBS

OBLIGATIONS

OLD

PARENT

PLAN

POWER

REFINED

RESPONSIBLE

ROMANCE

RUM

SEASONED

SECURE

SETTLED

SUPERVISOR

TALLER

VOTE

WINE

WISDOM

WORKER

WORLDLY

```
V R B L Q R E F I N E D B U Q B D B D S
E M S M M A R O F K P W E O Y Z C U A Y
I H Y S X E E E B I G G E R J Y F Z T G
I L D P E V C A E L H Q R O C R B I C O
L M W D W C N N D G I J E T O V R S M S
A S O M I M U X E T R G B M C O A U T E
G M R D P R G R V I M A A Y H W N P U W
E R K E S A R R E G R N H T J N D E W W
L T E M C I O E L D C E U C I J Y R I J
E O R W I T W S O E U A P G N O A V D E
N W Z H G W N P P P V C H X D I N I O M
B Z P L A N V O E H L T A O E F N S R J
R L Q W R P U N D E C R D T P E A O E W
D E N O S A E S N L E E E P E F I R E Z
A O L R S R Q I U Y L D O M N D D R R C
J R L L R E W B O T I W T U D C R E A X
J X L D A N S L T C E N O R E P A H C L
K I I L R T P E E R U T A M N B U T Z N
B E R Y F M S D E I R R A M T E G A J X
V M O V E O U T F D O N B U A T G F Y J
```

Solution on page 353

Nice Folks

```
W G Y D M O P C O G E L B A E K I L M I
S C T H K N E P O I K C I V D N I K Y L
W Y L M G T L X M Q U I I X E K O J Q V
S H R O I U B M N C I T S I M I T P O X
O A A L S E A F V O P E G U A Q T L R L
W P O B X V I L C E I H Y M O E M E K G
R P E Z E I L D C S B T I J D R T H S I
W Y R W R T E E U O X A A J Q A E O U V
T X E P A I R P R E B P R S N F G N O I
T C C O H S P S C L E M D O R F N S E N
X C N P S O Y I E I L E I V E E I S T G
H A I M R P N M X M S S Z L I C V G R Q
Y E S T M I U E P S S U V D A T O N U S
E L I W S G F O S A G G O H O I L I O O
H V C A R I N G P T T E K I M O N T C C
E B A E L M U M B L Q H N L C N G E F I
T R U S T W O R T H Y R E T A A A E G A
U F U X V C A S T X S M V T L T R R D L
R H J B E N E V O L E N T E I E Y G Z E
B M P W T F P R E L A I D R O C I V I L
```

AFFECTIONATE

ALTRUISTIC

AMIABLE

BENEVOLENT

CARING

CIVIL

COMPASSIONATE

CONVERSATION

CORDIAL

COURTEOUS

EMPATHETIC

FUN

GENEROUS

GENIAL

GENTLE

GIVING

GOOD

GRACIOUS

GREETINGS

HAPPY

HELP

HONEST

JOKE

KIND

LAUGH

LIKEABLE

LOVING

NEIGHBORS

NICE

OPEN

OPTIMISTIC

POLITE

POSITIVE

RECEPTIVE

RELIABLE

SHARE

SINCERE

SMILE

SOCIAL

SUPPORTIVE

SYMPATHETIC

TALK

TRUSTWORTHY

WARM

WAVE

Solution on page 353

At the Lake

BEACH
BIKING
BIRDS
BOAT
CABINS
CAMP
CRICKETS
DOCK
DRAGONFLY
DUNES
FIRE PIT
FISH
FRISBEE
GRAVEL
HOME
KAYAKS
LODGE
MARSH
OUTDOORS
PARKS
PEBBLES
PICNIC
PIER
PLANTS
PROPERTY
RAMP
RESORT
RETREAT
ROCKS
SAILING
SAND
SHORE
SKATING
STAIRS
STEPS
STONES
SUNBATHE
SWIMMING
TURTLES
VACATION
VIEW
WALK
WATER
WAVES
WILDLIFE

```
P P T B Z Q B B U V V Q S I C E S U L S
F G H W L S U R S T N A L P V R P N Q H
C I H Y F F I G S R I A T S E T E O F K
F C M K E B F A L B O A T J Q T V I F Q
F R S A F W V E F C C O D H J I S P P K
R Q S V Y L F N O G A R D U H H O M E U
P A X K A W E I V K U G I T N L P K Q D
S Z M C C C C R R S A N D C U E G D O L
O K A P C P A V N E T I R A K O S Q F A
B M R E S O R T W E P L Y T R E P O R P
P S S A D M S W I M M I N G L H T R I C
O I H O P S O R L O W A T T E T A S S C
J S C O E V G R D A N S R P R A S R B A
R K F N R N E N L B S U R P E B B L E S
P O O L I E H K I G T N P U T N W L E D
U T P K A C E R F T S F I F R U A Y L R
S R I B A P A O E O A K L B E S V J F I
K B R E T A W C H F R K G R A V E L O B
G J B T E N Q K A Y A K S Y T C S C X C
G G R R T T M S Y F Y F K B S B V L O V
```

Solution on page 353

154

Mathematical

```
L M E R E H P S H A P E S E J R K T S S
V Y G Q K C K T A B L E Z Q L Q I D D H
U X V E W X M Q Z L S R E G E T N I I T
N W U G I O B E I P N U M B E R S L H U
B E O R D X R P R O O F S B I J F C M B
W T T E G U S A S A L U M R O F A U O Y
C A R V G E A C N R V A R I A B L E S F
M O P I P S O D C G O N N K E Y G G N T
S E F D N N E M D A E T V B F R O N L G
N X G A S O F E E I L Q C V V T R A I D
R P V T C I M S R T T C E E H E I H N D
E O A S M T E I N G R I U F V M T C E C
T N L N E A O N A O E Y O L O M H L A Q
T E U O A R X R A L I D C N U Y M O R A
A N E I N E Q U A L I T Y Q B S T G U L
P T W T J P V N G D P L A T P A R I T Y
S I Q C C O Y D E S O L C U T E A C H Y
E C N A I R A V A P N Y V E Q E Q I V X
S E I R O E H T E L G N A T C E R L W C
C L J F O D Z Y X J Q J I K A A U N M D
```

ADDITION

ALGORITHM

ASYMMETRY

CALCULUS

CHANGE

CLOSED

COFACTOR

CONSTANT

DEGREES

DISJOINT

DIVERGE

ELLIPSE

EQUATIONS

EUCLID

EXPONENT

FIGURE

FORMULAS	OPERATIONS	TEACH
FRACTIONS	PARITY	THEORIES
GEOMETRY	PATTERNS	TRINOMIAL
INEQUALITY	PLANE	VALUE
INTEGERS	POLYNOMIAL	VARIABLES
LINEAR	PROOFS	VARIANCE
LOGIC	RANGE	VECTOR
MATRIX	RECTANGLE	
MEAN	SHAPES	
MODE	SPHERE	
NUMBERS	TABLE	

Solution on page 353

Chess Competition

ARBITER

ATTACK

BISHOP

BLACK

BLITZ

BLOCK

BOARD

BOUT

CAPTURE

CASTLE

CHALLENGE

CHAMPION

CHECK

CLOCK

COMPETE

DEFEAT

DIAGONAL

DRAW

DUEL

ELIMINATION

EVENT

GAME

KING

KNIGHT

LOSS

MASTER

OPPONENT

OPPOSITION

PAWN

PIECES

PLAN

QUEEN

RANKS

RESIGN

RIVAL

ROOK

ROUNDS

SACRIFICE

SCORING

SHOWDOWN

SPORT

STRATEGY

TEST

WHITE

WIN

```
D F X Z Z W O R N V J J E F Q H J M T X
N K A E I Z O N N S P O R T W F B A Z I
H X X N B O A R D O B V N W A P J E N Z
S E L E K S K N A R T N S J R I V I A F
E G F E J N U N V V J L R I D E F K H W
H P H U L O S J J J E J M M G C S P U H
M B Y Q R I S H O W D O W N Z I I I D R
M B G U I T M T E O Q O E C D F Z O G V
F L I R J I F I R B M L E H D I P S N N
B O D F P S Z P N A L L S E A R I P I M
T C O L F O G W L A T A F C R C E K K G
D K A F Q P I A H S T E C K B A C B T N
R N N T B P N C A I A I G K I S E C F I
Y X Y I T O H C G T T W O Y T T S A I R
B A L E G A H A L C B E T N E N O P P O
H L S A M H C E Q J C I O P R E O T U C
K T I P V W T K K F L L M I M H M U Z S
D D I T W I T W X E O O M A S T E R O U
B O U T Z J R Y U H C S G I T T N E V E
N Y B T M U H D W U K S B U X E X G B M
```

Solution on page 354

Wear a Bracelet

```
A N T E C X V M Y W B S S S P O R T H X
S A E S E T B B Z C C T I I O S U T J S
A L K C I X U R J K Q O N L U D K K K A
X X D Z K R O U N D U N N V M K B L D Y
I Q N A D L W Q D D Z E E E U Y O A C S
C N A M O W A L I V E S T R O N G N U T
I L B C F B P C Z R P E R S O N A L F Y
K H I R H F R I E N D S H I P F Q Y F L
G W D A E B E A P S T A T E M E N T A E
C B O K V Y S P C G C A L L E R G Y S L
E P M A I N E L G E C R D S T C L I N K
F F S R S G N A I I L E W E J Y C E A N
Z R E M N F T T F P R E C I O U S Y R A
F S P X E U M I T N H D T K T A B E D M
S I L C P G T N X R I Y H V P W P O E E
X M A M X N H U E K C A L P U P R D X H
U B S A E I Z M R F A S H I O N I A T G
Z C T D N O M A I D D I P C J C I O P B
E L I I F N L F W R R E H T A E L G H Z
T Q C E D V G M L E H X T L C C N I P C
```

ADORN

ALLERGY

ANKLE

ARM

BAND

BEAD

BOX

BRACELET

CHAIN

CLOTH

COLOR

COPPER

CUFF

DIAMOND

EXPENSIVE

FANCY

FASHION

FRIENDSHIP

GEMS

GIFT

IDENTIFICATION

JEWEL

LEATHER

LINK

LIVESTRONG

MEDICAL

NECKLACE

PERSONAL

PLASTIC

PLATINUM

PRECIOUS

PRESENT

ROUND

RUBY

SAPPHIRE

SILVER

SPORT

STATEMENT

STONES

STYLE

TENNIS

WIRE

WOMAN

WRAP

WRIST

Solution on page 354

Watching *Saturday Night Live*

ADAM SANDLER

AL FRANKEN

ALEC BALDWIN

AMY POEHLER

ANDY SAMBERG

BAND

BILL MURRAY

BILLY CRYSTAL

CHEVY CHASE

CHRIS FARLEY

CULT TV

DAN AYKROYD

DANA CARVEY

DENNIS MILLER

DON PARDO

EDDIE MURPHY

FRED ARMISEN

GILDA RADNER

GUEST

HOST

JANE CURTIN

JIMMY FALLON

JOE PISCOPO

JOURNALIST

KEVIN NEALON

LORNE MICHAELS

MARTIN SHORT

MUSICIAN

PARODY

PAUL SHAFFER

PERFORMANCE

PHIL HARTMAN

POLITICS

ROCK MUSIC

SETH MEYERS

SINGING

SKETCH

SLAPSTICK

SONG

SPOOF

STEVE MARTIN

TINA FEY

TRACY MORGAN

VARIETY

WILL FERRELL

```
S E T H M E Y E R S T E V E M A R T I N
I C L K T R G R E B M A S Y D N A V P E
N I B C H E V Y C H A S E P H G D K A S
G S B I L L Y C R Y S T A L C N A E R I
I U S T C H G C K P T Y O N T E M V O M
N M C S U E B E O R E R O P E D S I D R
G K I P L O V O A V N L A W K D A N Y A
D C T A T P F C R E L L I M S I N N E D
Y O I L T Y Y A M A E L T A X E D E L E
O R L S V M C I F C L D I R J M L A R R
R E O M O A C Y B F O Y N T A U E L A F
K F P R N H M A E N T S A I N R R O F T
Y F G A A M L R P E S O F N E P T N S M
A A D E I D R A I C O N E S C H X E I U
N H L J W E R R T J H G Y H U Y U B R S
A S G I L D A R A D N E R O R G U A H I
D L N L O V V P H I L H A R T M A N C C
U U E C N A M R O F R E P T I X Y D W I
Y A R R U M L L I B M N E K N A R F L A
O P O C S I P E O J O U R N A L I S T N
```

Solution on page 354

Point of Sale

AMOUNT
BARCODE
BILL
CALCULATE
CASH
CHECKOUT
CREDIT
CUSTOMER
DATE
DISCOUNT
DOCUMENT
DRAWER
ELECTRONIC
GOODS
GROCERIES
HARDWARE
INVENTORY
INVOICE
LABEL
MERCHANT
ORDER
PAY
PRICE
PRODUCT
PURCHASE
QUANTITY
RETURN

SALES
SCANNERS
SELLER
SYSTEM
TAB
TECHNOLOGY
TERMS
TRANSACTION
VENDORS

```
K X R P I U V Z V H B R U U I L X Q B M
O T M Z W R S H M I D E Y M F F D M M X
Z J W C L B E M L H U T I U A G L M O P
T Y T D I I I L R C W U H B P V G O Z C
T T C N G C Z A L E I R H I N W R M C B
E T U R E Q R B R E T N U O M A O E A T
O H D X D M W E C U S T O M E R C T L J
N K O L O P U G D A T E Y R Z B E S C G
H J R B C U W C O I N V E N T O R Y U B
R I P M R R X H O A T K X R Z C I S L Z
M Y V Z A C P E H D Y L A E P R E P A M
Q Y E J B H R C S R E N N A C S S L T F
X T N R T A I K A I S T Y T D I H N E Y
A I D E W S C O C A U P N L G O O D S M
D T O D Y E E U C R E A R U D Q C V Q N
U N R R D P C T E C H N O L O G Y I N S
Y A S O H D I W L C X P Z Z A C B I A I
H U R R N O A H R X D U J A K B S L V K
U Q U F N R Q E Q S H F S C A L E I N I
P M I O D N M V O F F G X T Z S P L D B
```

Solution on page 354

Let's Celebrate!

BASH

BELLS

BIRTHDAY

BRIGHT

BUFFET

CARNIVAL

CELEBRATE

CHAMPAGNE

CHRISTMAS

COLORS

COMMEMORATE

COSTUMES

DANCE

DAZZLING

DECORATION

DRESS

DRINKS

ENTERTAIN

EVENTS

EXCITING

FAMILY

FEAST

FESTIVAL

FIREWORKS

GAMES

GATHERING

GIFTS

GRADUATION

HALLOWEEN

HAPPY

JOLLY

JOYOUS

MISTLETOE

MUSIC

OCCASION

ORNAMENTS

PARTY

PIE

REUNION

ROAST

TURKEY

UPBEAT

VACATION

WINE

WREATH

```
J R Q F F R M M Q Z E C O S T U M E S O
G O K V W D U B Z N N E E W O L L A H I
I A L L I S J M Z O M B E L L S E M A G
E S X L I T L A V I T S E F E T S A E F
O T O C Y N N R S T A E B P U B K R B P
A L A M A E C T O A V G A T H E R I N G
G D V M D V L F N R M C A I P T O A S P
C E L Q H E N D I O N T D F R R W I T Y
V N O I T A C A V C I A S B A E E I H E
A H Y O R A X W A E V T M I U M R K A T
B B E T I G J R X D N E A E R F I F P A
G X K T B Q N C I A E T N U N H F L P R
C L R C A I I I S W I N E G D T C E Y O
F L U M V T D K L G P A G R A A S E T M
J H T A I C N M T Z G B M A T P R J B E
O T L N O I N U E R Z E R T P A M G A M
Y A G L R X Y X O C C A S I O N I A S M
O E O D R E S S K N J T D N G F N N H O
U R I V X B R R A T D X D J T H M M M C
S W V G G U D D H H C V K S K Y T R A P
```

Solution on page 354

Words with *HE*

ATTACHED

BEACHES

CHECK

CHEST

CHURCHES

HEAR

HEAVIEST

HEAVY

HEIGHT

HENS

HESITATE

LAUNCHED

LAUNCHES

LUNCHES

MARCHED

MATCHED

MATCHES

MUSTACHE

PATCHES

PEACHES

PERCHED

PINCHED

PUNCHED

PUNCHES

RANCHES

REACHED

REACHES

SCHEDULE

SEARCHED

SKETCHES

SNATCHED

SPEECHES

STITCHED

STITCHES

SWITCHED

THE

TORCHES

TOUCHED

TOUCHES

TOUGHEN

WATCHED

WATCHES

WEIGHED

WHEN

WITCHES

```
D F O X A U F A Y A N M B N I J A P Y E
K M K Z D S W I T C H E D O S D P J U B
W A T C H E D Z S R C Q E B E D P P D R
E T Z Q J N H T K L H I H H E L Z I E E
I O E J A T I C U D E H C N U A L N H A
G R D T S T T N U H S T R X S U C C C C
H C I E C E C M C O I D A L E N G H A H
E H S H H H H A P T T H E W H C I E E E
D E E F E C T C S A A H S O C H T D R S
S S H S D S R S T P T T E N R E S D X E
G J C O U Y Y A E E E C T K U S E B G H
I W U M L Y Y A M H K R H A H H I V P C
C P O D E H C T A M C S L E C W V J R T
W B T D P H P O N F O T X T S H A A W A
G I F X E S U S E H C N A R T H E N S W
P W T S R H N E H W J N Y M S H H D C C
G L B C C Y C R V C S E H C E E P S H F
Y V A E H R H N E H G U O T H G I E H C
R A D N E E E L U J F V C O C L C W K I
R R E M D T S B H P O J O V C K Y S F X
```

Solution on page 354

Economics

ACCOUNTANT
ANALYST
ANTITRUST
ASSETS
BANKER
BOND
BUDGET
CAPITAL
CYCLES
DEMAND
DIVERSIFIED
ECONOMY
ENTERPRISE
EXCHANGE
EXPERT
GAINS
GLOBAL
GRAPHS
GROSS
INFLATION
LEVERAGE
LIQUIDITY
LOAN
LOCAL
LOSS
MANAGE
MARKET

NATIONAL
NET
OBSERVATION
OUTPUT
OUTSOURCING
POLICY
PROFIT
RECESSION
REVENUE
SAVE

SHARES
SHRINKAGE
SPEND
STATISTICS
STOCKS
SUPPLY
WATCHING
YIELD

```
K O W E N D V T K B D N O B X P P W Q R
J E Y E N M I S H A R E S U J G S E E N
B Y B I X H J H E E Q V J D E A T C A D
H W I P E P S P T L S H L G V U E O A X
O X B L S L E A N E T N N E P S L N V B
E G A N A M D R A V O I O T S U T O F Y
O U I K A S E G T E C R U I O I K M E T
W A N R T A I S N R K O O B T Z L Y X I
G G K E A C F S U A S N S R Z A I Q C D
G E S M V K I O O G W E U T B L L L H I
T S A T U E S R C E R S U A A K N F A U
A Q F D U T R G C V T I F T N W F I N Q
G T L I U Y E H A S H R I N K A G E G I
K K H O L Z V T D N E P S A E T L C E L
R I G P O L I C Y Q A R N L R C A Y E S
H M P R L O D U S C G E V O R H B C S O
P U D O N S T A T I S T I C S I O L J T
S C S F L A N O I T A N G A T N L E L E
J S D I K K E D N A M E D L N G G S G N
A X C T R K L I D K K Z K L A V S R C K
```

Solution on page 355

Madonna Fan

ACTRESS
ADOPTION
ALBUM
ARTIST
BILLBOARD
BORDERLINE
CDS
CELEBRITY
CONCERT
CONTROVERSIAL
COSTUMES
CRUCIFIX
DANCE
DESIGNER
DICK TRACY
EIGHTIES
ENTERTAINER
ENTREPRENEUR
FASHION
GRAMMY
GUY RITCHIE
ICON
INDEPENDENT
ITALIAN
LIKE A PRAYER
MATERIAL
MICHIGAN

MOTHER
MOVIES
MTV
MUSIC
PERFORMER
POP
RECORDS
REINVENTION
RICH
ROCK
SINGER

STAR
TOUR
VIDEO
VIRGIN
VOGUE
WOMAN

```
X S T E X O M S A L S E I T H G I E P N
D Z A L B U M I C H I G A N Y U R A T S
G Z T T S T R A T M H Q O E E M Q O I E
T I Q I E E E R R R O C K D M U Q N N M
G H C Y H A N Q E T I O U N R N G I T U
R U O T U D G S S E I Q D E L E L O Z T
E P O P W O I N S I G S N P R R M N V S
F M R W F P S C Z H H I T E E Y Z H V O
J X E U A T E L K C A I D D T T C P A C
L F I E S I D I T T O Y R N T I E F M Q
G D N F H O R K R I R O L I R R I A Y O
C G V G I N Y E E R B A U E F B T B X B
F J E F O C T A C Y X D C O R E I S C F
J T N Q N N U P N U N O R Y R L T H D E
D M T U E A F R O G R M X I L E A I S Y
A V I R G I N A C D E C A B A C L E M L
N W O M A N Q Y S R P L O K P A I M T V
C O N T R O V E R S I A L T P V A I C D
E M R U E N E R P E R T N E O R N P H C
E I E Z S N E O E D I V I M G J G X B B
```

Solution on page 355

Health Club

```
V K Q Q S B X S N O S S E L T A G O Y U
Q A W V T P I L A T E S E A S Y N X M S
W A T E R C H C N E B F V C I T I P F I
H E F Y E S T G Y M F M W I C I L I R I
B X U T N E X E R C I S E T P L C H D S
P O E I G E V Z Q B L D T P A I Y S R S
B G X V T J C P G U R E E I R B C R I P
O S E I H T O O M S I C L L T I I E L K
T L R T N O N C B W N P H L N X S B L K
A O T C L G E E L A M M M E E E U M S Z
Y S I A L H N L M H I V H E R L M E C G
J N O T I J I R E S W T V K N F D M R A
C E N I E M O A I N S T R U C T O R S C
S A W S D F L C W I T E F G N N S J L H
W K M A R T I A L A R T S O S E H C L I
E E E E H B P A A Y A E R S S M O L E U
A R P C O S C A L E I F W N A E W A B H
T S L R E T T O P S N N I O P V E S R U
I U E R S L S C T F E M I R R O R S A G
B A D X N T S M C A R D I O R M U Y B R
```

ACTIVITY

AEROBIC

ASSESSMENT

BARBELLS

BENCH

BICYCLE

BOXING

CALISTHENICS

CARDIO

CLASS

CYCLING

DRILLS

ELLIPTICAL

EQUIPMENT

EXERCISE

EXERTION

FLEXIBILITY

FRONT DESK

GYM

HEALTH CLUB

INSTRUCTORS

LESSONS

MARTIAL ARTS

MEMBERSHIP

MIRRORS

MOVEMENT

MUSIC

PARTNER

PASS

PERFORMANCE

PILATES

POOL

ROWER

SCALE

SHOWER

SMOOTHIES

SNEAKERS

SPOTTER

STRENGTH

SWEAT

SWIM

TRAINER

TREADMILL

WATER

YOGA

Solution on page 355

Web Commerce

ADDRESS
AUCTION
BOOKS
BROWSING
BUY
CARD
CHECKOUT
CLIENTELE
CLOTHES
COMMERCE
COMPETITIVE
COMPUTER
CONVENIENT
COST
CREDIT
DEBIT
DELIVER
DISCOUNT
EASY
ELECTRONIC
FAST
HANDLING
HOLIDAY
HOME
IMPULSE
INVENTORY
MERCHANT

ORDER
PAY
PRODUCTS
PROMOTION
PURCHASE
REBATE
REDEEM
REFUND
RETAIL
RETURN
SALE

SELLER
SHIPPING
SITE
STORE
TRANSACTION
VENDOR
VIRTUAL

```
U P C V P F B R H P R K F K A N P H J C
M Y U A W X M W Q C X T J K Z D S O V T
T G Y R R E A G E S L U P M I T H M N F
Y Y U B C D G N I P P I H S C N Y E A Q
B U Y L D H X C V A W S C U F D I R C I
O M E R C H A N T C H O D J J N C E N L
O O E A O G D S I T U O K C E H C V O J
K S R X M H H N E N R K Q V Y K E I I K
S Y L D P G O W T P Q W N P W N E L T K
B V X M E R E T U P M O C R T X R E C P
D O E N T R A N S A C T I O N D K D U Y
N I L C I Q B W E U C L R M M F E Z A C
U S E S T H O L I D A Y C O Q M V B M L
F L T E I W R E T U R N U T R S E C I O
E R N V V T T Y T C Y G N I S W O R B T
R L E Z E Q E R F S C T S O C N E E C H
O E I B Z N I H A N D L I N G D F D J E
T Z L L A V D E S E S E L L E R E I C S
S J C A C T L O T L P Y I E L I A T E R
X R Y U S V E O R L L O M M U W D P O B
```

Solution on page 355

Spooky Stories

```
W M H T I R I P S P B A S E M E N T S D
P E R N J Y P Y K T G L S F C B E T M U
J K O O P S S U P E R N A T U R A L X K
G W A I L I N G M G O A I C U J P U A O
H O U S E S O X T M N R N Y K H I D E T
L E G E N D I P E J G I Q G F B O M F Y
T A D S O O S D B T R Z L M E I E J I G
I O C R J O N Y D Q H E D L W W R A L T
G S M I E W A O Z O H G P H I I T R R L
O Q T B G A M D E A D W I S B H A F E D
B O H K S O D T L Y O T U L A U C K T T
L F G I Q T L L W J E O P A H C K S F H
I A I G A G O O S S I S E V Y S C R A G
N B N W H W R N H R O R R O H A A F I I
S H J O E R I E E C I Z Y J R E L L B R
H S S E I A E T Q F Y A G Y F T B X F F
K T N S H T S U P E R S T I T I O N D F
S U O C Q Y O M U N E X P L A I N E D K
F M Z J M F A M S P E S S R R J C U V Q
E C N T S C Y R E T E M E C R E E P Y M
```

AFTERLIFE

BASEMENTS

BLACK CAT

BLACKBEARD

CAMPFIRE

CASPER

CEMETERY

CHAINS

CHILLING

CREEPY

DEAD

DEMONS

DREAD

EMOTIONAL

FEAR

FLASHLIGHT

FRIGHT

FUN

GHOSTS

GOBLINS

HALLOWEEN

HIDE

HORROR

HOUSE

LEGEND

MYSTERIOUS

NIGHT

NOISES

OLD MANSIONS

PSYCHOLOGICAL

SCARY

SPIRIT

SPOOK

STRANGE

SUPERNATURAL

SUPERSTITION

TALE

TERRIFYING

TOMBSTONE

UNEXPLAINED

WAILING

WHITE SHEET

WOODS

WORRISOME

YARNS

Solution on page 355

166

At Auburn University

ACADEMIC
AGRICULTURE
ALABAMA
ALUMNI
ARTS
ATHLETIC
AUBIE
BASKETBALL
BLUE
BO JACKSON
BOWDEN
CAM NEWTON
CAMPUS
CHAMPIONS
CIVIL WAR
CLASS
COED
COLLEGE
CONFEDERATE
DEGREE
DORM
EDUCATION
ENGINEERING
FACULTY
FOOTBALL

FRATERNITY
LEARNING
MAJORS
METHODIST
MORRILL ACT
NCAA
ORANGE
PUBLIC
SCHOOL
SCIENCE
SEC

SORORITY
SOUTH
SPORTS
STUDY
TIGER
TUITION
UNDERGRADUATE
UNIVERSITY
WAR EAGLE

```
W R S S U E S N A C A D E M I C O E D Q
H I E F N S O R O R I T Y N H L K A Z F
P R R G D O Z C M B J V M M S A W L S Q
Q Z M Z I O I E E C N E I C S S T U D Y
F A C U L T Y P A M A B A L A S P M F G
D E G R E E D K M R K D A P W M W N N C
Z G Y L A M J Q T A K H C B A A J I O C
O C H Z S G P S C B H H N C R J R L A M
R T O M O R R I L L A C T E V E L M N L
A G Y N Y M H I G N B S A I E E N M L E
N M Y C F T E C C E L G K N G E U A Z A
G T Z T U E I T P U L W I E W U B J S R
E U N O I L D N H E L G I T T T O O C N
Z I S E B S C E R O N T O D O B J R H I
E T A U D A R G R E D N U O M K A S O N
C I P O I W G E O A T I F R S C C L O G
R O G B Y Q O Z V G T A S M E G K N L C
N N F X E U L B L I P E R T C C S P T Q
P H E D U C A T I O N V P F S P O R T S
A T U I D C X H E I B U A D G Z N W S P
```

Solution on page 355

Free Time

ACTIVITIES

ART

BAT

BEACH

BLOCKS

BOUNCE

BREAK

BUBBLES

BUILD

CAMPING

CATCH

CHASE

CLAY

COLORING

CRAFT

CREATE

DANCING

DOLLHOUSE

DRAWING

EXERCISE

EXPLORING

FREEDOM

FRIENDS

GAME

IMAGINATION

INDOORS

JUNGLE GYM

LAUGHING

LEISURE

LIBERTY

MAKE

MUSIC

OUTDOORS

PAINTING

PUZZLES

RACE

READING

RUN

SANDBOX

SINGING

SPLASH

SPORTS

SUMMER

TICKLE

TOYS

```
U Q K Z E F G A R T U L T E F C O W H G
S X Z D B N N O I T A N I G A M I W J W
G E M Z I M S C X U B C X Y Y W J E B C
M I A G Y K K D G V U Y T R E B I L A N
M G N P T L B H P A I N T I N G C M J N
U I H Z E N I S F M L M C V V R P A U G
S X O B D N A S U R D O P V E I I R N N
I E K U G T C P G M I D E A N W T I G C
C U L A M V X L Q N M E T G R K C I L E
H L N Z E E G A M E I E N R L N D A E E
E C A R Z R E S X R D R R D A E Y X G S
B A T T O U B H T B E F O D S S P E Y U
S T R O P S P N M S K C O L B L N C M O
C C K Y G I N D O O R S R O O D T U O H
E H T S O E K A M E E M H R J C U V X L
T O G G K L Z Y A L E S I C R E X E P L
O Q S C A L C D B M G N I W A R D R T O
S V F N U A I B L P G R M W A E O S V D
B N P Q W N U V H X X M X B D L B S T K
P W I U G B O U N C E S A H C R A F T G
```

Solution on page 356

Hard Driving

BOTTLENECK

BRAKING

BREAKDOWNS

BUMPER

BYPASS

CARS

CAUTION

CLOSURE

CONDITIONS

CONGESTION

CRASH

CROWDS

DANGEROUS

DELAYS

DETOUR

DRIVING

EMERGENCIES

FENDER BENDER

FLAGS

FOG

FREEWAY

HIGHWAY

HORNS

INTERSECTION

JAM

LATE

MANIAC

ONLOOKER

POLICE

RADIO

REPAIRS

ROAD RAGE

ROADBLOCK

RUBBERNECKING

RUSH HOUR

SLOW

STOP

STREET

TICKETS

TRAFFIC COPS

VEHICLES

WARNING

WEATHER

WRECK

YIELD

```
H N B V A R K C E N E L T T O B R B A V
C X F R O A D B L O C K E C A U T I O N
Y R C R A S H E C I L O P B O I D A R Z
K L O V Q K M P Z T T G C H S S A P Y B
D Y A W H G I H E C X A H D N G C K H D
E H L B D P J N Q E R S A I W S A C H K
L L V S L S J R G S U N G Z O N M L A O
A N E G A R D A O R G P F B D O A W F J
Y W H D B R U B B E R N E C K I N G V N
S R I A P E R S R T E M N B A T I L A P
B Y C E D F T O E N S V D U E I A N W W
H C L L M E U E H I X K E M R D C G D A
Z N E Y K S S Y C R C S R P B N Q N I R
R I S C A G F L L U L N B E K O U I Y N
Y Y I S P W O N L O O K E R C C A V H I
X T Q O P S E F W T C O N G E S T I O N
E Z T Q U P H E Y E O D D F R T P R R G
C S T R E E T X R D F M E W W E A D N H
V A E S P O C C I F F A R T X V M L S E
R Q E I Z D M R Z R F J W E A T H E R V
```

Solution on page 356

Electricity on Demand

AMPS

BLACKOUT

BREAKER BOX

BULK

COMPANY

CONDUCTOR

CORD

CURRENT

CUSTOMERS

DANGEROUS

DEMAND

DISTANCE

DISTRIBUTION

EFFICIENT

ELECTRIC

ENERGY

FLOW

FREQUENCY

GREEN

GRID

HEATING

HOMES

LIGHT

METERS

NETWORK

NUCLEAR

OUTAGE

OUTLET

OVERHEAD

PEAK LOAD

PHASE

PLANT

POLE

POWER

SHOCK

STATION

SUPPLY

SWITCH

TESLA

TRANSFER

TRANSMISSION

UNDERGROUND

UTILITY

VOLTAGE

WIRE

```
Z F P R D N X Y B Z R V Y N I P A T R P
A B T I E Y L G G Y D L W U W O L F H Y
Y W R Z A F P R I U T I L I T Y E A L X
I G A E H L S E C N A T S I D G S P N R
G B N X A T S N A D A O L K A E P I S T
N D S Z H K Y E A E B I V T R U I B C K
C O M G M T E G T R V I L E S O R I Q Y
K R I B K H E R W G T O C K R O W T E N
R L S T Y L S L B R V Y E I K H D K N Z
D C S U U C U S T O M E R S R E E L O P
C C I T O B N B Y U X G I U M T Y A D Z
U O O S A R I E Y N O G W A N U C P D C
R R N R G T E R U D J K N E B O O E O O
R E M D D W I G T Q H D I I E K T M L S
E P W S U O Y O N S E C E W T C P V Q E
N T D O R C H E N A I R T E G A T U O M
T E N T P E T B P F D D F I N L E N U O
V X E Y P F T O F I J U O Y W B C H V H
G G H R A O Z E R A E L C U N S H O C K
L D B I G J F A M P S N A U U S A F B J
```

Solution on page 356

Professional Chef

APRON
BAKE
BEVERAGE
CAKES
CATERING
CHEF
CLASSES
COLLEGE
DECORATING
DEGREE
DELICATESSEN
DESIGN
DIET
DINING
DISHES
FLAVOR
FOOD
FORMAL
FRY
GARNISH
GOURMET
HOTEL
JULIA CHILD
KNIFE
KNOWLEDGE
MENU
NUTRITION

OVEN
PAN
PLATE
POT
PRESENTATION
PROFESSION
PROGRAM
RESTAURANT
SAUCE
SAVORY
SCIENCE

SERVICE
SKILL
TABLES
TECHNOLOGY
TOOLS
TRAINING
VISUAL

```
T J S K F P G H I N P L E A Z O B Y Y F
L F C V U L G N I R E T A C O L L E G E
B Z L A B A Y S O I B M Q G A R N I S H
D I U G K T N F Y G O L O N H C E T E Y
O S B N W E E O V N U T R I T I O N L V
V T Y I E S S I I N P B A T X B X V B K
N G S N S M S K F T Y P P A U E S T A C
K B L I F U E S N Y A L R R E V H A T Y
G G O D A L T N Z Q E T O O V E K A B G
Q N O L D V A V G T C E N C L R R Z L F
N U T U W L C V O N X H G E E A I G Y O
L G V M R U I H O A I E E D S G M B E O
V B L C S M L H Z R K N I F E E C R R D
M Z N G I S E D C U Y E I D U L R Z O P
B W X K K C D T K A T M I A A P W P R F
M S Q I N R K B F T I S U S R O T O A Q
Q M L E D J Y Z Q S H L S V N T G N N N
Z L I Y E C I V R E S E U C Y R I E F K
L C Z Y R O V A S R S L P J A K V Y Q Z
S A U C E F Q Z Q O C E M M T O B F L V
```

Solution on page 356

Very Smart

ABLE
BOOKS
BRAIN
BRIGHT
BRILLIANT
CREATIVE
DIFFERENT
DISCOVER
EDUCATION
EINSTEIN
EXCEPTIONAL
EXPERT
GIFTED
GRADES
HIGH IQ
INSIGHT
INSPIRATION
INTELLECT
INVENTOR
KNOWLEDGE
MASTER
MATH
MEMORY
MIND
ORIGINAL
PERSON
PHILOSOPHY

PHYSICS
PROCESSING
PRODIGY
PSYCHOLOGY
REACTION TIME
READING
REASONING
SCIENCE
SKILL
SPECIAL
STUDY

TALENT
TEST
THEORY
THOUGHT
UNDERSTANDING
UNIQUE
WISE

```
T Y R O M E M W Z A L K D V V A C L G B
H T N E L A T H E O R Y D U T S M T R M
O M O O S V L I R D R O R I G I N A L J
U D M T E X H I G H I Q Q Z E K I A T W
G R E A C T I O N T I M E N G N N R I H
H R T N A I L L I R B D O O N O T S A X
T N E R E F F I D Z G S R I I W E B H W
T R E P X E N A N W P C V T S L L I K S
X L E F Z V Q O A K S I P A S E L D S J
T Q J A E W I B T L Y E H R E D E Q V L
E A W N S T K H S J C N I I C G C A O M
S I T R A O G W R X H C L P O E T G I H
T O N C E I N A E O O E O S R U Z N Q G
R E U S S V V I D V L Q S N P Q D I D H
J D U N T B O W N D O Y O I H I Y D U M
E V I T A E R C U G G R P P Y N A A R B
P U T N G N I I S Y Y R H N S U R E O M
S G P E R S O N G I G S Y G I D O R P L
M E S Z K D Q X M H D L A I C E P S K G
Z M S E D A R G I F T E D N S K O O B M
```

Solution on page 356

Animals

AFFECTION

BEAR

CAT

CHICKENS

CHIPMUNK

COW

CRITTER

CUDDLE

ENTHUSIAST

FANCIER

FERRET

FISH

GERBIL

GIRAFFE

GOATS

GROOMER

HERD

HORSE

HUMANE

KANGAROO

KITTEN

KOALA

LION

MANATEE

MARINE BIOLOGY

MONKEY

MOUSE

NURTURE

PENGUIN

PETS

PLAY

PUPPY

RANCH

RESCUE

RESPECT

SANCTUARY

SEAL

SHEEP

SQUIRREL

TRAINER

TURTLE

VETERINARIAN

WALRUS

WILD

ZOO

```
K C H P S H E S U R L A W O C Q Y K U D
F T W T Y K C S G N E S T A O G P I S Z
R P I A E R J N H B I N E M O B L K Y O
Q U L K K O A L A K F R I L A H D R E H
L P D H R E X U C R A A O A V N L W K U
E Z Z J T N V E T E R I N A R I A N P M
S G F F M T D X B C B Y N C B T U T E A
A A C M C H I C K E N S K R I M M R E N
T F W N A U L Y N B O A E A P E E W H E
V L I F H S E I D S E G S I A S R B S L
R T X G K I R U N U H F H Y P P U P S T
A N B R N A R O C C I C F E E T F F C R
P Y L O M S I B O S W C C A N A V B U U
S L I O N T U G H R E T T I R C B L D T
N H S M C P Q E K M A R F B M I N Z D G
B P O E O W S J N I U G N E P O G W L W
D Y F R A P Y S Q U T D N U R T U R E G
Q F Y A S L T Y Z X H T K A P R B S X U
A K A W T E R B M O N K E Y K K E D E Y
B M J T P H X T H M O P L N M P C T U M
```

Solution on page 356

Finding Minerals

```
Z E Q Q M N F J N L M Q N R M P N N H L
L O L M O G Z U L H M U O D D M D M Z P
G W C C T V H S N Y Y M S C T D J Z O A
Z H A L I T E W C S R R A D A E L N W O
G Y P S U M W N O R I R U G Z J N V L A
O E B M A S I S A C V L E C N T E R R P
L R S U L Z P S U A F O V P R E R T A I
D I W I R E B Y G L A O C E P E S A Q G
B H J V L E C I R C F C C H R O M I U M
B P V W S Y S J A I I U O T M U C Y A Q
H P V T O A T A P T T N R C I L H J M T
C A O L U B M D H E Y E N S L N C L A T
P S A A I R W E I X S F S A V S W N R V
I W B B N N Q X T R J A P M B V Z K I J
U J L O O E O U E H T O U R M A L I N E
M W P C J T L B O O Y L E O N E R C E C
E N R U C M M A P I A S D I A M O N D I
S I M L N A R O G K S E T I M O L O D X
Z V P P P D L A R E M E N I V I L O H M
P U Y Q I X L K J E W U L G E H D E L H
```

ALUM

AMBER

AMETHYST

AQUAMARINE

ASBESTOS

BISMUTH

CALCITE

CHROMIUM

CINNABAR

COAL

COBALT

COPPER

DIAMOND

DOLOMITE

EMERALD

GALENA

GARNET

GOLD

GRAPHITE

GYPSUM

HALITE

ICE

IRON

JADE

LEAD

MAGNESIA

MERCURY

OLIVINE

ONYX

OPAL

ORE

POTASSIUM

PYRITE

QUARTZ

RUBY

SAPPHIRE

SILVER

SULFUR

TALC

TANZANITE

TIN

TOURMALINE

TURQUOISE

ZINC

ZIRCON

Solution on page 357

Sue Me

AFFIDAVIT

ALLEGATION

APPEAL

ATTORNEY

BAILIFF

BENCH

BUSINESS

CASE

CHALLENGE

CHARGE

COMPANY

COMPLAINT

CONSPIRACY

CRIMINAL

DAMAGES

DEFENDANT

DISMISSAL

DOCKET

EVIDENCE

FINANCIAL

FRAUD

GAVEL

INDICTMENT

INDIVIDUAL

INJURY

JAIL

JUDGE

JURISDICTION

JURORS

JUSTICE

LIABLE

LOSS

MEDICAL

MONEY

OATH

PENAL LAW

PERSONAL

PLEA

PROPERTY

PROSECUTION

RESOLVE

SENTENCING

STAND

TRIAL

WRONGDOING

```
A W T D T Y H P P D L D L E E Z R X Y B
S E G R A H C R Y O Y J P K S B L R U M
B E N C H X O O S T I E P J A A U P J W
T L A I R T N S R M S N U B C J U D G E
R B A L N G S E E I O R D I N E Y X C G
S A L E A B P C E N I N D I C T M E N T
T I L V P O I U A S T E E Q V B V I F S
A L E A R P R T D V M E O Y B I O S V C
N L G P A B A I L I F F N W S D D F F O
D U A R F L C O Y T U H L C G F P U U M
O A T H P T Y N R K N J S N I L X L A P
R H I T I V A D I F F A O S F N W E E L
U H O O U P A K K A J R D I E M G R C A
F A N B M M G S M U W Q N N J N S V I I
R E E O A P E N A L L A W M E O I T T N
J I C G B A T T O R N E Y L N F E S S T
P J E V L O S E R C K P L A T K E M U V
V S A T D I S M I S S A L O C T P D J B
F C R I M I N A L S H S R O R U J F P Y
S M A X L E L F E C N E D I V E C C V O
```

Solution on page 357

Around the Farm

```
R K C L G I H R X C Z B D M S L U V M N
E D T H N N I E E O H Q Q J I F U I T C
K W L J G F F J N T G I B O L L N O D R
K Q F E N C E G G S S C C V O K K Q H N
D O D W I B D R E H G O N K U B U C V T
Q F W C G F A C T W P W O P E E H S U X
E H N O V O W R V I F V Y R U N F B J D
F I P G A R D E N R L G R A I N E L H W
E L R T L T A C R A I I O E R R R S J B
E F O P E P U O Y W E C Z K S A P R X D
P R B T L B M A L S D D E E F A Q E V E
R O T C A R T A W Y R C O H R H D H B G
A O W T B E W U H R Y T G N O S O D Y S
M P O N D C H M G E A U R N N R T B L L
Y R L J E L I W L M O D Y A H A S E H E
P I P D R B E B O R N P E N I F A E E X
G N I R A M A T T A Y B R V T L Z G I B
E Z G O O T X X R F X U C W R I E U T Z
D Z M R S M H B H O D N A L A P O R C E
R Y S N P D N C Y K Z Q Q M Y U X Q D J
```

ACRE

BARN

BEANS

BEETS

BERRIES

BRAND

CAT

CHICKEN

COW

CROP

DOG

DUCK

EGGS

FARMER

FEED

FENCE

FERTILIZER

FIELD

GARDEN

GRAIN

HAY

HENS

HERD

HORSE

INCUBATOR

LAMB

LAND

MAIZE

MILK

PEN

PIG

PLOW

POND

RICE

ROOSTER

SADDLE

SHEEP

SILO

STABLE

TOMATOES

TRACTOR

TRAILER

TROUGH

TUBERS

WHEAT

Solution on page 357

Eat and Drink

ALCOHOL

APPETIZER

BAR

BEER

BREAD

BUFFET

CAKE

CELEBRATION

CHEESE

COFFEE

COMBO

DINNER

EGGS

EVENT

FRUIT

GATHERING

GROCERIES

HAPPY HOUR

JUICE

KITCHEN

LOUNGE

LUNCH

MEAL

MILK

PARTY

PASTA

PICNIC

PIZZA

RECEPTION

REFILL

REFRESHMENT

RICE

SALAD

SANDWICH

SERVICE

SHAKE

SMOOTHIE

SNACK

SODA

SOFT DRINK

SOUP

STORE

SUPPER

TAVERN

TREAT

```
V R H E L U N C H Z R S P A C Z X C D I
D A Q B O G S T O R E T W Y U F W I Q E
P K F W T G U E M M T I U R F J O B B M
D J A G I E K G F S B A N D E W T V H C
L A A J E A N T R A M O E R P P X A W N
W W E G H S A E R O I O E R E V P R A F
O C M S A V X C V T C Z O I T P V U T W
Y K N E E T A I A R I E N T Y U Y Y S L
C P X R D Q H R E T E E R H H H C W A O
C I N V X G B E E L U E O I E I R H P G
N W N I W E B P R F P U F Y E V E N T A
K X F C L Q P K N I R D T F O S C R S Z
C H A E I A E U Z D N E W E O E E A A Z
K W C G Z P S S O E A G S A K C P B L I
Q L L I F E R V H S R E E H L Y T R A P
M Z I O W T G C D G E C R E M C I P D X
Q M F M E D T Z L H N I U B X E O G O M
L O D K R I N V C J N U Z T E Z N H S F
S N A C K D L A E M I J B U F F E T O L
L C V X E E G G S F D F P D E G N U O L
```

Solution on page 357

Cells

AMINO ACIDS

AMOEBA

ANIMAL

BACTERIA

BIOLOGY

BODY

CANCER

CILIA

CYTOSKELETON

DEVELOPMENT

DIVISION

DNA

EGG

EUKARYOTE

EVOLUTION

FLAGELLA

FUNGI

GENOME

GROWTH

HOOKE

HUMAN

LIFE

LIPIDS

LIVING

MEIOSIS

MEMBRANE

MICROSCOPE

MITOCHONDRIA

MITOSIS

NUCLEUS

ORGANELLE

ORGANISM

PLANT

PROKARYOTE

PROTEIN

RESEARCH

RIBOSOME

RNA

SCIENCE

STEM

STRUCTURE

TISSUE

UNIT

VACUOLE

WALL

```
M O T M E T S P M E U W N W B F U N S G
S R C I C I D N H G O A A E M O N E G B
C G L Q S B B U U E L L E N A G R O X G
O A Q O E S M E V C V L S L I U N I T V
M N T C C A U N A H L O L R T M X I R R
L I J Y N D S E C D M E L C A O A E K B
M S T T E F D F U N G I U U R Q S L M L
L M P O I R I R O A F R I S T E E X E G
F N L S C A C Z L S T S N P A I M T I G
K W A K S H A F E S B L M R N Q O L O H
Z T N E M P O L E V E D C O G Y S N S K
T I T L Z R N N C P I H I K R H O G I J
R I L E V O I L D D O S Q A O A B E S F
O E D T M T M I V R I C K R W I I N U S
R W C O X E A P L V I U S Y T R R A N L
L W Y N K I B I I J E A Z O H E C R O U
B T B O A N E D V F N F C T R T I B U C
A W O M N C O S I D E P I E S C L M B S
P H D J R P M S N G B I I L R A I E X T
B C Y H S T A C G Y G O L O I B A M T N
```

Solution on page 357

Be Happy

```
O A J V P H X M X X C N D D L M C X V K
A P P R E C I A T I V E E T A V F I I J
H N O W P V Z A T H L U S T N E T N O C
R U Z D X N I E D K R V A Z P L D K H K
D A Y W W V G T C A K I E P F E E I G X
Y T H G I R B I R G C U L H R C P M R F
U L B D E V T C B O A U P L I P F P Y F
V T I N L A H N M C P M H N E U L N Y F
U J E M B E I N Y X T P E R N D N A P V
V I B R A N T D J O Y O U S D U K O Y E
J O L L Y F R D W C D T U S S K S M Q E
E L T C O M I C E V E E T A N I W V C V
T H I V J C H C T T T N S T T H Y S R M
Y I G V N O X J I U A M S I M I T P O C
A J U U E E V O L L M L V S R A M U L B
A L H D A L D I I Q I E E F T P E R I H
Z T H G I L Y B A C N E L I M S R G T M
P K P O K E U N Y L A V C E M W R U X A
Q B G X P J D A L G N I D D I K Y A S Z
D P G U M E A M F S G L J O K R E Z H Z
```

ANIMATED

APPRECIATIVE

BRIGHT

CHIPPER

COMIC

CONTENT

ECSTATIC

ELATED

ENERGETIC

ENJOYABLE

FAMILY

FRIENDS

FUN

GAMES

GLAD

HEALTHY

HOPE

HUG

JOKE

JOLLY

JOVIAL

JOYOUS

JUBILANT

KIDDING

KIND

LAUGH

LIGHT

LIVELY

LOVE

MERRY

NICE

OPTIMISM

PEPPY

PLAY

PLEASED

POSITIVE

PROUD

SATISFIED

SMILE

SUNNY

SUPPORTIVE

SURPRISED

THRILLED

TICKLED

VIBRANT

Solution on page 357

Sometimes Black

```
C K C O M J L H Y G J W T Q Y Y M B B V
F F K S J K G L E C J C E Y R N B C H O
M G Q E K O L I Y F G D B E C A P S G V
O A U J N T N I G H T Z P U K F V N P W
Z D Z P Y S L H Y R S P F W G I R R J B
A B D L S I O T A B E O H H G P Z F E H
I H R T M L G E D P V A O A K D E P U Z
B I K S E O H S I A I J B T L L U B L R
D X B N D B W O R C L A R B J P F H T R
C A I E E L E E F F O C U W I T C H C A
B A K H H W Z A F Y B K I L E M M O T V
K C R G N W R X R D R E S S Y S A A R Z
F B A K K D S R D I R T E G E L R G S A
W L N C X P A K A R N S S T O O B O I Q
O T N L I C O R I C E K K Z L H L H H C
I P S D D R I B K C A L B N Z E E I L E
T W E N A A P D X N O I P R O C S I O Y
M R B V J Y N X Y B E L T S K R H L T H
A N E F X O X T X X A S D A X J I H K J
O N Y X E N G U S P U J S I F I N E N H
```

ANTS

BAT

BEAR

BEETLES

BELTS

BLACKBIRD

BOOTS

BRUISES

BULL

CAR

COAL

COFFEE

CRAYON

CROW

DARKNESS

DIRT

DOG

DRESS

EYE

FRIDAY

HAT

HEART

HOLE

HORSE

INK

IRON

JACKETS

LICORICE

MAGIC

MARBLES

NIGHT

OIL

OLIVES

ONYX

PEPPER

PUPILS

RAVEN

SCORPION

SHOES

SOOT

SPACE

SPIDER

TAR

TIE

WITCH

Solution on page 358

Big Events

BANQUET
BENEFIT
BIRTHDAY
BRIDAL
CARNIVAL
CELEBRATIONS
CEREMONY
CHAMPIONSHIP
CHARITY
CHRISTMAS
CIRCUS
COMPETITION
CONCERT
CONFERENCE
CONVENTION
EXHIBITION
FAIR
FESTIVAL
FILM
FUNDRAISER
GALA
HALLOWEEN
HOMECOMING
OLYMPIC
PARTY
PROM
RECITAL

RETREAT
REUNION
RODEO
SEMINAR
SHOW
SPORTS
STADIUM
SUPER BOWL
THEATER
TRACK
VAULT

WEDDING

```
F J L A T I C E R W A B R O J H Z G U X
I E C Z U Z E V K A H S T A D I U M M O
Y K S K S P L T Q N M J T C N G V J L Y
S H U T B J E P T O J L H H A I W Y U R
X C P A I Z B R Q I M A I L G E M R T F
I T H E G V R O C T R I A F N P O E M H
A T K R C H A M P I O N S H I P E T S F
Q E Y T H W T L T B X T H C M Y Z A T C
L U A E R N I Y P I V I O V O N R E R M
G Q C R I E O O A H S F W C C O B H O Z
E N A L S E N I R X K E O I E M E T P R
I A R A T W S D T E F N F Y M E W D S K
C B N D M O C U Y I V E W Z O R E R O V
F J I I A L K O P E T B G N H E D C Y R
M Z V R S L E C N E R E F N O C D I B X
D B A B T A G T F Q R U P O U I I R D T
J H L R S H I O S X I B Y M L V N C L P
M H A L X O D T R E C N O C O I G U Z B
A C F U N D R A I S E R C W Z C A S E Z
K E F G R N T N Y B G N H S L V E O Q R
```

Solution on page 358

Verbs

```
I O K P Y Y V D G Y G J R X H P Q Q M K
N X A X S T U W A K N Q P T H F U Y E N
P L J U Q Z N T I H W E S C A P E J M H
R T Z M K O G D I V A N I S H N S R O S
Z X Y P C B S P F L Y M L R J E T U R N
U U G G R R N A O K W E M O G M I N I O
A Q U I T P A U X E E G Y E B P O I Z R
K A E C H R K C A P N G U A R A N T E E
M I I K R Q A N N O Y P P Y O E G K E X T
N W Q Y O H T V D W W O M H B Z J E E A
P H Y C W A T N E V N I B I M B J X R P
L V Z K X F C I M L S B W E E C L D C I
N I W U N O T I C E S A Y D M I H A I C
Q L I Q U X H C O K E T H O E J R E S I
D T S G T C O O J M L H S L R R J T E T
Z U H C T I P A L I B E I P Y T A U J R
M O H A T E I D F D B T P X I E S C N A
J O W X F J K J J F A S T E N N Y E E P
P M S V S R S F P K V X N E E R I M D A
Q E X Y W Z H Q E W Z M W G Y V X A U S
```

ADMIRE

ANNOY

BAKE

BATHE

BLESS

CARRY

CHEER

CHOP

COUGH

DESTROY

EAT

ENJOY

ESCAPE

EXERCISE

EXPLODE

FASTEN

GUARANTEE

HAMMER

HIT

HOLD

INVENT

MEMORIZE

NOTICE

PACK

PARTICIPATE

PITCH

PROMISE

QUESTION

QUIT

RACE

REMEMBER

RUN

SKIP

SLEEP

SNORE

SPIN

TAKE

THROW

TICKLE

TRAVEL

UNITE

VANISH

WATCH

WISH

YAWN

Solution on page 358

Painters

ABSTRACT
ACRYLIC
ARTIST
BALANCE
BRUSH
BUCKET
CAN
COAT
COLOR
CONTRAST
COVERALLS
CREATOR
DOMINANCE
EASEL
EXPRESSIONIST
ILLUSTRATOR
IMPRESSIONIST
INSPIRATION
LATEX
MATTE
MEDIUM
MINIMALIST
MUSE
OCCUPATION
OIL
PALETTE
PORTFOLIO

PRIMER
ROLLER
SEAL
SKETCH
SKILLED
SMELLS
SPACKLING
SPONGE
SPRAY
STIRRER
SUPPLIES

TAPE
TARP
TECHNIQUE
TEMPERA
TRIM
TURPENTINE
WALLS

```
W S O M K H B A L A N C E H G E S J T W
M L K T Q R C D W S V X R O S E T T A M
L A O I L O F T R O P S C U S U I C R Y
M T A C L S S O E R Q R M O L X R I P E
V E D T A L T U E K I Q A I L T R B B L
R X D G C A E S P N S D O Y A O E M X K
W J P I E B S D T P O O K C W S R I T B
P E D R U I M I S J L I R F N O Z N U X
R P C C O M M N D P I I T W T K H I R U
S N K N E H F P L P A S E A E T G M P P
T E I S T V P I R V M C R S R R G A E T
T S A R T N O C E E N T K A E I U L N E
T L C P E H E G L A S J B L M M P I T C
A L R T L P N L N U Q S C U I X G S I H
O A Y Q A O S I L N T C I Y R N Z T N N
C R L T P V M L B R A M A O P O G A E I
I E I S N O I T A P U C C O N S L T E Q
H V C Q D U O C R E I H V L D I E L W U
S O S L A R T I S T D C D W L E S A E E
Q C Q D T C F A R M Y A R E P M E T L R
```

Solution on page 358

Fun Toys

```
A O A C T I O N F I G U R E S K C A J E
O H F N L A N W W Q Q D T U G T J M R P
D B J A F M I O U R A C P E O C C Q I F
P P T C K E N L P H E E D B L E T A I C
D R O N X N T C G A R D O B N G N N G T
C Q R S K D E Q D H I R R O L O O I W M
P L U S H C N I E O M N H O O C G M D G
Z S F L S R D R A A W P T L C X A A M V
O G A I H W O L R P O L L R N E W L R E
E L Y N G Y R B M L S O L D I E R S T H
L O N K G U L O Y I D T F A L N R I E S
U P B Y N E R X M G E Y I E B E K Y M S
A C P U S L W I E A B Z G C K S N E U T
M E I T K Z S I N M B O R R K T I B T E
L D A T O Z J P P E M A A C L E A Q S S
Z H W T O U U V L R Y M O T I K R I O A
P Y K E B P A U A O O L H B C C T S C E
L L U Z Y F Z E N D B K R U P U P P E T
B A N T Z J B S E R B A D K S R C U N C
F B N M F T D L S G B Z S J Z T J Z C F
```

ACTION FIGURES

ANIMALS

ARMY MEN

BALL

BARBIE

BEAR

BLOCKS

BOAT

BOOKS

BUS

CAR

CLOWN

COSTUME

CRAYONS

DOLL

DUCK

FIGURINE

GAME

HATS

JACKS

KITE

LEGO

LINCOLN LOGS

MARBLES

MARKERS

MODEL

NINTENDO

PAINT

PIANO

PLANES

PLUSH

PUPPET

PUZZLE

RECORDER

ROBOT

SLINKY

SOLDIERS

STICKERS

SUPERHERO

TEA SET

TRAIN

TRINKETS

TRUCK

WAGON

XYLOPHONE

Solution on page 358

Basketball

ALLEY-OOP

BACKBOARD

BACKDOOR

BANK SHOT

BLIND PASS

BOUNCE PASS

CHEERLEADERS

CHEST PASS

DRIBBLING

ELBOW PASS

FAST BREAK

FIELD GOAL

FINGER ROLL

FOUL SHOT

FREE THROW

GAME CLOCK

GIVE AND GO

HOOK SHOT

IN THE PAINT

JUMP PASS

KOBE BRYANT

LARRY BIRD

MAGIC JOHNSON

MICHAEL JORDAN

NO-LOOK PASS

OFFICIALS

OVERHEAD PASS

PATRICK EWING

PERIMETER

PICK AND ROLL

REFEREE

REGGIE MILLER

SCOREBOARD

SHOT CLOCK

SLAM DUNK

SUBSTITUTIONS

TECHNICAL FOUL

THREE POINT

TRAVELING

UP AND DOWN

```
S L L A R R Y B I R D R A O B E R O C S
R N L L A K C O L C E M A G M S K B I S
O W O F O G N I L B B I R D B H O O S A
O O R I Y G S N O I T U T I T S B U S P
D D D E C H E E R L E A D E R S E N A P
K D N L P S U M R W C K G E O O B C P M
C N A D R O J L E A H C I M P Y R E T U
A A K G E L D I G F N O V T A G Y P S J
B P C O G N X F N R I L E N T B A A E E
U U I A G B O A I E C C A I R A N S H L
H S P L I R S S F E A T N A I C T S C B
O L E G E T S T N T L O D P C K P K S O
O A R N M O A B R H F H G E K B Z N F W
K I I I I H P R E R O S O H E O Q U O P
S C M L L S K E F O U J O T W A H D U A
H I E E L K O A E W L J C N I R G M L S
O F T V E N O K R D D B L I N D P A S S
T F E A R A L L E Y O O P B G E S L H D
W O R R M B O V E R H E A D P A S S O H
Y S X T B T N I O P E E R H T U M D T H
```

Solution on page 358

My Friends

ADVENTURE

AFFECTION

ASSIST

BOND

BUDDY

CAMARADERIE

CHAT

CHEERING

CLOSE

COHORT

COMFORT

COMMON

CONNECTED

COOPERATE

DEPENDABLE

DEVOTED

DUO

FELLOWSHIP

FOREVER

FUN

GENUINE

GIVE

HELP

JOY

LAUGH

LEAN ON

LIFELONG

LISTEN

LOVE

LOYAL

MUTUAL

PLAY

POSITIVE

RESPECT

SECRETS

SHARE

SIMILAR

SOLIDARITY

SUPPORT

TALK

TIME

TOGETHER

TRUST

TWOSOME

UNDERSTANDING

```
X P C D T C E P S E R V O A F Y N L P E
T C T L R S E C R E T S T T W O S O M E
S E E Z O X Z P H Q A I D R W L S I N J
U U X V F S E T G H I Y U Y O I T C O U
R N P G L D E T C E N N O C T F H Y M O
T J J P N G P L A Y U B F I N E M J M K
A M Q B O I M J B R F E V G E L G O O K
V Q T T C R D P Q A E E R R N O J P C D
V N A B N A T N C O D P I V D N O B E B
P N B U D D Y V A A U N O L K G N V H J
U W N G L V Y N N T G U E O T F O F K M
C W G O F E L L O W S H I P C T J T P U
V N Y O I N V C A M A R A D E R I E R T
Z A O V T T C N R O S E E D A D A L M U
L D X N E U C E Y T I R A D I L O S Y A
A R H V A R V E M S M A B S N E T S I L
E N I U N E G P F T I H B V S U X S J A
C G Z C R C L F A F L S L T I I V R J U
S K L O V E D H M U A J C Z S W S U E G
R M F O H U C O H O R T S Q K L A T L H
```

Solution on page 359

Home Away from Home

```
J S V S T N A Z V S U I T E N E B Y E Y
U T Z J C Q A D O S G H M W G R R T O V
U E D V Y A L L I V P O O L S A E V M A
X R H A O J M Y B D S L B T R L T I P C
U D G L S O B P N R A P S O E I U T N A
C K S E R V I C E G J P P V C L L S O N
R A A T B H W T N R L M I K Z F H H H C
F J O E V C R U I S E S H I P J H E X Y
P P O F H A B T Y T I L U O W O L L I P
B I Z T U J J R T O A S E C U R I T Y Y
O H O Q R A M A N A G E R V N S R E L R
F A O I B O C I L A J T H C A Y E R E A
H E F F O H S L R E V X H P L T Z W W N
K P V R O N O E J X T A W F L O O R O C
Q F V H B B T R R W L O R A T H D R T H
K Q M L B A I O U E H A M A S O I G U Z
G Q T Y E F T R T Y X P T H C Y A T E M
Q M P H W L B H C Y S M A N C Z M O P M
Z C P I Y Q J N Q R Y C P A E Y J L N V
S M W Z N P J J J J K E X F G R S D K U
```

BATH
BUNGALOW
CAMPER
CARAVAN
CHALET
COTTAGE
CRIB
CRUISE SHIP
ELEVATOR
FAN
FLOOR
GYM
HEATER
HOTEL
HOUSE
HUT
INN
LAMPS
LOBBY
LODGE
MAID
MANAGER
MOTEL
PAD
PILLOW

POOL
QUARTERS
RANCH
RENTAL
RESORT
ROOM
SECURITY
SERVICE
SHACK
SHELTER
SHOWER

SUITE
TELEVISION
TEMPORARY
TOWEL
TRAILER
VACANCY
VALET
VILLÀ
YACHT

Solution on page 359

Cute Cats

```
B J Y Z E R K G E V I T I S I U Q N I B
B H A J E M E Y T T N A N G E R P A A I
D D R P E Q O T C T T E V A R B J F K K
E A V P U Y R U T W E R R U P D T S K T
P A T Y H J E H S I L P L Q N P A Z H J
O W B U Q L C U T E L B B C K A I Z W E
Y R P Q W R B F S N I E Q T H B L N Q B
T O Y S F E Z V F I G S O F T R D B G R
C Y T R X H H O Z C E N P E J S E I R S
Q Q W T R C H U W I N M I O J K B M O C
S L N D L U Y O G D T B L N U D S S O H
D F W F G D F R Y E L O U D A N H D M Z
P D O O O D E U O M N R F O D E C I S K
K S E O C L B H K W S R L Q D I L E S I
S W M L L Y E U C I Z S U O I R U C A T
E A I A O B N N N Q G C F L D F R K D T
D P D P V B O G Y Z Z U F S I A M E S E
V K Q D I A R R W A K W Y R T C E Y N N
C D O N N T V Y V S D D Z C N F K E S J
Q N G P G U O Y Y P D G H I O D S S I H
```

ALLERGIES

ALOOF

BED

BRAVE

CLEANING

CLIP

COMB

CUDDLY

CURIOUS

CUTE

EYES

FEED

FLUFFY

FRIEND

FURRY

FUZZY

GROOM

HISS

HUNGRY

INQUISITIVE

INTELLIGENT

KITTEN

LAP

LICK

LITTER

LOUD

LOVING

MEDICINE

MEOW

MOODY

MOUSE

NAPPING

NURSING

PAWS

PET

POUNCE

PREGNANT

PURR

SCRATCH

SHED

SIAMESE

SOFT

TABBY

TAIL

TOYS

Solution on page 359

Finding Flowers

```
J R X B N U K F I A V U O E X R J T L H
K T C I V O G Z Z X Y N E G S P R I N G
A O S R K G R J L K P O I E V O Z A O R
C T A L A V C A N D L S E K O E T I S E
R T N A X P I I V D F D C T Q U R A A E
X W Y T R G H L R W O J S R R V V A E N
F J Q E I V B O U I E G S E I C E P S O
M S T P R C S N T N S W Z W O R C H I D
R T E A L T X G F O V I Z O O A S S O D
Y K D Z A Y S A R I S V D L E B N B R I
X E T M I U N M U T W Y A F L A W T M S
C V E C N L G A I U A K N Z S P O O E N
A N L B N B I A T L L F D T D P O V R S
F V O T E T T T R O Q F E L H L A A U G
T R I D R N G E R V B M L I B E O C A H
R I V E E I T U O E X Y I O L Y S N A P
R O E C P A M Q L W F J O S R I S I Z C
W E S A W H Z U O J N Y N B B I W U S S
D S U E S M I O C R F E M I U S S A R G
D O D H F F Q B I T N E H O K D V T M V
```

BEE

BLOOM

BOTANY

BOUQUET

BUD

COLOR

CRABAPPLE

DANDELION

DIRT

EMBRYO

EVOLUTION

FERTILIZE

FLORIST

FLOWER

FRUIT

GRASS

GREEN

GROW

HIBISCUS

IRIS

LEAVES

MAGNOLIA

NATURE

ORCHID

PANSY

PERENNIAL

PETAL

PHOTOSYNTHESIS

POT

PRETTY

ROOTS

ROSE

SCENT

SEASON

SEED

SOIL

SPECIES

SPRING

STAMEN

STEM

SUN

TREE

TRIM

VIOLET

WATER

Solution on page 359

Buy Insurance

```
Y B D F I P S L L I B L A C I D E M A W
T F Z Q U T E M E C I R O R Y D X U Z Q
E R R E I M B U R S E M E N T K S I R M
F V O M C O T E Y A P S S E I J E M Z L
A W I A L Y W H N R I R S E L Q L E Y C
S L A S D Z L E E A L E E D I B B R R C
C S E T N S C H R F Y V N E B V I P O T
D R O K Y E E P T E T I T D A X T R T L
T N A L S N P R M N W R I Z I P C C A A
N P O S S A A X V P O D A I L S U U D G
E O A I H A X P E I D M L S O G D Y N E
M R V T T Q G B M M C O L L A T E R A L
Y E S R U U R R S O W E N E R B D O M J
A Q E O C O A I E X C L U S I O N S W N
P U B P K T L C G E E N O I S I L L O C
R I H E E A I W E P M Y V O U O I U Z R
O R R R D T E L L R R E P A I R S P J Z
O E B N H I B A B E P R N C L A I M D P
F D A F C O N T R A C T R T J D O O L F
P V Y S T N E D I C C A Y L T S O C A J
```

ACCIDENT

AGREEMENT

APPRAISER

BROKER

CLAIM

COLLATERAL

COLLISION

COMPANY

COMPREHENSIVE

COMPULSORY

CONTRACT

COSTLY

CRASH

DEDUCTIBLE

DRIVERS

ESSENTIAL

EXCLUSIONS

EXPENSIVE

FLOOD

LEGAL

LIABILITY

LIMIT

LOSS

MANDATORY

MEDICAL BILLS

MONTHLY

NECESSARY

NEEDED

PAYMENT

PLAN

PRECAUTION

PREMIUM

PROOF

QUOTATION

RATE

REIMBURSEMENT

RENEW

REPAIRS

REPORT

REQUIRED

RISK

ROAD SERVICE

SAFETY

THEFT

VANDALISM

Solution on page 359

Party Time

APPETIZERS
BALLOONS
BEACH
BEER
BIRTHDAY PARTY
BUFFET
CANDLES
CARDS
CELEBRATION
COCKTAILS
CONVERSATION
COOKIES
CROWD
DANCING
DECORATIONS
DINNER
DRESSES
ENTERTAINMENT
EVENT
FAMILY
FAREWELL
FOOD
GRADUATION
GROUP
GUESTS
HATS
HOST

HOUSEWARMING
INVITATIONS
KEG
KIDS
LATE
MASQUERADE
NEW FRIENDS
NOISE
OCCASION
PLANNING

PUNCH
RECEPTION
RECREATION
SOCIALIZING
STREAMERS
SURPRISE
TEENAGERS
THEMED

```
X C S E S S E R D P G K A T H E M E D I
N O U E S D H A I N P N K O G S D I K E
O O D A O G N O I N T C U S B B E A C H
N K I V C C U N C H V S L C U S C R W H
T I W T I U N E E C E I E N F U O Y D X
K E D N A A L Y S W A L T N F R R C W B
T S G S L E C F A T E S O A E P A L O V
P N V P I U R R K B S I I N T R T F R T
Z U E S Z F M C R S T C U O J I I R C C
K K O M I I O A E A R R R S N S O O E H
V L E R N C T N U R R E E B N E N N E H
L F L G G I B D A T M K Z C T V S D S B
V A X E O I A T N E W F R I E N D S I E
B M F N W R A T D I N N E R T P E C O C
K I S F G E D A R E U Q S A M E T V N U
U L E T A L R S R E G A N E E T P I E P
X Y T R A P Y A D H T R I B N P T P O U
J D G C P H X K F I S N O O L L A B A N
U D C O O Y F O O D S R E M A E R T S C
H E B S E L D N A C A R D S B S T S O H
```

Solution on page 359

Eat Right

AVOCADO

BALANCE

BLOOD PRESSURE

BRAN

CALCIUM

CALORIES

CARBOHYDRATES

CHOLESTEROL

CONSUME

CONTROL

DAIRY

DIABETES

DIET

DRINK

EAT

FAT

FIBER

FISH

FOOD

FRESH

FRUIT

HABITS

IMPROVE

LEGUMES

LIFESTYLE

LOW CARB

LOW SODIUM

MAINTAIN

MEDICAL

MILK

MINERALS

MODERATION

NUTS

OBESITY

ORGANIC

PREVENTION

PROTEIN

SALAD

SATURATED

SPINACH

VEGETABLE

VITAMINS

WATER

WEIGHT

YOGURT

```
H B D I F Q D R M V M H D S P I N A C H
J Y L O Q E T L A C I D E M E N D H E S
K K O O N A X M I N E R A L S M Y L X I
G D W G O R E B I F M C V K J Y U Y U F
Y L S C U D D I A B E T E S G P Y G U V
P K O A A R P V Q E I S B A L A N C E N
V J D A N L T R K C R E T A W D H P A L
D R I N K O C S E T A R D Y H O B R A C
Q P U D F G I I N S R L E H L Z B E A T
I F M O Y Q P T U I S B O E A E X V F F
B H N I A T N I A M E U S R H B G E F B
F Y R Z C I N A G R O T R L I M I N R E
M R V S A T U R A T E D O E O E O T E R
T G U I M B T V S R H D A R V R S I S G
F X Q I T R S W O O U R O C P O T O H X
V E G E T A B L E A Q D N M O K R N J Z
W C W F L C M A J Y D Y F X M V J P O R
X H I A C W E I G H T I N Y R I A D M C
T G D T S O C O N S U M E E H F L S S I
J I F T N L O B E S I T Y T O G Y K D Y
```

Solution on page 360

Oh, What Fun!

```
R B S T R O P S A I E U F U Q H Y A L P
Z A R P T I C K L E T I K Z S C G H L U
A K U R U B P Y E L H L I Y Z T S U Q Z
G I O B H H I D Y O D Y O M D M T R A Z
N N T L O G Y I N O I T A C A V H W M L
I G I O D N N V M Z G N I L C Y C I B E
F H C P Y S W I M M I N G X K E U A X Q
R P M H P H N N V Z S L A V I T S E F W
U P A G E O P G N I T I R W Q K R H C G
S N F C E C H A E K D J D O E C E R F G
F Z N S J T K S R H C A W T I V A E N S
R A A P M U J E E G N U B S D F D I A I
D A I O F F D Z R B O A E U T R K E H C
C Y C N S A A R Q S L T J S C I F L O G
W Z O I T J N B A L X X O O B S V L B K
K I C I N C I P U W S A J H K B L M B E
Y W N U H G O Z G N I L L E P E R M I S
E G N I I K S K A T I N G E C E S V E A
P M X F Q P E M F G X O G T R S O T S E
U L K E Z L G I H Y G V G K N M M J Z T
```

ART

BAKING

BASKETBALL

BICYCLING

BIKING

BUNGEE JUMP

CHECKERS

COLLECT

CRAFTS

DANCE

DATING

DOMINOES

DRAWING

EXERCISE

FESTIVALS

FRISBEE

GOLF

HOBBIES

JOKES

KITE

LAUGH

MOVIE

PHOTOGRAPHY

PICNIC

PLAY

PUZZLE

RACING

READ

RELAX

REPELLING

SCUBA DIVING

SHOPPING

SKATING

SKIING

SKYDIVING

SPORTS

SURFING

SWIMMING

TEASE

TICKLE

TOURS

TOYS

VACATION

WRITING

ZOO

Solution on page 360

Horse Race

ACTION

APPRENTICE

BARRELS

BOOTH

BREED

BRIDLE

BUCK

BUG BOY

CANTER

CLUBHOUSE TURN

COLT

CONDITION

CUP

DAM

DERBY

FILLY

FURLONG

GAIT

GELDING

HALTER

HARNESS

HORSE

HURDLE

JOCKEY

JUMPER

MAIDEN

MARE

ODDS

PACE

PLACE

PURSE

REINS

SADDLE

SHOW

SPORT

SPRINT

STALL

STIRRUP

STRETCH

SUPERFECTA

TACK

TRACK

TROT

WAGER

WREATH

```
F F Q U H K F E V W S C L P Z H V A N V
Y O F K C Z C F J E X C F F H C V G O X
O F F A K L C U P R H I C V D I Y B Y B
R X R O V A U U B T N I R P S X F G C E
L T G L C H C B S E R E P M U J J S S E
L R W C P A D N H R J E D T R O P S R Q
T Q C O N D I T I O N L T I F L L A T S
K Y Y T T E S Y Y Y U V F L A I M W D W
Y B E K R L E K G D O S Z C A M L T L O
R R W O H S Z E B S T R E T C H E L H M
R E P F R U L N F R H R H T D F C R Y H
C D G O T D R E U R I W S A U B I E O P
H X H A I C L D R A J D M T R R T J B U
V I C N W D Q W L R C O L N I N N M G R
J K G S D D O J O E A T C E F R E P U S
V I Z A B C T B N I I B I K C V R S B E
X V S G K R O H G A O R Q O E A P U S H
X R M E J Z R L G O M E A S N Y P Z P O
J D P L D F T N T G Y E Z W R E A T H I
M M I A F J I H C R R D J C Y E Y Z D S
```

Solution on page 360

Preachers

ASSIST
BAPTIZE
BELIEF
BIBLE
CATHEDRAL
CHURCH
CLERGY
COMMUNITY
CONGREGATION
COUNSEL
DIRECT
FAITH
FLOCK
GOD
GUIDANCE
HELP
HOLY
HYMN
INSPIRATION
LEAD
LISTEN
MESSAGE
MINISTER
MORALITY
PARISHIONERS
PASTOR
PEW

PHILOSOPHY
PIOUSNESS
PRIEST
PSALM
PULPIT
READ
RELIGION
SACRED
SCRIPTURE
SERMON
SERVICE

SMILE
SUNDAY
TEACH
THEOLOGIAN
TRADITION
TRUST
VERSE

```
R H O S W N N Z K O C C N C T J B I I U
E U I H U B O C U N B A Y Q R G A T C Q
Y M S R E N O I H S I R A P U U P R R P
Z D J L O L O I T G P B I Q S I T Z T A
C T I Q F T U I O A S S I S T D I M E R
N E T S I L S L T E R W P C H A Z L X K
F A I B C D O A R A P I O U S N E S S M
P C P R C E T M P R G U P A A C M Y T U
Q H L E H A O X P Y N E C S C E L B I B
T V U T C N T N H S B R R L N O G N Y D
C Y P S R C M H E A E M E G H I O H A F
P L B I U Y O L E D Y R L S N I P E D H
H I R N H K R M R D G I V A T O L T N W
Z G B I C F A E M Y R W H I S K C S U A
K N W M J A L S H U I A D O C P P E S H
H K K S A I I S S K N A L T C E R I D J
V O G M G T T A S C R I P T U R E R Q I
L H Y I G H Y G K T H E T L W E H P N Q
H A O L E S R E V P U U A Y E B R L J S
G N W E Y R W D W F M G O D P H U M A E
```

Solution on page 360

Roller Skate

```
G B L J S A V O U R K G S N F V Q I G S
Y Y T H P B O S E T A D S F E F B S H J
J Q E J O P U D D S T D E L S O E Z U W
K D K X C L T D A W N L M K I O J M V Y
B V C H D V D X C R K W U A C T U R O T
O H I O Y Y O H R N Y H T E R W M H R Q
K R T T M D O P A H V E S S E O P A V R
R L R G S P R D N N C E O Y X R C H N I
E A C F F Y E S X N D L C H E K I D S Z
P C T U L N L T A D X S A C V M P N N J
P E N I I I R D I Q L R I N L I N E K W
O S P A F I M U L T D S E L X A Y C B P
T O R Q L T L B T W I R O T A T I O N W
S P L K P A U Y O O S O N W I N M U S L
S E M S T R B O N U C Y N L D S V P E J
E C K N N R D G D H O T I O T M H L O S
X U E A E A Y Z E T B B O H E L M E T S
W R N D R Y C Q E V A R G I T E L S D Y
L A Y B F B Z K P T L I U P Q C N A M T
A D G S E T A K S F L O O R J F P Z F P
```

ARCADE

AXLES

BALANCE

BRAKES

COMPETITION

COSTUMES

COUPLES

DANCE

DATES

DERBY

DISCO BALL

EXERCISE

FALL

FLOOR

FOOTWORK

FUN

HARDWOOD

HELMET

HOLD HANDS

INDOOR

INLINE

JUMP

KIDS

LACES

LIGHTS

LIMBO

OUTDOOR

OUTFIT

PADS

PARTY

PRECISION

RENTAL

RINK

ROTATION

SKATES

SNACKS

SPEED

SPRAINED ANKLE

STABILITY

STOPPER

TICKET

TOES

TRACK

TURN

WHEELS

Solution on page 360

Purse

ACCESSORY
BACKPACK
BLUSH
BUCKET
BURBERRY
CANVAS
CARRY
CHECKS
CLASP
CLOTH
CLUTCH
COACH
COMPACT
DESIGNER
FABRIC
FAKE
GUCCI
HANDLE
KEYS
LARGE
LEATHER
LIPSTICK
LOUIS VUITTON
MAKEUP
MATCHING
MESSENGER
MONEY

PENS
PERSONAL
PLAIN
POCKET
POUCH
PURSE
SATCHEL
SHOULDER BAG
SMALL
SNAP
STORAGE

STRAP
STYLISH
SUEDE
THIN
TOTE
WALLET
WOMEN

```
W M F A L S T Q P V K L M Q O I Z F H C
G R J K K U N E M O W U P Y Z P B F B M
F G F O V E X T B O C E D B A L G N L Y
V Q X M R D S O R C N E A R F A K E Y S
G B S V A E G T W S F E T R G I G C T G
L V Z M H K N K O T X S Y L I N H Y E S
V R J A A V E G A N E R E M I E E E L Z
M R J N K L Y U I R O K Q H C S S L L C
L B H D O B L I P S T I C K R R F D A W
E U K C S T W D S W E T S U E A Q N W U
A H T M U B T E H B A D P G B Y V A R C
T C A P M O C I O M I M N R R A G H A Z
H T Z G J C P U U P V E I R S E G R A L
E U W C A C R H L V S C E S A Z R Z Q P
R L E P L C P O D S S B C S T Y L I S H
Q C L A N O S R E P R I I T C O O C I S
Z N G S C A T M R U S Z U B H J R L Q U
X I N K H C B H B M Q N E O E B D A F L
Y H E Z O H K C A P K C A B L Q M S G B
S T Q T D M Z X G U C C I P X M B P S E
```

Solution on page 360

Catch a Show

```
U T N H Z J V P U E K A M Y X W N C J B
L A E E R N O P H E S Y M P H O N Y Z C
P R S K E P C O M E D Y R W R Y O S G L
D E V T C S T U D I O O K E E A A C I R
C P R O U I T N O L G V W V T L C E D R
I O R F D S T U A R E P F E A P T N D L
T N I I O A N V A F T C P N E S O E S N
I N H C R R I M X E L P U T H I R S J L
R A E P P T M G L S U V H R T D S E V E
C W W M S I P E N P O X M A T B H N A V
C B N E N I V I R I P U S O L A O I A I
F P F G U I L B R S G I N E U Y I L M L
W F K O S Q A A Y C V N A D G A I N A I
S N R I F L I T C O S C I S H W W S R G
K U O C L G E N R O H E M S T D R D D H
D N C E V I T P H E N A P P L A U S E T
G I T R R E M J R C T C B Z E O E H G S
K C M A I I G S E H E N E H X R K S A N
R M V N S C H A R A C T E R S B H O T Y
F M B F J G Q F S E T R A C T I N G S V
```

ACTING

ACTORS

APPLAUSE

AUDIENCE

BALLET

BLEACHERS

BROADWAY

CHARACTERS

CIRCUS

COMEDY

CONCERT

COSTUME

CRITIC

CURTAIN

DISPLAY

DRAMA

ENTERTAINMENT

EVENT

FESTIVAL

IMPROVISATION

LIGHTS

LINES

LIVE

MAKEUP

OPERA

PERFORMERS

POPCORN

PRODUCER

PROGRAMMING

PUPPET

REHEARSAL

SCENES

SCRIPT

SEATS

SINGING

SOUND

STAGE

STUDIO

SYMPHONY

TECHNIQUE

TELEVISION

THEATER

TICKET

VARIETY

VEGAS

Solution on page 361

White Things

```
X M L C K J K Y M O E N Z H G H R V H S
U A A K X D B C Z P K F F F P E T E Q V
P F P O G V B J Y W Y S Y B Q Z L E F Y
Y V G L Q X R P E V O D D Y S W A N E A
D E Y R N R O C I N U F V P J V S M X T
S Z W G I W E W L C O J R O Q N A K D N
N L K P L A S T E R H B R O U R L Y R I
Y Z A W K B P S S E R D D T S A B J R A
J O X C F E I E P A C S D H H T I X A P
M F W Y E N Q U A Y B A M C Q C N G O I
V W N H J N N N N R E A Y L I L O W V D
D T S U Q Z G D L R L A L L L T D O O X
L Y U A G U L E B L B D I A P E R S Q G
B R G L J N P R O M M R B D R Y U I G H
M F A I C O A W H M A F L O S S S F C C
B Q R N L T P E S C L Y C Q T H N W X E
U S W E O T E A P O P C O R N S I O V G
R F V N T O R R G K A S O Z E L G R W L
E N I S H C K D Z G T P Y S I A D U T H
E X X O O B Y Y N X E C B K L I M G W A
```

ALABASTER

ALBINO

BELUGA

BONE

BREAD

CAR

CHALK

CLOTH

COTTON

CREAM

DAISY

DIAPERS

DOVE

DRESS

EGG

ENVELOPE

FLOSS

FROST

GOLF BALL

GOWN

IVORY

LACE

LILY

LINENS

MARSHMALLOW

MAYO

MILK

PAINT

PAPER

PEARL

PLASTER

POPCORN

POWDER

RICE

SALT

SHEEP

SHIRT

SNOW

SOAP

SUGAR

SWAN

TEETH

TOGA

UNDERWEAR

UNICORN

Solution on page 361

Muffin Bakery

```
R A I S I N U U K V F L Y G U U R Z L F
M U Z T E F A C A S E Q I H A X U K J J
W D P R L Y A U V M A T L C C O R N Z V
N O M A N N I C O O T O X U K N L U J G
D H X W S I Q N I K P M U P N H U Y G W
S Y S B I H Y D I Y S A N T J Z Y L A X
F I R E X H M T R H S P E L P A M L Q Y
P D T R E E V R S B C V F S D M N E E Z
O B S R E R E T T A B C H N E U Z J E F
H B P Y E B E J F N T B U T T E R T Y F
D S R M N A E G R A D R C Z L M H R L Y
Q X I A L G T U N N A W E E F F O C X G
N W R L N E O A L A E M T A O V L U D Z
L C A K G L T V E B R L H X A N Z V R O
U M A G F N R S I H B O P S E V N P V P
S A S R W P E A C H W M P P T I L E S J
G B J B A M S L G X Z V I J A M V Q V W
Y W E W R M S T A U H W S L D N R Y A O
Z Q X J M C E W K N S H P K K S E D R G
P R A N P A D L M X F V W J V E Z E I V
```

APPLE

BANANA

BATTER

BLUEBERRY

BRAN

BREAD

BUTTER

CARAMEL

CHEESE

CINNAMON

COFFEE

CORN

CRANBERRY

DATE

DESSERT

EGGS

ENGLISH

FLAX

FLOUR

JAM

JELLY

LEMON

LUNCH

MAPLE

MILK

OATMEAL

ORANGE

OVEN

PAN

PEACH

PLAIN

PUMPKIN

RAISIN

SALT

SAVORY

SMALL

SNACK

STRAWBERRY

SUGAR

TASTY

TREAT

WALNUT

WARM

WHEAT

ZUCCHINI

Solution on page 361

Nelson Mandela

ACTIVISM
APARTHEID
ARRESTED
AUTOBIOGRAPHY
CAMPAIGN
CAPE TOWN
CELL
CHILDREN
CONSTITUTION
CONTROVERSIAL
CONVICTED
ELECTION
FORGIVENESS
FOUNDATION
FREE
GOVERNMENT
INTERNATIONAL
LAW
LIME QUARRY
MADIBA
METHODIST
MOVEMENT
NATIONAL UNITY
NEGOTIATIONS
NOBEL
PEACE PRIZE
PRESIDENT

PRETORIA
PRISON
QUNU
RECONCILIATION
REFORM
RELEASE
REVOLUTIONARY
ROYAL
SACP
SEGREGATION
SOUTH AFRICA

SOWETO
TATA
THEMBU
TRIAL
VICTORY
WINNIE
XHOSA

```
A M D S V U M R O F E R O Y A L I B L P
Z E E M O N Y H P S O I A C T I V I S M
H T T T I U Y C A P E T O W N T X I S Z
G H C N A Q T E F O U N D A T I O N E J
V O I E V P L H N E G O T I A T I O N S
E D V M E E A L A P A I R O T E R P E E
C I N E R L K R R F O T M M L I Y Q V G
K S O V R M E E T N R A N T A N R L I R
T T C O O N S C A H D I N R I T A I G E
M T E M N I M L T I E L C I S E N M R G
W A L I D R U E B I U I B A R R O E O A
A D L E H N A A N W O C D L E N I Q F T
D E N O I T U T I T S N O C V A T U T I
A T A T A Y H P A R G O I B O T U A H O
E S Y E B W F Y R O T C I V R I L R E N
X E O E Z I R P E C A E P S T O O R M E
S R R H G N C H I L D R E N N N V Y B F
A R D F X N F Y S S O W E T O A E Q U K
C A M P A I G N O S I R P D C L R E I J
P V N O B E L X X K L V K V E Q Q N G B
```

Solution on page 361

Sleep

ALARM CLOCK

APNEA

AWAKE

BEDROOM

BEDTIME

BLANKETS

BODY

BRAIN

COMFORT

DEEP

DISORDERS

DREAMING

DROWSY

EIGHT HOURS

ESSENTIAL

FATIGUE

GROWTH

HEALTHY

HIBERNATION

HOMEOSTASIS

HUMANS

INSOMNIA

LACK

MAMMALS

MELATONIN

MEMORY

MORNING

NAPS

NARCOLEPSY

NATURAL STATE

NEEDED

NIGHTMARE

NIGHTTIME

PILLOW

RAPID EYE

REJUVENATION

REM SLEEP

REST

SLEEP CYCLE

SLEEPING

SLEEPWALKING

SLUMBER

SNORING

TIRED

WAKING UP

```
H J Z M D Y Z C O G N I P E E L S Y P Q
O L H N I A R B R E B M U L S M Y Z I U
Y H T L A E H O G N I R O N S S N G L A
S B W R W O K U M E V W C T E G A N L G
W C O E O N M S R E J U V E N A T I O N
O N R S N F Q A R J M V M I T Y U N W K
R I G T I N M Y M U G O K R I L R R C H
D E J Z G T X O Y M O L R Z A W A O T B
E R R H H I J S C R A H M V L W L M E M
D S A G T C M L D W D L T C D C S D H N
E I I P T D E E P G N I S H M N T Y O D
E N Y Y I D B E L A K O S R G I A I M R
N S C L M D E P R A U B A O M I T Z E E
A O N A E L E C U B T L L E R A E M O A
P M F A S H O Y K G A O U A N D S M S M
S N T F M L N C E G N G N R N L E U T I
O I L I E U A L N D I I E I E K E R A N
Y A N P R L H E O T K B K E N S E O S G
N S S P A E N P A B I B P A N T Q T I S
J Y D O B J D F E H F P C A W A K E S X
```

Solution on page 361

Time at the Park

ANIMALS

BENCH

BIRDS

CITY

DOG

ENJOYMENT

EVENT

EXERCISE

FAMILIES

FAUNA

FISHING

FLORA

FUN

GAMES

GARDENS

GREEN

HABITAT

HIKING

LAKE

NATIONAL

NATURE

NEIGHBORHOOD

PATH

PEOPLE

PETS

PICNIC

PLAY

POOL

PROTECT

RECREATION

RELAXING

ROCKS

RUN

SIT

SLIDE

SPACE

SPORTS

STROLL

SUNSHINE

SWING

TABLES

TRAIL

TREE

WATER

WILDLIFE

```
M Y R K R M E R V P R E X L V J H N Y Y
Y G M H G Y S E M A G H E L I B I S C E
X S C W D T U G H N Z S E L B A T F S Y
T M N U F I S H I N G H F A S R A J Z T
M C P Z U C F X M N A Y T U O U E L R F
K K E G L X A A P G T R N L N T F T E L
R F T R P L O Y M A A S L A M I N A A O
N T S N E D R A G I H A B I T A T K X W
T F C R G C R T L I L D T Z T K E F Z G
Y D V E Y G R H N U R I N N P E O P L E
J J W A T G N E S P A C E Z S A S H X F
S X L A N O I T A N H V M S Q T D E L G
H P H L X D R Y V T E X Y F L O R A O N
H I F G D P A P A G I M O U H C I O O I
A S H Y T V E P A P R O J S I T B W P W
O D O O H R O B H G I E N S K E Q R V S
R S R T U L E E C W M C E F I L D L I W
B P T T M D Q E N Z R Q N N N P Q I B I
F U A B V Y L T E F L F Q I G S H X L W
S N Y T V B P I B A F E S K C O R Q B S
```

Solution on page 361

Scientific Procedures

```
J K I N E U N V S K D C H T E U D K C X
R P P Y S V O V W P B X U F T K Z Z C X
A P H E T S R S X Y E W R C N J K B C W
T B U R N E R E M O D E L E S A T Q P T
E D L F S Z R L S O Z Y N O I T C I R F
D S I U I W J O Z B S T C E F F E G O C
I S L T B H R F C N O I S U L C N O C W
L T A C S A Y I Y S Y C S O L I D G E Q
S A E E P E Y P R E D I C T I O N G D Y
Z B L S V U T E O S Q R E F W L Q L U Q
E L B S E I P S E T S T N E M E L E R D
D E A I M L D N H D H C Y T E F A S E R
O C I D I T E E T C H E M I S T R Y S A
L O R C V X Y D N X I L S B M E G Y A Z
P N A F B J N N J C N E A I G Z R T U A
X T V Y G O L O I B E L R E S E A R C H
E R T Y D R O C E R R A S E N D V T K J
L O V P I K Z P Z P T C P H Y S I C S V
R L S A G Y Y E Z E I S P E E D T A K N
H I F A O K S O V P A R T N E R Y F W C
```

BIOLOGY

BURNER

CHEMISTRY

CONCLUSION

CONDENSE

CONTROL

DATA

DISSECT

EFFECT

ELECTRICITY

ELEMENTS

EVIDENCE

EXPLODE

FACT

FAIR

FRICTION

GAS

GOGGLES

GRAVITY

HAZARD

HYPOTHESIS

INERTIA

LAB

MODEL

OBSERVE

OSMOSIS

PARTNER

PHYSICS

PREDICTION

PROCEDURES

RATE

RECORD

REPLICATE

RESEARCH

RESULTS

SAFETY

SCALE

SCORE

SLIDE

SOLID

SPEED

TABLE

TEST

THEORY

VARIABLE

Solution on page 362

Cross-Country Race

```
N O O W Y H W Y J W G M U H B X G E O T
P Z E V G P T L V T S N H D A O R H O O
I N D I V I D U A L C C I S M U S M A F
H J H J D M I H S T R E N G T H V E I B
S H M C T W F C Y S C C G A G N L T K F
N F N I A M F M G N O S N E P O N E K Z
O R O O Y O I P A W W C D I L E J P T E
I W H H R U C R M E O I K E S L R M I L
P B T U O T U K A A S O P S S O O O O V
M S A E J D L T M T I D D F R O W C B U
A B R X N O T E U H E A T S S H O E K L
H V A E S O C O S E L D Q S P C S E M F
C G M R T R V R C R V E N T K S P O R T
G N Z C K S E U L E D E F A A R A K X S
Y I E I E K I S E N F P N R E E C A R A
U R C S A M C L S N R S G T W N E I Y F
F O R E S T O L B U D Q A Q I E L P X P
H C N E I T L K U R V W A K O R W Q L J
S S B M N I Q X L T M A E T H Q E B Z M
U E E X H A T J C R L J K G X Q I D W R
```

BLISTERS

CHAMPIONSHIP

CLUB

COACH

COLLEGE

COMPETE

DIFFICULT

ENDURANCE

EVENT

EXERCISE

FAST

FITNESS

FOREST

GRASS

HEAT

HILLS

INDIVIDUAL

JOGGING

MARATHON

MUSCLES

NATURE

NIKE

OPEN

OUTDOORS

OUTSIDE

PACE

RACE

ROAD

RUNNER

SCHOOL

SCORING

SHOE

SNEAKERS

SOCKS

SPEED

SPORT

START

STRENGTH

SWEAT

TEAM

TIME

TIRED

WATER

WEATHER

WOODS

Solution on page 362

Good Times

```
A R V I Q S W L F Q N M U A E F T N Z D
O D N E K E E W N F T C G T L R M T I Z
E E A R C S M X M U A X T N C T K L A D
W K A N A T A B O W L I N G I C A M P G
K P P H C Y G E I D Q B R L D K R L D Z
G J C A Y I N S E D I L S R E T A W K N
T H E V Q I N T E R A C T I O N O B R Z
C C V E D L S G H M R T S W A L K I N G
Z N K W B L R U H A S A O H S B E R U N
T N R L S A E O P T N E M Y O J N E Y V
Z S E D I B V B P W A K A H G P S M A Q
G I U N A T O L G T O D S P N P I N T P
K N N W E O P Y O N I W I G O N M Q R X
N G I Q K O E G B L I C H R I S T M A S
T I O I A F E E O M N K T G N V Z R V O
F N N C Z T L H M I R S O A N H I E E C
P G N C H Z S I C E A L C O Y R O N L C
O I B E Z E N O R K F K C Y C L I N G E
M S R U L G S W T I S I V I M O V I E R
J W P T X P I S W H Z L K Y D O S D I K
```

BAKING

BOWLING

CAMP

CHASE

CHESS

CHRISTMAS

COOKING

CYCLING

DANCING

DINE OUT

DINNER

EAT

ENJOYMENT

FAIR

FOOTBALL

GAME

HIKE

HOLIDAYS

INTERACTION

KARAOKE

KIDS

LAKE

MINI GOLF

MOVIE

PARKS

PICNIC

PUZZLE

REUNION

SCRAPBOOKING

SHOP

SINGING

SLEEPOVERS

SNACKS

SOCCER

SPORTS

SWIMMING

TALK

THANKSGIVING

TOGETHER

TRAVEL

TRIP

VISIT

WALKING

WATERSLIDES

WEEKEND

Solution on page 362

All Organic

AGRICULTURE
ALTERNATIVE
BIODIVERSITY
BIOLOGICAL
CERTIFIED
CHEMICAL
CLEAN
COMPOST
CONSERVATION
CROP
CULTIVATION
ECOLOGY
ECOSYSTEM
ENVIRONMENT
EXPENSIVE
FARM
FERTILIZER
FOOD
FRESH
FRUIT
GARDEN
GROW
HARVEST
HEALTH
HORMONES
INSECTS
LAND

LOCAL
MANAGEMENT
METHODS
MOVEMENT
MULCHING
NATURE
NUTRITION
PESTS
PRICE
PRODUCE
QUALITY

RAIN
ROTATION
SEEDS
SOIL
STANDARDS
SUSTAIN
VEGETABLE

```
M I L E I E V I T A N R E T L A P M B W
J A A L H A R V E S T S E S N X L C K E
M J N B X I C U L T I V A T I O N S R N
E O D A I E R U T A N G W I B W U O O R
T P V T G O H I M L C O M P O S T I E T
H Y Y E N E D R A G U R V R T A T Z X F
O G P G M X M I R S A C G A T A I S M A
D O H E B E G E V F N P I I V L I S E U
S L O V E T N T N E M N O R I V N E B P
K O P H F V I T G T R N E T G L S X T F
Z C M R E T H S D E E S R A F A E P N N
O E E P O A C N U A N E I R S C C E F I
D S C S I D L S O O F D U T E I T N U X
H N H O E W U T C I M I A R Y G S S U Z
M Z E L S N M C H G T N T Z P O I I P I
U V M A F Y O E E R D I N A E L C V J M
S U I C E O S M C A F C R O P O C E Y C
Z K C O G O O T R I D D L T K I Q C Z D
Q U A L I T Y D E O R A I N U B C X M Y
N Z L L N C S D I M H P M R Y N I W W X
```

Solution on page 362

Data Disc

```
I  I  S  P  E  E  D  T  R  Z  Z  V  O  Z  F  I  L  E  S  C
G  J  K  A  V  Z  N  Q  R  E  B  N  S  L  I  J  V  V  P  F
U  G  E  D  A  A  I  T  G  A  S  A  J  C  K  K  Y  I  H  L
J  B  H  B  S  B  Z  E  E  P  N  A  G  J  O  S  K  R  M  B
D  O  N  W  E  N  S  C  L  R  U  S  L  P  Z  M  F  D  U  T
I  N  G  Y  Z  D  A  H  Y  D  T  X  F  S  F  E  P  R  S  V
B  C  U  P  R  P  C  N  I  E  Q  A  R  E  A  D  F  A  I  W
I  O  G  O  A  Z  Z  O  R  O  L  G  I  O  R  O  R  D  C  A
N  D  C  C  R  D  V  L  M  Y  A  L  P  N  R  R  R  N  A  T
A  E  I  L  G  E  S  O  S  P  I  C  O  M  M  D  A  A  C  A
R  T  X  L  A  T  I  G  I  D  U  A  A  W  J  E  I  T  C  D
Y  H  V  A  I  T  M  Y  N  R  P  T  O  S  B  U  N  S  E  V
O  E  C  T  D  S  E  N  S  R  Y  Y  E  Y  E  O  B  T  S  D
Y  B  B  S  E  Y  M  S  O  F  T  W  A  R  E  O  O  M  S  J
H  R  P  N  M  B  O  G  K  O  O  B  E  T  I  H  W  K  I  K
S  I  T  I  W  E  R  A  R  O  P  D  E  N  R  U  B  V  B  J
N  H  W  Z  D  A  Y  M  E  E  B  T  S  E  C  T  O  R  L  S
M  M  F  I  M  O  H  E  F  O  I  X  I  J  Y  N  O  S  E  U
W  A  V  C  I  T  X  S  O  R  D  S  U  C  W  H  K  U  F  Q
Z  E  X  F  K  V  M  K  W  N  E  G  A  R  O  T  S  X  G  L
```

ACCESSIBLE
AUDIO
BINARY
BURN
CAPACITY
CASE
CODE
COMPACT
COMPUTER
COPY
DATA
DIGITAL
DRIVE
ENTERTAINMENT
FILES
FORMAT
GAME
INSTALL
LASER
MEDIA
MEMORY
MUSIC
OPTIC
PLAY
PROGRAM
RAINBOW BOOKS
READ

RECORD
RED BOOK
ROUND
SAVE
SECTOR
SOFTWARE
SONY
SPEED
SPIN
STANDARD
STORAGE

TECHNOLOGY
TRANSFER RATE
VIDEO
WHITE BOOK
WRITE
YELLOW BOOK

Solution on page 362

Homes

APARTMENT

BUNGALOW

CABIN

CASTLE

CONDO

COTTAGE

COUNTRY

DECK

DORM

DUPLEX

DWELLING

ESTATE

FAMILY

FENCE

FOR SALE

GATE

HABITAT

HALL

HAUNTED

HISTORIC

HOUSEBOAT

LAWN

LEASED

MAINTENANCE

MANOR

MOW

NEIGHBORHOOD

OWNERSHIP

PALACE

POOL

PORCH

PROPERTY

REALTOR

ROOF

SHACK

SHELTER

STREET

STUDIO

SUBURBS

SUITE

SWEEP

VICTORIAN

VILLA

WINDOW

YARD

```
J L K W N X M G U S S W F R A Y S Y J M
N L C S G E M S E N O S P O R C H W L A
A G N E Z S W B P D I Z W O D N I W V L
I G M D E E T K J R R K M B Q S S N T K
R U M W E T I U S O T Q C H U B T N F M
O M Q P L G G C D D C Y Y A A R O O F S
T I O L A W N N T I L W E L H B R F C T
C N P T R Y O G R R O H A G I S I T E R
I O E K B C R I G L Y A R D A M C T C E
V G C M R L L T A M O L F L R T A V A E
P C N H T O C G N I L L E W D T T F U T
I G A Y O R N H A U N T E D S Y V O V T
H D N Q H U A A F J O I K E T I I E C G
S U E Y B K S P M B D C Y R E A L T O R
R P T Y R R L E A J E E E F A T L V E R
E L N I B A C D B D P P S E S T A T I T
N E I G H B O R H O O D R A P A L A C E
W X A O X R W A O R A E C O E E C N E F
O O M X M H B L P O Y T O Y H L U L S C
S D M R C P W F M Z S U Z S B R U B U S
```

Solution on page 362

Pay a Compliment

```
D P L E A S A N T S T R O N G E L E U R
S E B Q E T A N O I T C E F F A F N E H
J D S Y T T E R P I L N U T I M R F J Y
D B F G F R A V M N T W I C T E U T M U
P S M A R T N L A N I A E C U A G C T D
A X R J I E E J E R L P D O E O L E R W
M Q A C E D A G T N S U P N R W E F I D
A E W S N G I T T M T T F G E W H R B D
Z M I I D L M R I N I E E R S M S E U I
I O K K L C Z A T M A O D A E G M P T U
N S O E Y U L O I L U I D T F E N O E P
G D T S M C F S Y S U M L U J M H L C H
N N O U C O T R Z W I F N L F J B C F T
I A E A E I S G E R B N I A I I Z U K S
M H S L C R E E A D Y R B T D R A S C C
R B R P Y N F T W J N U E E U D B L M O
A R O P R A I S E A L O R N O A E N H P
H E D A L O C C A O G C W O M V E O K C
C Z N A N L I S U I N E G O E O E B Z X
Y R E P U S G S S I N C E R E G A M O H
```

ACCLAIM

ACCOLADE

ADMIRATION

AFFECTIONATE

AMAZING

APPLAUSE

AWESOME

BEAUTIFUL

BRILLIANT

CHARMING

CHEERFUL

CLEVER

COMMENDATION

CONGRATULATE

ENDORSE

FABULOUS

FLATTER

FRIENDLY

FUNNY

GENIUS

GOOD

GORGEOUS

GREAT

HANDSOME

HOMAGE

INCREDIBLE

INTELLIGENT

KIND

NICE

OPTIMISTIC

PERFECT

PLEASANT

PRAISE

PRETTY

RAVE

SINCERE

SMART

SPECIAL

STRONG

SUPER

SWEET

TALENTED

TRIBUTE

WARM

WONDERFUL

Solution on page 363

Read about the Past

```
I B M Q S S E I P O L I T I C S T A O B
N A F D S G H N B U C N L U M D N U Y T
A L N M E O M H D S E I N O L O C N M D
O L S F C J C C C M Z R P T I K E I R A
L I U F A Y N I P T T E W T G U I O A T
E B T I E I E O E E J D A A R H C N E E
R B S T P R L F I T S N Y O L E N C G A
G A A A U E B U I T Y H P A R G O I B K
K T W T V K Y L R G A E I D C N I R L S
S F L E T Y T A R E H R E D O H T R Q V
C U D X H L A V B G T T O M L B U N L U
C H A T H N E E L S Q B I L S R L R S B
U D R B T M R I U U A C P N P I O O C Z
Y I B O A I T D E W S P A M G X V W H H
F E P O N L N E Y C O U N T R I E S O B
N E C K C I N M R N O I G I L E R T O S
A A M I I T C W P I F T C N N E E U L P
R L V C E A P L E L P O E P P O F D C A
Y I U Y N R K N E J Y M C D L D Z Y O X
L O S H T Y E A R S M K E L C Q H G J O
```

ANCIENT

ARMY

ASIA

BATTLE

BIOGRAPHY

BOATS

CHRONICLE

CHURCH

CIVIL

COLONIES

COUNTRIES

CULTURE

DATE

DEVELOPMENT

ECONOMICS

EMPIRE

EUROPE

EXPLORATION

FAILURE

FIGHTING

INDUSTRIAL

KING

LAW

MAPS

MEDIEVAL

MILITARY

NATION

NAVY

PEACE

PEOPLE

POLITICS

QUEEN

RECORD

RELIGION

REVOLUTION

SCHOOL

SOCIETY

STATE

STUDY

TEXTBOOK

TREATY

UNION

WAR

WORLD

YEARS

Solution on page 363

Medical Work

ANESTHESIA

APPOINTMENT

ASSISTANT

BLOOD

CARDIOLOGY

CLINIC

DENTISTRY

DIAGNOSE

EMERGENCY

EXAM

FILE

FLU

FRACTURE

GERIATRICS

GURNEY

HEART

HOSPITAL

ILLNESS

INJURY

LABORATORY

MEDICINE

NURSE

OPTOMETRY

PATHOLOGY

PATIENT

PEDIATRICIAN

PRESCRIBE

PREVENTION

PRIVACY

PSYCHIATRY

PULSE

QUESTIONS

RADIOLOGY

RESEARCH

SCIENCE

SCRUBS

SHOTS

SPECIALTY

SPRAIN

STETHOSCOPE

SURGERY

TESTS

VACCINE

VISIT

WEIGHT

```
Y P M I H D T X F Z N S Y J Y A Z P W N
L P F I L E P A P H G P R A G J L I U I
A J W E T D A X D I A G N O S E E R T A
T P P G P R E R U T C A R F T P S N Y R
I A P G E R I A T R I C S T O E S C R P
P T R O U M E D I C I N E C H Q A T U S
S H E A I R V V I V T E S T S V Y N Y W
O O S E D N N R E Y G O L O I D R A C E
H L C D X I T E R N H C O R A J T T N I
C O R E Y A O M Y T T P P N L N A S E G
R G I Q I C M L E M S I E N E D I I G H
A Y B D N E S T O N Z S O I E G H S R T
E F E K J B S S O G T A T N T Q C S E O
S P Z V U U M I C H Y A T S Q I Y A M V
E K I R R M T I E O P I F B C K S G E A
R V C G Y S N S R S S E N L L I P I O C
S S E U E I I Y R T E M O T P O E V V C
M R F U L A B O R A T O R Y F H O N J I
Y F Q C J F C Y T L A I C E P S Z D C N
R T L P F O O M B S Q X W I O P U L S E
```

Solution on page 363

Garage Sale

```
V E T P P D R C S O D R R S G T N J Y T
I U E Q P T I M R E P I P F Y C I W X F
E L R H T T X Q B A T H R I F T G J S R
Z A K D O Z L V T A F A I A K N R U A G
Q V P O Y I Y E A F R T L S O L D O S P
T E L P C U I N L T N T S P D K U C T F
H S A R L B T K C E X M E X A R N O H H
R T E M B I C P T V C V N R X U O U E H
V E J T Q T A P A I N T I N G S K C J K
Q D D U A E N N R S O A R Q W E S H E E
Z W E U H K H E C N V Y U O U T D O O R
S S C C C Q S A M E P N G C N B I N K U
P U Z Z L E S A R P S M I I H I N G L M
U T Q J H H D U R X I Q F A A A C I W M
C A G T V E T E O E X U Q U G X I S T A
V B O I C I M V C N M Q Q A G R L R R G
X L T O N X D I E I R A M E L A A P B E
C E R R K H Z E T N R E C O E X O B R K
W N U N Z U S E O H S P B D V N W E G E
C F J I N M G J Y S Y O T N M E P Q W K
```

ANTIQUES

APPLIANCES

BARGAIN

BARTER

BIN

BOX

CAMERAS

CASH

CHAIR

CHEAP

CLOTHES

COUCH

CRAFTS

CUPS

DEALS

DECOR

ELECTRONICS

EQUIPMENT

FIGURINES

FURNITURE

GAMES

HAGGLE

INEXPENSIVE

JUNK

MOVE

OUTDOOR

PAINTINGS

PERMIT

PLATES

PRICE

PUZZLES

RECORDS

REDUCED

RUMMAGE

SHOES

SIGN

SKATES

SOLD

TABLE

TENT

THRIFT

TOOLS

TOYS

VALUE

VIDEOS

Solution on page 363

At the Movies

```
F O K N P C B S Z T H E A T E R M C S S
C Q F H Q I T E G D U B Y F E A T U R E
K G W B L T C L I W F W A C T N E G A N
A S I S Y N Q T T I G M U I E T W U S I
M E K Y A E X K U R A D N F N A T Z B L
V L H M X L C S I R O E F C R R H A G V
Y O O M J I A P D R E E J D T R R N K I
H R I W L S S E P O C X R O E O I J O D
Z E O F H I T C M T Y O E E C T L I O V
K F X T U J F T S C B R L P H I L A I E
N F E C S S P A E E P A O G N D E X D T
R A T S G Z F C H R N U I T I E R R U Q
R G P C O T N U T I V L E S C R I P T S
T A O Z A E R L M D O L K K I E S D S K
E M Y B I R C A R E M A C V A U J I E P
M N D D I S T R I B U T I O N M O O G M
T H U W E I I O T L G N I D R O C E R V
Q A N J O M F C O C E O J Y A R T R O P
S C E N E H O P Q N D R V Y S E T U H L
Z V D W H H S C D O S H B Z N V L F Q P
```

AGENT

ANIMATION

AUDIENCE

BUDGET

CAMERA

CARTOON

CAST

COMEDY

DIRECTOR

DISTRIBUTION

DRAMA

EDITOR

EFFECTS

FEATURE

FILM

FLICK

GAFFER   RECORDING   STORY

GRIP   REEL   STUDIO

LEAD   ROLES   TECHNICIAN

LIGHTING   ROMANCE   THEATER

LINES   SCENE   THRILLER

MAKEUP   SCRIPT   TRAILER

MATINEE   SET   WARDROBE

PICTURE   SHOW

PORTRAY   SILENT

PRODUCER   SPECTACULAR

PROJECTOR   STAR

Solution on page 363

Words with *HI*

ACHIEVE

CHICKEN

CHIEF

CHILD

CHIN

CHIP

COUGHING

CRASHING

CUSHION

DOLPHIN

EXHIBIT

FASHION

FISHING

FLASHING

HID

HIGH

HIM

HIND

HINT

HIPS

HIS

LAUGHING

PUSHING

RUSHING

SHINE

SHINING

SHINY

SHIRT

SIGHING

THICK

THIEF

THIEVES

THIN

THIRD

THIRTEEN

THIRTIES

THIRTY

VEHICLE

WASHING

WEIGHING

WHILE

WHIP

WHIRLED

WHIRLING

WISHING

```
M W D G Q B D D D G D T T X J N V D I V
L E G L W N E F Y L H R F I P E Z O W H
K T L G U L V G H C I N H C H E K F Q C
H R H N R P K O N H G H H I N T L T K Z
R T H I E V E S S I H N C U D A W I R Z
G F H H R A S O N B H L I H S H I M X K
P W G G X D N U T F E G T H I R T E E N
F C N U H E P K C I H T I R G C F K G T
W D E O T I W U F T B N L E V U K M N W
I X M C R A S H I N G I H P W H A E I N
S A I C S H E K S X N I H P L O D L N I
H K H H I X I C H G H O T X Y O S P I H
I I I O K C T P I R R D I T E O P H H T
N N N H H I R B N E U P R H S U W Q S O
G N R I I P I K G T S I W O S H L H I P
V C E V E I H C A G H G P H Z A I I I G
I F A O H H T C M T I I I M I N F N L P
H Q V X C C Z A T W N N E W E L T D Y E
E P S J V Q G N I H G I S F P X E D F Z
E M C J T T Z B A O S D C E R H Q F B T
```

Solution on page 363

Cruise Ship Vacation

```
M Y A F V P H J H G L S H R P P S M Y G
M U F B J F C B K O H Y H W I T O A N P
X E G X M S X A L E R E T A E H T I D S
S R A B I G C Z C U C V B A L L R O O M
O U U L W A Q L X N A S G B D E E D L N
X O W O S G U U A C R U C K P H C D P V
X T B I T B L D A I I U A M X G N R H A
S O N L S E R T N D J R A G O U O A I Z
M O O W E M I E E N V P C D I S C O N T
P O L G T O V X X Z S D T S D N A B S A
P O J T N U P P C W R I I G G O C E A N
J C H I O I K L U Q M V V N M H W L R J
H R W S C R B O R U X I I A T E F F U B
Y E Z I O M X R S D Q N T H E P N F F F
R T L V I Q I I I R I G I Q E G N U O L
C A O P O N C N O D K C E D T D W H O W
F W Z Y O X N G N I E E S T H G I S D O
U Y S X R E A L S R E M R O F R E P M L
S Z F S R M P Y V L X I Z R D A Y V N P
Q U H N E W F V S Z N X F O L X U R E N
```

ACTIVITIES

BALLROOM

BANDS

BARS

BINGO

BUFFET

CASINO

CLUBS

CONCERT

CONTESTS

DANCE

DECK

DINING

DINNER

DISCO

DIVING

DOLPHINS

EXCURSIONS

EXPLORING

FOOD

GAME

GUIDE

GYM

LOUNGE

LUXURY

MEALS

MUSIC

OCEAN

PAMPERING

PEOPLE

PERFORMERS

POOL

RELAX

SHOP

SHUFFLEBOARD

SIGHTSEEING

SOUVENIRS

SPA

SWIM

TAN

THEATER

TOUR

VACATION

VISIT

WATER

Solution on page 364

Tasty Dinners

BANQUET
BEEF
BELL
BOWL
BROCCOLI
CHAIR
CHEF BOYARDEE
CHICKEN
CONVERSATION
COOKING
CROCKERY
CUTLERY
DAD
DELICIOUS
DESSERT
EVENING
FAMILY
FARE
FISH
FOOD
FORK
HAMBURGER
HUNGRY
KITCHEN
KNIFE
LAUGHTER
MANNERS

MOM
NAPKIN
PIZZA
PLATE
RAVIOLI
RECIPE
REFRESHMENT
RESTAURANT
SALAD
SAUCER
SILVERWARE

SOUP
SPOON
SUPPER
TABLE
THIRSTY
WASH UP
WINGS

```
F A R E N W O N G M E F C X Z M L P T C
Q J I P F C B L A L W W I O Y W I Z J F
A U S U M I A N N K D R R E O Z A P A I
Y S G O Z V N E K C I H C B Z K N M P C
D M G B U E Q K O C U Q N A P K I N O A
B R L B R P U H S A W Q S V A L C N B C
L E L S M F E E B H U N G R Y P V A G S
D L N G W O T N E M H S E R F E R R I J
Y R E L T U C H E F B O Y A R D E E C J
C A H B C J H R E C U A S S W S V Q U N
M V C A I R E G R U B M A H T I E Y J M
Q I T R Y C O I S F U T S A B L N F X I
E O I T I E M C C U I P U I R V I G H I
W L K P R F O R K O O R C E O E N Y S S
I I E N T E M H N E A I L I C R G Q G P
K C T H I R S T Y N R B C R C W I S L O
U K H Q M O S S T J A Y P I O A D A D O
P S S U P P E R E T H G U A L R T H H N
K H I O X S A L A D D F C T I E B V P C
S W F T A H N Y H R G B U F O O D A X C
```

Solution on page 364

In the Country

ACRES
BARN
BUCOLIC
CATS
CONSERVATION
COOPERATION
COUNTRY
CROPS
DISTANCE
EXPANSIVE
FARM
FENCE
FIELD
FREEDOM
GARDEN
GRASS
GREEN
HAMLET
HILL
HOME
IDYLLIC
ISOLATED
LAND
LIFESTYLE
LODGE
MUD
NATURAL

PASTORAL
PEACEFUL
PRIVATE
QUAINT
QUIET
RANCH
ROUGH
RUSTIC
SERENE
SIMPLE
SKIES

SOOTHING
SUNSHINE
TOWN
TREES
VILLAGE
WILDLIFE
WOODS

```
B L J D X W N K R B J T O W N O Y V T B
N Z B F I H G E L P M I S R S W O O D S
Q T M E D P P F D I S T A N C E N W P E
I T Z X C W D L E I F B K Q E O R X S R
H T D A I O E Z S K I E S E I E Q C S E
P G C J T Y U X K Q E T S T M Q R N A N
L Z U M S C O N S E R V A T I O N G R E
Q H M O U S W H T Z X R I R Y M H H G T
I J I D R D P I V R E R F S B L A Q Q A
C D L L V A R L H P Y P H X N M E K Q V
N X Z A N C I L O C U B A C L A J D I I
J G S P N S O O T H I N G E N D P L S R
V D F L P D C N Q O N A T U R A L X D P
D H M O G K I E N I H S N U S A R T E Q
X N R E Q A B A R A P A B T G E W A T C
V C A S U P S S X C B O O E M F C J A O
X E F Q I E M O D E E R F X U E M T L W
S W L H E S N E D R A G R U F N S H O Z
Q F T R T R C I L L Y D I U M C Y S S B
N U T O G F I M W I L D L I F E C G I I
```

Solution on page 364

Very Emotional

```
M L P A D G C P U M T H E Z Y I I D P O
Y S O O Q L D S R G S H E H K B D J I B
R B O V R J G C H W W Q T A A W U R V U
T M W M E N T A L S T A T E K P N U E Z
N O I S S E R P X E P E L B Y C P R N R
E E U N N L V Z M M D A P G G S F Y W Y
T X A V D D D P Y I T A O N E U Y O G V
N P Y N L H E S R E X L I T R G R D E E
O E D A G R T P D O O L U I R R K I S H
C R T E A E A H R H E R O A O E A S T I
E I D M R J R K C E N U T S Z D X G U D
V E E B D I T Y F H S I J H U N X U R E
I N T L G B S A N Y T S E S N O P S E R
T C I N C P U E E U L C E N I W V T C A
I E C E H C R U D U S E G D S B I R I C
S U X L A F F E C T I O N D M S P T E S
O L E L T P L E A S U R E O I H V Z F N
P B M R E Y T T Q J U R P W L A U G H N
E O M X G R I E F Y O K V A E M B I M V
O Y U Q X C B N R B E Y A S N E Z D N H
```

AFFECTION

ANGER

BLUE

BORED

CALM

CONTENT

CRY

DEPRESSED

DESIRE

DISGUST

ECSTATIC

ELATED

ENVY

EXCITED

EXPERIENCE

EXPRESSION

FEELING

FRUSTRATED

FURIOUS

GESTURE

GRATITUDE

GRIEF

HAPPY

HATE

JOY

LAUGH

LONELY

LOVE

MENTAL STATE

MIND

MOOD

NERVOUS

PLEASURE

POSITIVE

PRIDE

PSYCHOLOGY

RESPONSE

SCARED

SHAME

SMILE

SORROW

SYMPATHY

TEMPERAMENT

UPSET

WONDER

Solution on page 364

Fancy Jewelry

```
D J B E R I H P P A S E L G N A B N O B
M P U C G L A M O U R Q D A T E N R A G
N R U B Y A O A O N I T O L D L H Z Y C
J I T D N E M I Q X W C L Y A K O H R B
N C K H L E C W K Y P A K C S R S S O R
G E B P T E D A J L Z N R O P A E C V K
C L X H R L Z O A Z V O P J L P E M I N
Z E Y P B G R T P U W H B F T S U M E G
W S M D E I I A N N I V E R S A R Y C F
T S Y I E N S F E S S T C J A J N O A D
N H S A U D S K T P O G N K P C V C L Y
E I T M A K D I N F P S E A S P E O K X
S N M O R G C U V I U F U A I T G L C W
E Y R N P A N T T E L M L O A L E D E A
R C C D T A H I Z S E F F F I E L S N T
P Y H I H T Z C D W N N F X R R E I L C
N E O N G F I W E D C J A U I H U K R H
G N K L I T N A D N E P J C C J P X V B
U Q E V R W O O R T Z W R I N G V J U S
X U R N B G M M L A T A R A C X N Z N L
```

AFFLUENCE

AMETHYST

ANNIVERSARY

BANGLES

BRACELET

BRIGHT

BRILLIANT

CARAT

CHARMS

CHOKER

CROWN

CUFFLINKS

DIAMOND

EMERALD

EXPENSIVE

FACET

FLASHY

GARNET

GEM

GIFT

GLAMOUR

GOLD

IVORY

JADE

LUXURIOUS

NECKLACE

OPULENCE

PEARL

PENDANT

PLATINUM

PRECIOUS

PRESENT

PRICELESS

RICHES

RING

RUBY

SAPPHIRE

SHINY

SOPHISTICATION

SPARKLE

STUDDED

TIARA

TOPAZ

WATCH

WEDDING

Solution on page 364

News Media

```
L V W O Y F H B O Z R R Q J Y R O T S E
D G P I Q Z W P A E O S O T O H P Q L S
I P T B E G R R S T O G U H A C O S A A
R A D I O I T E A N M I C R O P H O N E
T N E M N I A T R E T N E L O W T E O L
Y H T T C R N S Z L A M U R R E N S S E
L A X L C E T W I S A M I E L I G R R R
A W E H M U N V T C N A R E L N E B E X
U S F M D W O R L D N U V N I H I L P Y
N H O I N F O R M A T I O N S T C A F N
D C O T Q P B H L A S F E I R B S W E N
R Z A C S X E Y E I I P L N N X A Q G S
Y S R A M A S F O K P B U S I M K U J E
O E E Y D I C N J A U I P N C Z E O N A
S T V L S W Y D H P E S C V B S A I Y I
P O I T C R E P A P S W E N T I L G R D
E N E H E I A C C O U N T S A D A B A E
E A W G N T E E T A R U C C A Z O S B M
C X S I E E A Z W F R B R E T R O P E R
H D M N K R T T N E V E D I T O R Q G D
```

ACCOUNTS

ACCURATE

ANALYSIS

ARTICLES

BROADCAST

CAMERA

COLUMN

COMMENTATOR

DEADLINE

DIRTY LAUNDRY

EDITOR

ENTERTAINMENT

EVENT

FACTS

FEATURE

GUESTS

HAPPENINGS

HEADLINE

INFORMATION

MAGAZINE

MEDIA

MICROPHONE

NEWS BRIEF

NEWSPAPER

NIGHTLY

NOTES

ONLINE

PERSONAL

PHOTOS

PRINT

PUBLISHER

RADIO

RELEASE

REPORTER

RESEARCH

REVIEWS

SCENE

SPEECH

SPORTS ANCHOR

STORY

STUDIO

TELEVISION

UNBIASED

WORLD

WRITER

Solution on page 364

Darwin

ADAPTATION

ANCESTRY

ANIMALS

APES

AUTHOR

BEARD

BIOLOGY

BOTANY

BRITISH

CAMBRIDGE

CONTROVERSY

CREATION

DARWINISM

DESCENT

DISCOVERY

EDINBURGH

ENGLAND

ENGLISH

EVOLUTION

EXTINCTION

FINCHES

FOSSILS

GALAPAGOS

GENETICS

GEOLOGY

HISTORY

HUMANS

INFLUENTIAL

ISLANDS

LIFE

MONKEYS

MUTATION

NATURE

ORIGIN

RELIGION

REPRODUCTION

RESEARCH

SCIENCE

SELECTION

SPECIES

STUDY

SURVIVAL

THEORY

TORTOISE

WALLACE

```
Y N L S H S I L G N E C A L L A W W U E
X M Q N R S L I S S O F P G L S W J H H
M E Z N O I T A T P A D A A I E P K U C
Y Y F O O B D W M A I J I V H L Y G M R
E H I I K I T U D I R T D P R E W A A A
Z Z D T L O T E E C N E I C S C N L N E
L Y L A T L M C G E V A N Y V T D A S S
Y R O E O O F T U D R O E H G I I P P E
D O U R R G H L Y D I V G A Z O S A E R
G T V C T Y F F M T O R Y A F N L G C E
F S K K O N G O A L U R B L P O A O I L
W I W Y I Q N T U B T M P M E I N S E I
T H N G S K U T N S E W S E A T D A S G
H I I C E M I I E A H A N I R C S B E I
E R E Y H O D C U P Y B R O N N R N E O
O X S I N E N A G E A S V D I I E P R N
R O H T U A S D E S C E N T T T W C U Z
Y D U T S L A V I V R U S I I X B R T P
O G G Y R E V O C S I D S C J E K Q A D
F N X B O T A N Y Y D H S E N G L A N D
```

Solution on page 365

At the Beach

BEACH BAG
BIKINI
BIRDS
BLANKET
BOATS
BOOM BOX
CAMERA
CASTLE
CHILDREN
CLAMS
COOLER
CRABS
DOCKS
DOGS
DRINKS
DUNES
FAMILIES
FISH
FOOD
GAMES
GRASS
HATS
LIFEGUARD
LOTION
LOUNGE CHAIR
OCEAN
PELICANS

PEOPLE
PICNIC
PIER
PLANTS
ROCKS
SAND
SEAGULLS
SHELLS
SHORE
SUN
SWIM TRUNKS

SWIMMERS
TOWEL
UMBRELLA
VENDORS
VOLLEYBALL
WAVES
WIND

```
I W G S Q N C Y Q I O W P Z O L X X S Z
S P D R N X U X A A C L A M S I M K U B
N Q S L A W A H B J D U E S W D P G W Y
A O W C K S S X E I B M Y L I N I K I B
C N I I F T S L A D L B O L M I L N N E
I N M N G A P P C W K R L U M W A U W S
L Z T C F O O D H H L E N G E J S T A H
E O R I E B J W B L I L A A R D U N E S
P K U P T L K F A M I L I E S N X S L I
Y F N N F I O B G L R A D S F A P H T F
J M K Z G F Y T O E W S W R H S Q E S H
Z R S C E E Z Z I W V T A I E K K L A L
B P B R L G C P H O E N V R N N I L C F
H N O L B U A H Q T N A E F A I D S W I
E H O C M A M Z A N D L S L L R X Y K S
S V M V Y R E D Z I O P B D S D R I B K
S I B D K D R A V O R C X A S E M A G C
V D O C K S A E C W S B E K S G R J Z O
I G X K H B E P B J V J R A O C Z H H R
S V R S G T G K K C X Q I N N T D A D H
```

Solution on page 365

Coffee Break Time

```
U F J S Y E Z J V U I K H Z Z K F S A O
V U G J V D P K C K J P C R L C L C D B
V J R F T P R B J X J C O O M A A I A O
J Y O T E L E V I S I O N S L F V M M B
C P U C J W J T J M B B A S F C O R D F
P O N I C C U P P A C B C E O R R I W C
F I D H O N V V X R G A I R A R E T A W
Q N J D L M E A D O S N R P L H D S B E
D S S E X M N N B V E P E S X J C K S O
E T Z C X G A I S N P J M E E R H O T I
K A V I W W T L E M A R A C H G O T M N
H N N K H T E L B U W T O V O B L A C K
E T C J A G N A J G S F C S A F P B S B
K I B S T U N O D I V A S Z Q N F L L T
C R K R E D N I R G X I B E A N C E D G
U M A I R J J A K A P T I R L H G S E Q
B B H A L N B J L L N A P K I N N N K E
O R G H Z R P E T T A L L P U E P A A J
Y U T C E I R S D T P T S O Z C F C C C
S E B W P H O Z Z I E W L T E M Y K A M
```

AMERICANO

AROMA

BARISTA

BEAN

BLACK

BREW

BRIEF

CAFFEINE

CAKE

CAPPUCCINO

CARAMEL

CHAIRS

CHIPS

CLOCK

COFFEE

CUP

DONUTS

ESPRESSO

FLAVORED

GOSSIP

GRINDER

GROUND

HAZELNUT

HOT

ICED

INSTANT

JAVA

LATTE

LOUNGE

MILK

MOCHA

MUG

NAPKIN

REJUVENATE

RELAX

ROAST

SNACK

SODA

STIR

SUGAR

TABLES

TALKING

TELEVISION

VANILLA

WATER

Solution on page 365

Music Performance

AMP
APPLAUSE
ARENA
ARTS
AUDIENCE
BAND
CLASSICAL
COUNTRY
CROWD
DANCING
DRUMS
ENCORE
ENTERTAINMENT
EQUIPMENT
EVENT
EXPENSIVE
FESTIVAL
FUN
GENRE
GIG
GUITAR
HALL
INSTRUMENTS
JAZZ
LARGE
LIVE
LOUD

MUSIC
OPENING ACT
ORCHESTRA
OUTDOOR
PERFORMER
PIANO
POP
RECITAL
ROCK
SEATS

SHOW
SING
SONGS
STAR
SYMPHONY
THEATER
TICKET
TOUR

```
J K A S N D X M M W N H B T P D X V C J
X S E E T S M G E G P K I A W R F N A W
V Q T Z Z A J T I C K E T O N Q U E D C
T E J G L F E G Q P X X R O O D T U O C
T X J I U X C S V P O C A F C D O K M D
L N S B P O Y T E V E N T F O L R O A C
Y U E I L M P N T J V E S M U R D A L O
E N K M P A S E N B I E R U I T M A Y U
O D U H N I M M N E L O Q E O P S E U N
J A O I V I B U G I A Y L U T S B O R T
W N P E D W A R S R N N R A I A G R C R
Y C W B S E E T E I I G E C V P E C U Y
A I X O A L K S R P C G A R L I M H W I
V N N R H X R N U E R L H C A R T E T T
P G U G V S G I N A T A A R T S R S N K
S O C F H E G C T I L N T S I O R T E T
O X P I A N O I R L R P E S C V R R A F
D L Q K I R U Q Z Y J R P K E N N A O Z
K I N S E G E C N E I D U A R E G R A L
Q A N B T X H D R U N Q Y C G D D R I M
```

Solution on page 365

Awesome Stuff

```
M C P S Q H U V V Q F X S C G I F T S G
U C N H T I A F Q R E I Z Q J E B M U N
W O B N I A R C H I L D H O O D H E C Y
W M S I M I T P O K R I A H S E R F C L
Q C R R E V N V S N S E Y F R Z K S E L
M B K N A A E U N A T U R E E H P U S A
I G D I D C L L F A L E S F T O O O S C
F S H R Z A L X L M F E N M U B K L U Q
A G O O H T E O J W I I A T P B I U O M
M W N S G I C W A B S R E G M I N B L Q
I B E E T O X N A P R L N B O E D A E E
L B S S H N E B O I B I L B C S N F V P
Y I T C O R W R A I N E L K E O E T R H
M R Y N D M D G D R S C A L I Y S D A J
U T O L Q N E E A S J S M T I V S G M Z
S H I M I G R E I R E M A R K A B L E E
I H P A A C L N J L N S Z P N K N S G U
C H R Q N N G W C D N Y I X M O S T E P
O U M I U S C Q K E W O N D R O U S R A
S U R P R I S E S N H Y G W T E C A E P
```

AMAZING

AWESOME

BABIES

BIRTH

BLESSINGS

BRILLIANT

CARS

CHILDHOOD

CHILDREN

CHOCOLATE

COMPASSION

COMPUTERS

CONTENTMENT

EXCELLENT

FABULOUS

FAITH

FAMILY

FRESH AIR

FRIENDS

FUN

GIFTS

HOBBIES

HONESTY

INCREDIBLE

KINDNESS

LEARNING

MARRIAGE

MARVELOUS

MUSIC

NATURE

OPTIMISM

PEACE

PETS

RAINBOW

RAINDROPS

REMARKABLE

ROMANCE

ROSES

SENSATIONAL

SILK

SNOW

SUCCESS

SURPRISES

VACATION

WONDROUS

Solution on page 365

Lots of Fiber

ANGORA

ANIMAL

APPLES

ASBESTOS

BAMBOO

BRAN

CARBON

CASHMERE

CELLULOSE

COTTON

COUNT

DIET

DIGESTION

EAT

FABRIC

FELT

FIBERBOARD

FILAMENT

FRUIT

FUR

GRAIN

HAIR

HEMP

KNIT

LINEN

MATERIAL

MICROFIBER

NATURAL

NUTRITION

OATS

PAPER

POLYESTER

POLYMER

RAYON

ROPE

ROUGHAGE

SILK

SISAL

SOLUBLE

SYNTHETIC

TEXTILE

TISSUE

VEGETABLE

WOOD

YARN

```
S V H T R P Z Q B I C Z U L E C A J E N
G D E W Y N F Y C O P L A R U T A N M C
Q I M G B V V O C H T S E G A H G U O R
D K P Z E T T O P N I M J U G P Z T A E
G V V S E T G U E S H L R V G U L Y P B
X P Q U O T A M Y S O L U B L E R R L T
A T N N Z N A B A N Y F N T F Y H T I Z
S M I B M L B C L R S N V C O A T S C Y
I D A B I O D G Y E R O T W O G S S A V
P S R F C Q A I M T R I T H C U T R C G
C Q G A R N F J G S T T A S E I N A R B
B J E S O L U L L E C I W H E T R T B T
M F G Y F B R R M Y S R U O P B I B Z G
T G A H I X R A T L P T B R O A S C A R
F R K Y B N T E A O F U I N F D P A S F
Y J Q I E E X M B P T N P O L Y M E R K
T Q D N R T I J S I A R O G N A L S R J
O T I I I N Z W N S F A P R O P E V P R
A L A L A B F K L I S P Z P P T B O A L
V L E I Y M A H K O O B M A B G Y T N P
```

Solution on page 365

Her Name

AMY

ANNA

AVA

BARBARA

BECKY

BRENDA

BRIDGET

CARRIE

CHARLOTTE

CHLOE

CHRISTINA

COLLEEN

CRYSTAL

DIANA

DOROTHY

ELIZABETH

ELLIE

EMMA

EVE

GINA

GLENDA

GRACE

HEATHER

JANE

JENNIFER

KATIE

LAURA

LEAH

LILA

LYNN

MADISON

MARY

NATALIE

OLIVIA

ROSE

RUTH

SARAH

SHARON

SOPHIA

STACEY

TANYA

TRACEY

VANESSA

WENDY

ZOE

```
J F F P L Y T B M I P G C X F B O X D Q
E B X R Y M A Z L T Z J B R I D G E T S
A H E S X F N H E A T H E R U W C Y I T
H T E N T E Y K V A S F A L C H T U R O
L S I F O F A E N Z I S A R A S L V H R
X V G L E N D A C N H E E R A T V N K D
J A H C M P I D N A R E L N A S S P W O
O C C Z M D N E R I R O L I A B Y Y S V
D T Y V A Z J O E L T T H Y Z V R W R E
K Y P I L A N N P T D S Q E N A E A C C
C N I T W S A A E M A D I S O N B J B K
P H O W Y J T T C E O L Y R D E V E Y A
F C H G G K O A X A L M H Y H D E O T E
O N X Y U B Y L C E D L T B L C A M C H
U G L U J C R I G E O O O E W V S A A C
O B M L J Z A E I A Y V R C A R R I E R
D J T R I T M U N C E F O K H G V G O O
W H P F M L B N A D M A D Y A I H P O S
Z X S H L E A H Z K A T I E L A U R A E
Z B C Q X Z H G H H D E Z O E T X Z T Z
```

Solution on page 366

Crocodiles

```
H H S E E H U M I W S U U Y T V O I N B
N K V E D R I P M A W S C A E T H W C E
Z R R B L G J V J L F F E L G N U J J M
I A K T K A S B A L T L Q V J Y I O F J
A K X P W G C N U E I U O H Y X F K N B
F E O P B B I S Y T J J S R C G C R S S
P I Z N S M P P P M O U T H I X I O G T
U M E B A T O E F E B A M B Y D T T E L
A D E L D D R L H M C B P U T T A A N H
I W P V D S T V A V G I E M D Z U D K D
H M H G M R O S N K H E E L E S Q E P Z
R N A N F S O V D R E L C S T Q A R A X
O O E R D A R T B E I S R R C S A P O Z
P S U A F R I C A N W S A M E T W R E I
Q K D G S A A Z G G W L W E T L A N D S
H P R E H I S T O R I C L A O I T A I Y
H K O O M S B E A A L L C O R C N J H D
G H J A M A E E J I D K L E P G R E E N
S H N H N Q J T N Y L J F A E I X F S L
X S P K U U Y H L K G N O R T S B U C F
```

AFRICA

ALLIGATOR

AMBUSH

ANIMAL

AQUATIC

ASIA

ATTACK

AUSTRALIA

BANK

BELTS

BIG

CAIMANS

CRAWL

CROC

DANGER

EAT

FLORIDA

GREEN

HANDBAG

HIDE

JAW

JUNGLE

LAKES

MOUTH

MUD

NILE

PREDATOR

PREHISTORIC

PROTECTED

REPTILE

ROUGH

SCALE

SHOES

SKIN

SNOUT

SPECIES

STRONG

SWAMP

SWIM

TAIL

TEETH

TROPICS

WALLET

WETLANDS

WILD

Solution on page 366

Look for ME

MEAGERLY

MEALTIME

MEANDERS

MEANNESS

MEANTIME

MEASURES

MEATHEAD

MEATIEST

MEATLESS

MEATLOAF

MEDDLING

MEDIATOR

MEDICATE

MEDICINE

MEDITATE

MEDLEYS

MEEKEST

MEEKNESS

MEETINGS

MEGABITS

MEGABUCK

MEGADEALS

MEGALITH

MEGASTARS

MEGAVOLT

MEGAWATT

MEIOSIS

MELEES

MELLOWS

MELTDOWN

MEMBERS

MENACING

MENORAHS

MENSWEAR

MENTHOLS

MENTORS

MERCHANT

MERIDIAN

MERINGUE

MERMAIDS

MESSIAHS

MESSIEST

METALLIC

METERING

METHINKS

```
T D A R A E W S N E M M E R I N G U E F
G N I R E T E M A R E E M E N T O R S Z
D E A I Z F M M S R O M N M E D L E Y S
X W T H E T A C I D E M E A S U R E S O
S S T M C U E D S G I A E W C Z W W M M
E H S E F R I S A I T A M A A I W W E D
E A E N G A E V R L S E M E N E N D L N
L I I O N L O M O A M O M R G N I G L G
E S S R T L K A O I T P I I E A E E O S
M S S A T Q F M T W P S A E T M W S W L
E E E H X U E N I W M V A O M L L A S O
T M M S M E A T H E A D R G S A A M T H
H L H W K E S Y E Y T Y L R E G A E M T
I Y G N M B T T E N I C I D E M V A M N
N M E G A L I T H L M E A T I E S T E E
K S D O J N B R J O J G N I L D D E M M
S R G C G F A X W M E A N D E R S S B K
Y R K S J A G P M M E D I T A T E B E P
K C U B A G E M E L T D O W N F V G R O
T S E K E E M E T A L L I C Y J N G S A
```

Solution on page 366

Art Museums

ABSTRACT

ACRYLIC

ACTIVITIES

ADMISSION

ANCIENT

APPRECIATE

ARTIST

BROCHURE

CANVAS

CLASSIC

COLOR

CONTEMPORARY

CURATOR

DESIGN

DOCENT

DRAWING

EVENTS

FRAME

GALLERY

GUARD

GUIDE

HISTORY

INSTALLATION

MASTERPIECE

MURAL

NOTES

OBSERVE

OIL

PAINT

PEOPLE

PHOTOGRAPHY

PICTURE

POTTERY

RENAISSANCE

SCULPTURE

SECURITY

SKETCH

SLATE

SOUVENIRS

STATUE

STUDY

TEMPERA

TEXTILES

TOURS

VISUAL

```
H G M T W N D N Y R O T S I H S Z N M H
F A E A S Q E R U H C O R B N G X P U U
Q L R B S I E R U T P L U C S E M A R F
L L U V H T T O U R S A Y S U T K I A P
A E T A I C E R P P A A R T L C E N L E
U R C Y P I T R A E O S A G R A A T V V
S Y I R N L E E P M T T R N O R T R B T
I E P E I Y C U K I S U O B E T E E S E
V P I T Q R N G F S E I P P B S O I L X
D E V T S C A X H H T C M S B B I H N T
S O U O I A S A G A F E E O P A Z V P I
X P C P C V S N L O T Y T I R U C E S L
O L N E S L I L K T B S N L Y G U I D E
B E D I N W A T J F N S O U V E N I R S
C M D E A T N S C G G E C M E V E N T S
V A D R S B E J S A D M I S S I O N A E
Q A D N A I R T T I J G H C F F N V K T
Z X I Y U U G M U W C L S V N S N L F O
Q D N U K E G N D T U E R O T A R U C N
N E X E M H W F Y Z R O L O C S F Q T Q
```

Solution on page 366

Enjoyable

```
M B G O K D T B A S K E T B A L L T U L
I F R N W C C M J T O Y S U R F I N G U
Z N Q N I B C I I R C A R N I V A L U N
G F S N D K L S R E N M W G R F H M A C
T E C W N O I T A C A V A E D L R G P O
W I H O E T M H A N U S T E U J E N P S
P L A Y C A R T O O N S C J D G C H P I
T O D L Y D L I Q C A E H U A P O O L E
E K R A P E L T P O X C I M T V R B V M
G N I T N I A P C S H E N P E T A B A A
N Y Q O H C B R E L G R G I S K I I N G
I H D I S N E Y L A N D T N P V Q E R U
M F F S E L S O U U I H V G N I H S I F
M H O H L K A W A G V X G B M N C S N D
I V P O C E B B O H I E N R E A D I N G
W M R P T A D M E T D Y I L M A S N E A
S Y Q P B B E D D E Y H V P V G T G J T
R B Z I N J A B I R K V I S K A T I N G
G N I N N U R L V N S N R Z T F F N N E
T J M G H Y U O L P G C D S W I N G S G
```

BASEBALL
BASKETBALL
BEACH
BUNGEE JUMPING
CAMPING
CARNIVAL
CARTOONS
CIRCUS
CONCERTS
DANCE
DATES
DISNEYLAND
DRIVING
EATING
FISHING
FOOTBALL
GAME
HIKING
HOBBIES
LAUGHTER
PAINTING
PARK
PICNIC
PLAY
POOL
READING
RECESS

ROLLER COASTER
RUNNING
SHOPPING
SINGING
SKATING
SKIING
SKYDIVING
SLEDDING
SPORTS
SURFING
SWIMMING

SWINGS
TAG
TOYS
TRIPS
VACATION
VIDEO
WATCHING TV

Solution on page 366

Types of Dogs

AKC
ANCESTRY
BEAGLE
BOXER
BULLDOG
CANINE
CHARACTERISTIC
CHIHUAHUA
COAT
COLLIE
DACHSHUND
DANE
DOBERMAN
DOMESTIC
HERDING
HOUND
HUNTING
HUSKY
HYBRID
JACK RUSSELL
KENNEL
LAB
MASTIFF
PAPERS
PEDIGREE
PIT
POINTER

POMERANIAN
POODLE
PUG
REGISTERED
RESCUE
RETRIEVER
ROTTWEILER
SCHNAUZER
SETTER
SHEPHERD
SHOW

SPANIEL
SPECIES
STUDBOOK
TERRIER
TRAITS
TYPE

```
E R A P K R L P Z Z H J D I R B Y H A V
E Y H C O U Q E L D A C H S H U N D T A
R C W C O M S Y I C U P O O D L E O D K
G I G I B L E H K N H B H V B L O B P H
I T N T D P L R G S A U J T B D I E Z C
D S B S U D U I A H U P N E F O N R K P
E E L I T S D G E N H H S T F G D M I O
P M R R S Q D E S T I A R T I E T A O C
B O S E I C E P S E H A L V T N S N N U
Z D L T T L P Y G F C N N T S I G R J E
I L J C G S E T Y I P R E J A N Q E P G
D Y A A M M I R A K D P E D M A P I J W
F M E R L C T G A R A K R V U C T R I G
R B K A P S N P E P O I N T E R A R S B
P X E H E I X H E R O T T W E I L E R M
X R N C D H P R S C H N A U Z E R T O C
O J N R S E S B E A L E K K R E T T E S
L A E P H M W P A X Q W C R E S C U E Y
L H L S O S N D N U O H T C L L A M W R
V Z Y T W N J I E L A B A S P Y E O L O
```

Solution on page 366

A Words

```
A N H R F T P S L R T E K I L A X H I G
A O T B H Y L D E T P O D A T U D L U X
E D P V S D R C F I V N D B A T L D Y E
U L I K Y A U U M H A E P I B H H I E Z
Y T N W O I J M N V N T I L O O E G K E
F H Z B J R P H V G N I V I R R A L F L
C M A C T X L Y I N E M X T C D L Q A A
O A B P P B A S L F A D P Y A A U N S E
H L O P Y D S T S B E A V A A Y M S G A
J O U I V A N U H V M U J G S D I G C B
K N T A L C O H O L A E A T P S N C A S
X E N E Z I E R J C E I S B T I U Q Q O
A C Z G X X P J C M N T I S S R M R O L
E I B N T P M E T T A S I U A E I A E U
C V A A A Y S C X B X D M C Q T N K R T
C D W R I S I F L W I A Y L M G E T V E
F A K R O T F E I A L S O B E O H U F S
X W W A T T A C K O I I K L Y O K M T I
X D W A W A K E N N N D D Y O S Y X I R
L R O R A H D G B Y O E S E Y X R Q O A
```

ABILITY

ABLE

ABOARD

ABOUT

ABSENT

ABSOLUTE

ACCESS

ACCURACY

ACROBAT

ADD

ADMIT

ADOPTED

ADVANCE

ADVICE

AGAIN

AGE

AID

AIM

ALCOHOL

ALIKE

ALL

ALONE

ALONG

ALSO

ALUMINUM

AMUSING

AND

ANGEL

ANXIOUS

APPROVE

ARISE

ARRANGE

ARRIVING

ASIDE

ASSEMBLY

ASSIGNED

ASSIST

ASSURE

ATE

ATHLETIC

ATTACK

ATTEMPT

ATTIC

AUTHOR

AWAKE

Solution on page 367

Terrific Teachers

ACCREDITED
ADVOCATE
ANIMATED
APPROACHABLE
ATTENTIVE
BRIGHT
COMMITTED
COMPASSION
CONCERNED
CONSIDERATE
CREATIVE
DEDICATED
DISCIPLINED
EAGER
EDUCATED
ENCOURAGING
ENGAGING
ENTHUSIASTIC
EXPERIENCED
FAIR
FLEXIBLE
FUN
GENEROUS
HUMOR
INTERESTING
KIND
KNOWLEDGEABLE

LEADER
LISTEN
MENTOR
MOTIVATING
NURTURING
OPEN
ORGANIZED
PATIENT
PREPARED
PROFESSIONAL
RESPECT

RESPONSIBLE
SMART
SUPPORTING
TRUST
VERBOSE
WARM
WISE

```
T K W T S U R T N L E S U O R E N E G P
F N C H S S U P P O R T I N G Q N N R Q
Q H E G A D V O C A T E O Y Q M I E P C
M A N I M A T E D Y X I K L Q G P R P K
A C A R T X V O V P S N D C A A O C D O
P C R B W A R M E S O E M G R F O P U F
P R E K X N P R A W Z E N E E N D G U G
R E D I S C I P L I N E D S S X E N N N
O D A N X E M E N T H U S I A S T I C I
A I E D N O D A O U Z I D S T E T G W R
C T L C C G G R M O O E E M C S I A L U
H E E Y E R R O L N R E N A E I M R S T
A D O A O J R W A A V L R R P W M U H R
B O B D L D C L T I H E E T S S O O G U
L L E V I T N E T T A T C P E B C C S N
E F M O T I V A T I N G N O R N K N F E
A G M T X X E L B I S N O P S E R E Q T
G E S O B R E V D E T A C I D E D B Y S
E E D U C A T E D F L E X I B L E E K I
R I A F O I D W R B P C V V E C U S J L
```

Solution on page 367

Survival Gear

ANTIBIOTIC

ASPIRIN

BAG

BLANKET

CAMPING

CAN OPENER

CASH

COMPASS

DISASTER

EARTHQUAKE

EMERGENCY

EQUIPMENT

FIRE

FLARE

FLINT

FOOD

```
M R P O N C H O E M E R G E N C Y K U E
C H R T I N D E R V B B K O R M W K W L
P G E Q R E N E P O N A C P R A X B B T
T Z V L I D Q Z S O U N G G K P L B O S
W E C A P V K A Z Q W T N M D C R F N I
A E H T S E F F H K N I F E E E T O B H
R U C C A E Z T P G P B S P P N I F N W
M C S O T N R U G M L I U A E T B I J Q
T I I Y Y A P N A Z V O P M A N T R A S
H B R Y E C H C C G L T P R F G E E I H
C S U R V I V A L S E I L L E T K G T E
F L Z S O R F P X L U C I O S P N L H P
N O O D J R K C I Q V N E A N A A Y S H
T O H Y R U T O E O T P S O L E L R R J
Z T N Y K H T M G R A I C C H C B Y E K
N A Y W F Y R P W T D A I Z R G N Q T D
S E T J S N A A P T S R E Z E E W T H O
A K P W W C T S D H L R E S C U E R G O
E Q G O K E T S T I Q H M F Z M E N I F
G B H N R C I A O A O K N R X G C T L I
```

GAUZE	PREPARED	TINDER
HATCHET	RADIO	TOILET PAPER
HEALTH	RATIONS	TOOLS
HELP	RESCUE	TWEEZERS
HURRICANE	ROPE	WARMTH
KNIFE	SAFETY	WATER
LIGHTER	SIGNAL	WHISTLE
MAP	SUNSCREEN	
MIRROR	SUPPLIES	
PACK	SURVIVAL	
PONCHO	TAPE	

Solution on page 367

Pocket Watches

```
R N X T D J X B D N O C E S R E B M U N
B N B R X Z E N E P O K F U N V M U O F
B J O M H M W O Z V G A O L A I F A Y Z
L T B T H I N G E G B H B A P S T E M O
L Q Q X X V M R A R O T C U D N O C I C
Y E L F X A C C U R A C Y D N E U C X N
V K Z G P O O L T L E B C I A P G I U E
A I T E K C A J O S U G H G R X D S R M
W Q E B B T U R S C E P A I G E R S Z Y
S T Z H S T A O C T K M I T V A I A Q N
M E T Y Y T R E U Q I T N A I S J L C B
Y K R B W Y O N F H E I R L O O M C Q H
L C A E Z D I I E L N G R N U L U D W X
A O U R C M I Y Y S N O P X T T E S Q H
D P Q V A L I T G E A Y I S T R A P M C
M G R P O W S R D D H C E H C P E R A T
A H G B M D W Z C N W V C U S K D I A L
Z Z G E O N I T O A I T A E G A T N I V
H O L Z C L S L Q H A W F P D B F G N M
M R V S Y X S T X W A R J K Z T T F U Z
```

ACCESSORY

ACCURACY

ANTIQUE

BELT LOOP

BEZEL

CASE

CHAIN

CLASSIC

CLOCK

COAT

CONDUCTOR

COVER

CRYSTAL

DIAL

DIGITAL

ENGRAVED

EXPENSIVE

FACE

FASHION

FOB

GRANDPA

HAND

HEIRLOOM

HINGE

HOUR

HYPNOSIS

JACKET

LAPEL

LID

MINUTE

NUMBERS

OPEN

POCKET

QUARTZ

RAILROAD

SECOND

SPRING

STEM

STRAP

STYLE

SWISS

VEST

VINTAGE

WATCH

WIND

Solution on page 367

Lighting

BACKGROUND

BRIGHT

BULB

CEILING

CHAIN

CORD

DARK

DESIGN

DIM

FAN

FITTING

FIXED

FLOOD

FLUORESCENT

GLOW

HALOGEN

HANGING

HOUSE

INCANDESCENT

KITCHEN

LAMP

LANTERN

LIGHT

METAL

MOUNTED

NIGHT

OVERHEAD

PENDANT

PLUG

POWER

RECESSED

ROOM

SCONCE

SCREWS

SECURITY

SOCKET

SOLAR

STRIP

SWITCH

TIMER

TRACK

VOLTAGE

WALL

WATTS

WIRE

```
K M Q W V C W G D P J D Y V Y X E U A W
Z A U O P E S U O H I N L A M P Z Q Y T
O D H G J Q X S O L A R S C O N C E R Q
A O P S T T A W F F G L T J U T W P O Z
I R D Y M H R Y D C S C O S N X O H C Z
R Y W O T P G L Y E D H D G T W D C P G
J W O U L E R I W J X A T B E T E T Y T
C R L U M V O G N L E I R R D N G I L L
Q T G Z T X N H K S J N F K Q E N W U L
M C V N E H C T I K R D J L X C I S A Z
S Y S N I H R E C E S S E D A S L A V C
N V I O E T N X T Y Q Z S N A E I M T O
G T E T V G T N T L J O D U L R E O I R
N E B N Q E A I A I V E Y O K O C W M D
R K J A I L R T F P S U T R Y U A V E C
Q C O D Z U E H L C D K U G W L L S R I
B O X N C M H M E O C N X K L F I I L X
L S W E R C S N O A V S O C F G U F U X
A S S P X Z T L R M D S H A N G I N G N
W V X Q J U F T D A B U L B R I G H T J
```

Solution on page 367

Scrapbooks

```
S A N N Z R F E W C R Y S E T O N E Q B
T C O G W V F N Y P R O T E C T E O G E
E Q I I B O R D E R S A S T G Z F I R C
K G T S P I A N H Y I L F D E A V U N D
C N A E S C R E A T I V E T R X S S G J
I D C D N O I T A U D A R G L A E S N T
T O A H K Y R S H H B N E X E I C S E J
I U V F O F B S P D S G U R R V M T H M
P W C J S B H H L R A Q T O W B A N M V
A A S E R U T C I P U Y M U R C P E N K
S S P M E M E N T O S E M G I G M M E V
T K H E F U E G T D M B G F L O K E W Y
E E O I R V L E S E L C I T R A P C S M
I T T D U B S G M D Y T P A M S R N A U
K C O O K I J S Y E R B B H A I Y U R B
Y H S I L L E B M E C I A K B A R O T L
X E M E H T B A C F L O E B T W O N W A
U S D E C O R A T I V E O G U A T N O X
Q P A O H F I I A A N N I V E R S A R Y
V H F D G U T L L U K N W W B D P Q K N
```

ALBUM

ANNIVERSARY

ANNOUNCEMENTS

ARTICLES

ARTWORK

AWARD

BABY

BACKGROUND

BIRTHDAY

BORDERS

CARDS

CERTIFICATE

CRAFT

CREATIVE

CUT

DECORATIVE

DESIGN

EMBELLISH

FRAME

GLUE

GRADUATION

HOBBY

KEEPSAKE

MEMENTOS

MEMORABILIA

MEMORIES

MESSAGES

NEWS

NOTES

PAGE

PAPER

PASTE

PHOTOS

PICTURES

PROTECT

QUOTES

RIBBON

SCISSORS

SKETCHES

SOUVENIRS

STORY

THEME

TICKETS

TREASURE

VACATION

Solution on page 367

Automobiles

```
F H I P E H C S R O P K I M P A L A I E
C X O D U P H O L S T E R Y B U I C K T
F W A R R E L I O P S K C E R W X C I D
J Y S A N T H G I L G N I K R A P O U E
F O S O W U B E A R I N G S R O R R I M
G Y W B T O P A S S E N G E R S W D V W
U T H H F R S D J Y T H G I L L I A T H
H S B S M C M E T S Y S T S U A H X E E
Z M E A U I L G W V R E L S Y R H C B A
K A S D S N E R R S U S P E N S I O N D
J Z G L C E S A D I F F E R E N T I A L
H D U E L C E H E C N A M R O F R E P I
W A Z I E S I C Q Y K C I N A H C E M G
H R V H C B D O W N S H I F T A B U C H
E U W S A E L B I T R E V N O C R R H T
E C B D R I B R E D N U H T T Q A H A S
L A U N A M A U T O M A T I C U K K S U
S H S I G N I T I O N Y A R G N I T S X
H T U W E L T T O R H T P A F X N S I E
T I R E S N E C U V Z L J L M J G I S L
```

ACCORD

ACURA

AUTOMATIC

BEARINGS

BRAKING

BUICK

CHASSIS

CHRYSLER

CONVERTIBLE

COOLING SYSTEM

DASHBOARD

DIESEL

DIFFERENTIAL

DOWNSHIFT

EXHAUST SYSTEM

HEADLIGHTS

HORN

IGNITION

IMPALA

JAGUAR

LEXUS

MANUAL

MAZDA

MECHANIC

MIRRORS

MUSCLE CAR

PARKING LIGHT

PASSENGERS

PERFORMANCE

PORSCHE

SCENIC ROUTE

SPOILER

STINGRAY

SUSPENSION

TAILLIGHT

THROTTLE

THUNDERBIRD

TIRES

TURBOCHARGED

UPHOLSTERY

USED

VW BUS

WHEELS

WINDSHIELD

WRECKS

Solution on page 368

Fascinating Physics

```
E R P B W L L R D X C F F R A E L C U N
N S M O T A A B C K Y R E V O C S I D O
E C E Y S C I M A N Y D O M R E H T R D
R I E L G H P S E B K E E R G T A S M A
G N B E F V C M J T Y D E E H P W I O C
Y A X L O I J G M R S L M E P K K N X Q
T H Z W T W S S E O A Y O R A S I E L S
I C P P F O E S T T M R S N L H N L O G
V E O O H B E X I U Y E M R I I G L E K
A M L Q S A P V P O D U N S A A G E M I
R S Z E R O I J K E N Y T T B L N H I R
G P T C G T L Y M P R O N K U R O S T F
E I H T Y A F I A A R I E N O M W S S B
C E L Y W A H R H Y T K M I Y Y K H P B
B C N S S C T J Z P N H E E A P Z H A X
X N O A R I S T O T L E V T N O I T C A
S E T A C E C R O F D M O S C T F F E A
V I W L Y Q U A N T U M M N Y X U I K C
A C E F N T H A L E S G N I K R O W H P
D S N B Z M O W A V E S R E V I N U R Y
```

ACTION

ARCHIMEDES

ARISTOTLE

ATOMS

BABYLONIANS

BOYLE

BUOYANCY

DISCOVERY

EINSTEIN

ENERGY

EXPERIMENT

FISSION

FORCE

GRAVITY

GREEK

HAWKING

HELLENISTIC

HISTORY

LAWS

LIGHT

MATH

MECHANICS

MOMENTUM

MOVEMENT

NEWTON

NUCLEAR

OPTICS

PARTICLES

PHILOSOPHY

PHYSICAL

QUANTUM

RELATIVITY

RESEARCH

SCIENCE

SOLAR SYSTEM

SPACE

SPEED

STUDY

THALES

THEORY

THERMODYNAMICS

TIME

UNIVERSE

WAVES

WORKINGS

Solution on page 368

Newscaster

ANALYSIS

ANNOUNCER

BANTER

BREAKING

BROADCASTER

CAMERAS

CAREER

CELEBRITY

COHERENT

COMMENTARY

CONCISE

CONFIDENT

DESK

DISCUSS

ENGAGING

FIELD

GROOMED

HEADLINE

INSIGHT

INTERVIEW

JOURNALISM

LOCAL

MAKEUP

MICROPHONE

MONITOR

NEWSCAST

PAPERS

POLISHED

PRESENTER

PROFESSIONAL

REPORT

ROVING

SPORTS

STORY

STUDIO

SUIT

TALK

TELEPROMPTER

TELEVISION

TIE

UPDATES

VIDEO

VOICE

WARNING

WEATHER

```
A A G O J S U W X E P C U D R S C C F Q
Y H U D R C E A S O A P E N I L D A E H
D P U E K A M H L M D V B S S R C R U R
D U P G T G Y I E A T B Y W G P L E S X
I A G H X T S R T G O L A S I T O E U W
P F E R O H A E N G A G I N G S C R I K
P R O F E S S I O N A L E D T I A B T N
G T R D Z T Y T A B K C Q S O E L O I S
O X E N O H P O R C I M C O H E R E N T
E G T L C I E M F Y T I R B E L E C T O
D F N T E T D J O U R N A L I S M S E B
I I E I N V T U B R O A D C A S T E R Q
V E S P N E I Z T E P N T N R O M E V H
M L E C A R D S C S Q E N N R F A D I Y
U D R Q U H A I I E L O L Y E K V E E R
K E P C Q S O W F O U A U E I M P M W E
L S L W B V S R E N N Y Q N T Q M O Y P
A N E S I C N O C W O T G G N I V O R O
T N S D J Q E E T S A C S W E N E R C R
Q L H A C W R O T I N O M I N S I G H T
```

Solution on page 368

Hear the Symphony

ACOUSTICS
AUDITORIUM
BACH
BAND
BEAUTIFUL
BEETHOVEN
BRASS
CELLO
CHORUS
CLARINET
CLASSICAL
COMPOSER
CONCERT
CONDUCTOR
FLUTE
FRENCH HORN
HALL
HARMONY
INSTRUMENTS
MODERN
MOVEMENTS
MOZART
MUSIC
NOTES
OBOE
ORCHESTRA
PERCUSSION

PERFORMANCE
PIANO
ROMANTIC
SAXOPHONE
SECTIONS
SOLOIST
SONG
SOUNDS
STAGE
STRINGS

SYMPHONIC
THEME
TROMBONE
TUBA
TYMPANI
VIOLA
VOCALIST
WOODWINDS

```
Q B E S V M S E T O N E X S M H N I S D
T S I O L O S I R B C W G A O A S C X Y
M N Q W V D U T E O H N J X V A Y B O W
B O O R Y E I E C E O Q F O E T M L M K
N I Z H F R F N N S R J F P M B P O R I
B T L A R N R I O S U P B H E E H C Z M
F C I R R P E R C U S S I O N E O K H P
A E W M H T N A I Z F M S N T T N C O E
W S C O F T C L S F L U T E S H I L O M
Y T S N J I H C U S C I T S U O C A G L
B R D Y A Z H E M F H R P R R V I S V O
D I N D S M O T M Q I O O V O E T S M X
E N I N S T R U M E N T S O R N N I C V
G G W A A K N O M A C I U C C B A C H B
A S D B R I J F F U B D V A H R M A C K
T R O M B O N E D R D U N L E W O L V A
S S O U N D S N A O E A T I S B R I V Y
D R W R E S O P M O C P T S T Z O E O Y
N O L L E C Y I N A P M Y T R L L A H K
U H S F I V G X Q F E M P I A N O A H E
```

Solution on page 368

Study Literature

ANALYSIS
ANTAGONIST
AUSTEN
BLAKE
BOOKS
BYRON
CHAPTER
CHARACTERS
CHAUCER
CLASSIC
COLLEGE
COMPARISON
DESK
DISCUSS
ESSAY
FICTION
FITZGERALD
GENRE
HEMINGWAY
HOMER
JOYCE
KEATS
MEDIEVAL
NARRATIVE
PLOT
POETRY
PROSE

RENAISSANCE
RESEARCH
RESOLUTION
SCHOOL
SCRIPT
SHAKESPEARE
SHELLEY
SPEECH
SPELLING
STUDY
TEACHER

THEME
TITLE
TRAGEDY
VICTORIAN
VOCABULARY
WILDE
WRITE

```
H W V X O U P S Z Z C T H E M E Z T W N
U N U I X K O X V H R A D J S Y K R W H
L O O H C S O M T O C E G C D W I A I Q
F K A S M T I V S H C E R U M T N G L Z
O J C S I D O P A N L I T H E T W E D B
Y O K F M R E R A E P S E K A H S D E Y
H Y F H I L A S I T G M T G P B L Y O K
H C O I L C S P X A I M O F D Q Y I J F
W E E I T I T I M N N N E E Y A M R W G
S K N E A Z I I G O I Y V D M A E C O E
R G R N P H G W O S C I M N I S S I S N
J S E O R S A E T N T I T L E E F S H R
L R H I M Y F Y R A L U B A C O V S E E
W U C T C J B S R A Q T R N U C Z A L S
G M A U N H S R J E L C O A U S U L L O
W I E L M U A H L W H D F L H K T C E R
B Y T O C N Y P L D T Q K Y P O E E Y P
F J X S O M Y R T E O P G S O O M A N T
T E I E U C O L L E G E N I E B S E T Y
U D Z R E C U A H C R Y N S M D R Z R S
```

Solution on page 368

Playing Politics

```
I M Z S E V C X N Z P A R T Y E F R O V
B W F E F T L N N Y C I L O P O W E R D
S T O L R N E C G T L H E U S U N U E U
O O G O C A F G A I S L V V E N B M V T
K W Y S P H F B D J A Y A L A C O L L X
B A S T Y P T F O U W P G R R C H P I V
M B G I S E O V I S B G M O R L O S S C
G N Q M N L A S N L S E T A G E L E D S
S K L I D E T I E G I A T S C I H T E T
E P B L X E H J C E L A P S A W T Q T A
L A E R N L C O N S T I T U E N C Y A T
C U A E B A N I I N H A S I E B P U N E
Y C Y K C G M G F S M S N M O R I I E V
E T P A R H E R R F E R T I E N D L S R
T Y Z E J L G E I S O N E S M Z U A L E
T U S P S U D B I A I A I T R O P P U S
A S G S Y A D M K O H D X V D O N K E Y
R O N R E V O G P R E C I N C T S T Q R
Q J Y L A R X P E N W Z N U I Z O R W I
N K Q X P E A P T E G A V K N V V N Q L
```

AFFILIATION

APPOINTMENT

BILLS

BOSS

BUDGET

CABINET

CAMPAIGN

CHAIRMAN

CONGRESS

CONSTITUENCY

DELEGATES

DEMOCRAT

DONKEY

ELEPHANT

ETHICS

GAVEL

GOVERNOR

JUDGE

LEADERSHIP

LEGISLATOR

LIMITS

LOCAL

MAYOR

NOMINATE

OATH

OFFICE

OPPOSE

PARTY

POLICY

POWER

PRECINCTS

PRESIDENT

PROMISES

PUBLIC

RACE

RALLY

SENATE

SERVE

SPEAKER

SPEECH

SPONSOR

STATE

SUPPORT

TERM

VOTE

Solution on page 368

Look for Cs

```
J N K V J K P K J L Y F E I H C U R V E
R X C Z C C R U S H E D C O P I E D A X
A E T G H M U D P K E E R C K T G S S Y
S J N F K P R C H U N K S T Z I C D G N
S T X H K E G A R U O C N H N Z R T T O
H M M S D C E Y L D O U C H X E O F R L
N U J T W H L V F L O H F L D N W J C O
L P M V N T G U N C O C G N I L D D U C
D T R F I J R N M K B C I O Z F U W J O
H C H M K E M U I S R L E I J E C V L L
F J O G J S G N O T Y I Q T O S H A S L
A L Z I U U G R E C A C O A S T U R N E
G N I G N A H C E Q D E C E M S C A E C
H O C Z H C C T O B O U R R A X K C K T
D I O O X W T C O N F L I C T B S U C E
U P X T N E S N O C C O N J U R O R I C
Y M J C S T B N T C A R T N O C R B H N
B A Z S U U E D U R C D E N I F N O C A
W H A Q A R I S K C R E S T Z E P Z N H
S C R I C K E T T R Y Z G R E U Q N O C
```

CASSETTE

CASUAL

CAUGHT

CAUSE

CHAMPION

CHANCE

CHANGING

CHICKEN

CHIEF

CHOKING

CHUCKED

CHUCKS

CHUNKS

CITIZEN

CLUMSY

COAST

COIN

COLLAR

COLLECT

COLONY

CONCRETE

CONFINED

CONFLICT

CONJUROR

CONQUER

CONSENT

CONTEST

CONTRACT

COPIED

COUNT

COURAGE

COURT

CREATING

CREATION

CREEK

CREST

CRICKET

CROW

CRUDE

CRUSHED

CUDDLING

CURB

CURE

CURVE

CYLINDER

Solution on page 369

Places to Go

AIRPORT

AUSTRALIA

BAHAMAS

BEACHES

BUS TERMINAL

CHINA

CITY

COUNTRY

CRUISE

EGYPT

EXPLORE

FRANCE

GERMANY

GREECE

HANGOUT

HARBOR

HIDEAWAY

HOSTEL

HOTEL

HUNGARY

INDIA

ISLANDS

ITALY

JAMAICA

JOURNEY

LONDON

MOUNTAINS

NEW YORK

OCEAN

PARIS

PERU

PLACE

REGION

RETREAT

ROME

RUSSIA

SCHOOL

STATE

SWITZERLAND

SYDNEY

THAILAND

TOWN

TRIP

TROPICAL

TURKEY

```
G E O X C F Q P W F L P G T M K O N B S
Q R S X P L A C E R E G I O N H C T O C
V X C I Y C N K G A B C P O R O P S H L
G I Q H U R E P Y N A M R E G R E E C E
S T A T E R L W P C H C W E I H N F G T
B A M H Z M C I T E A X Q R R E K H X O
T L S O O O I N Y P M I L O O H C S Y H
U Y O O U P R D J P A A R L C I T Y S O
R Q H N I N A I V A S M D P T E S J H A
K M T A D P T A D C M F X X O F A H U N
E R J I Z O A A I N J A L E D R N N N I
Y O I S N S N R I L A C I P O R T S G H
E B U S T E R M I N A L S C L W S D A C
N R S U H H W P R S S R R E A Q G N R R
R A U R A C C Y T A E R T E R Z G A Y Y
U H T L I A L T O W N S L S Z O K L R E
O B Q O L E Q G L R O T I B U T M S Z N
J E I G A B Z Q O H K R R T T A I I C D
W G Y Z N F C M O H K Q H I D E A W A Y
D F C O D L E R V R L Y P F P V E P S S
```

Solution on page 369

Woven

ART
BASKET
BLANKET
CLOTH
COLOR
COTTON
CRAFT
CROCHET
CULTURE
DECORATIVE
DESIGN
DYE
FABRIC
FIBER
HOBBY
KNIT
KNOT
LACE
LOOM
MATERIAL
MILL
NAVAJO
NEEDLE
OVER
PATTERN
PERSIAN
PRODUCTION

RECREATION
REED
ROPE
RUG
SATIN
SEWING
SHUTTLE
SKILL
SPINNING
STRAW
TEXTILE

THREAD
TWILL
UNDER
WEAVER
WEFT
WOMAN
WOOL

```
G F D G Q T V S U Z I G S W V I P K Z S
S K S P B B O S G F T R L D B J W O O L
L X I R I F K N A M O W L E L D U Z O L
C N A M S S B Z Y T R B I P M W G O A I
H D D R G E K C D B I L M L J J M I S K
Q S J H U W Q Z G U B N C O L O R E Y S
N R T Z R E D N U Y N O I T A E R C E R
P Q F P L A I A N P D I H D T L F M O E
R E A B P W H T T D Y T E A Z I H P L P
F X R A E L G K R B A C M A B T E D N E
Z Z C S T O N K L T O U A E O X E G C R
W N Q K I Z I A D R Q D R L R E V A E W
C Q H E B A N Z A A E O C T N T L N S W
R G C T Y K N T X L J R E E D Q R P V P
N G I S E D I L E A T P V S Y E W E F T
M L R T T V P E V H S E L T T U H S V Z
P C B M E I S A R M C U L T U R E M C O
J F A Q D T N E T E E O A Q C M A Y P Q
B Y F F L F A K I Z T P R S Y V R W D N
J R I Q D D D H N O T T O C G J F P B W
```

Solution on page 369

Children's Celebration

BANNER
BIRTHDAY
BOWS
BUBBLES
CAKE
CANDY
CARD
CLOWN
CONFETTI
COSTUME
CRAFTS
DRINK
FAMILY
FAVORS
FROSTING
FUN
GAMES
HAPPY
HORSE RIDE
ICE CREAM
KIDS
LAUGH
MASKS
MOVIES
OUTSIDE

PARK
PLATE
PONY
PRESENTS
PRIZE
PUNCH
RIBBONS
SCHOOL
SINGING
SLEEPOVER
SNACKS

SPOON
STREAMERS
SWIMMING
TAG
THEME
TOYS
TREASURE
WATER SLIDE
WRAPPING PAPER

```
Y B W I G W U G S Z X N G F P D F C K M
U V S A L T L M N P N O T K D H V W L L
Z Z N I T N C H S I O I A K B R P P J S
C L O W N C H R G O M O V I E S A D K W
C A B W V N R N O S N M N P L Q X C X A
G U B T R S Y A D H T R I B O V A P A B
R G I U I T T E F N O C H W V N L H W Q
M H R S B J U Y O T R R J T S A Y A R P
R C R N G B L Z J S S P S R T T T P A G
F N P B T I L F K L R B Y E S E A P P Y
K U H B M P I E M E H T O A R G G Y P F
X P N A R A L P S E A A T S E I S D I K
Q B F I J K E E J P H P L U M K D X N P
R S Z P G C N R F O G I X R A S A E G T
U E D I S T U O C V D J C E E K Q M P R
Y M N K S K R A P E F A V O R S B U A V
L A Y N X X N F L R C A K E T A O T P S
U G O I A D G N I G N I S W S M W S E I
W D S R Y B T P E Y O R G N I T S O R F
Z J F D P I N G M I G O D L O O H C S S
```

Solution on page 369

Employed

AGENCY

BONUS

BOSS

BUSINESS

CLIENT

CONSULTANT

CUSTOMER

DUTIES

EMPLOYEE

FIRE

HIRE

HOURS

INCOME

INTERVIEW

JOB

LABOR

LEAVE

MANAGE

MONEY

OFFICE

OVERTIME

PAY

POSITION

PROFIT

PROMOTION

QUOTA

RAISE

RECRUITER

RESPONSIBILITY

RETIREMENT

REVIEW

SALARY

SCHEDULE

SEVERANCE

SICK DAYS

STAFF

SUPERVISOR

TAXES

TERMINATE

TITLE

TRADE

UNION

VACATION

WAGE

WORK

```
H C F N S R R B Z E O P Z H G Y V F Q J
Q T Y L E G E O A V Q R E Q O A R P I U
T B R G C L I E N T E F O Y C P E G J F
C W A Y L V X N Y V F E T A N I M R E T
K W L P O S I T I O N I T T E M O C N I
F J A N A P J E G R L I U Y X M T D K J
S C S C G U W Y Q I O P F F A T S P E I
E O I E O V C B B N E B M R T R U X F R
S H C W I N T I F O R P A E S A C I E C
T X K V E T S N B G I Z I L U D R T H E
L J D G S N U U O E H E E G P E I S Z C
G T A G O T S D L I A C G B E U N N H I
H A Y P F I K U X T N E M E R I T E R F
O X S D N L D C H A A U F C V W E D C F
U E R E C E R L R E S N E M I T R E V O
R S S Q H A O E E B E R T S S D V G D S
S S K C I V V B O J L S H E O K I A O K
M O S S N E L N O I T O M O R P E N Q P
M B E K S Q U O T A I J Y O J W W A X Z
C O Z J U S B V L G T G W Y E N O M Q Y
```

Solution on page 369

Edible Onions

```
A X L F R J B P J F U Z Y Z M Y S V I R
R R M G R O P D C A E Z S I F M I U Y Y
U C P J N E O J G C W K Z C P D N E Q K
H E O T W O C T U H I X G C A E L Q R Q
U O L Y F Y R C I N T N A L P L E Q Z Z
M U M D B D V T P S N G I Z O B L L O S
F L S F W K E A S H L A R W N A T I D Y
E E G E L K N T N A D I X O I T N A O P
O P T R U Z P A T E N E C X W E E L R N
F C S M B Y S O Z E Y D T E W G G O P S
U D I K X U G I H E G C W A X E N T O Y
P A D W T B L C S C K N U I R V U U C P
S W I Q T E T B T U T Q I H C D P R U W
H L P E M I D E W S E S Z M R H Y B T E
D F E A K D A J L H C D N U O R P H R T
B W R E G R U B M A H G N I N O S A E S
S A Q I K P E A R L I H A S W V L S D D
C Z L S E S H R T L V N E D R A G B U T
Z Q O L T D H L O O E J E S A L A D W E
B Z A F U Y C U Z T Q R T L A F G Q I G
```

ANTIOXIDANT

BLOOMING

BULB

CARAMELIZED

CHIVE

CHOP

CRY

CUT

DEHYDRATED

DIP

EYES

FLAVOR

FOOD

FRIED

GARDEN

GROW

HAMBURGER

KITCHEN

LEEKS

ODOR

PEARL

PEEL

PLANT

POWDER

PUNGENT

RED

ROOT

ROUND

SALAD

SANDWICH

SCALLION

SEASONING

SHALLOT

SKIN

SLICE

SOUP

STEW

STRONG

SWEET

TEAR

VEGETABLE

VIDALIA

WHITE

WILD

YELLOW

Solution on page 369

It's a Carnival

```
S C F Z D X L D R I N K S N E K O T B R
T S B P C A F L E L E P H A N T I Z F E
A T O L E X A H T C B G G I N G C P O C
L A K T A U U S A M C A N T W I R L O I
L E X M G D E R E B F M M O P I M R D R
S R P H V N O T E E S E H R Z I O A Y C
H T T R I U I S R A M S E E N L N G L U
I E O L S C X R I R E T S E L C S U O S
R A E E K D I S F D Z G C E I R R R S B
I K L E U S N U I E O H R N M F I N A U
B G T Z W D N S L D I C G I R A O W V M
J S U H D L R S N L O X D I F I C O E P
M V E S X E G R D A C W E Y T A O L N E
Y E C G K Y O R S D A N T C H O N C D R
L Y N R K C E T T Y D N A C N O T T O C
I Z A J P N E Q T S U R I S H A E A R A
M B M O O R M B O O T H S W S M S G S R
A A P S K Y I Z C T Y R I A F E T A T S
F L L I K S D N A B T S I R W I D J X O
V S K T E K J B N Y Q R L N L V F Q S Y
```

ANIMALS

ATTRACTIONS

BARKERS

BEARDED LADY

BOOTHS

BUMPER CARS

CAROUSEL

CHILDREN

CIRCUS

CLOWN

CONTEST

CORNDOGS

COTTON CANDY

COUNTY FAIR

DANCING

DRINKS

ELEPHANT

ENJOY

FAMILY

FERRIS WHEEL

FIRE EATER

FOOD

FRIENDS

FUN

GAMES

LAUGHTER

LINES

MIDWAY

POPCORN

PRETZELS

PRIZES

RING TOSS

ROLLERCOASTER

SIDESHOW

SKILL

SODA

STALLS

STATE FAIR

TICKETS

TOKENS

TOYS

TREATS

VENDORS

WIN

WRIST BANDS

Solution on page 370

Stories

ACTION

ADVENTURE

AESOP

BEDTIME

BOOK

CAMPFIRE

CASTLE

CHARACTERS

CHILDREN

CINDERELLA

CLASSIC

COMEDY

CRIME

DETECTIVE

DRAMA

ENTERTAIN

FABLE

FANTASY

FICTION

HERO

HISTORICAL

HORROR

HUMOR

IMAGINE

JUVENILE

LEGEND

LESSONS

LIBRARY

LITERARY

MAGICAL

MYSTERY

NAPPING

PICTURES

PRINCE

READ

RECITE

REMEMBER

ROMANCE

TALE

THRILLER

TRAGEDY

TRUE

VOICES

WESTERN

WITCH

```
N S R E T C A R A H C A M P F I R E C R
R O R R O H R L A C I R O T S I H E O O
F O I U U G G L L P J F M D D R A M A W
L X H T T D D E T E C T I V E L A L Z K
V H X N C V R Y U N R C P R I N C E Y H
V T N E M I P E R T N E B U C X H P B C
F Y W V D M F J U E E B D E L T S A C T
W M I D N H U M O R T T Z N D P M J H I
P G P A W R Z C U T T S I N I T C R M W
X L O M O M B R H A W R Y C E C I I N I
M R K I J U V E N I L E T M E L S M N W
V S K O L R Q M L N L U R V L R S A E A
I H S N O S S E L L R D Y E O F A G C C
J V G D E B G M L E I L R F A I L I L O
B G N M S E A B S B O B A E O D C N C M
E Z I B N G G E E X A N R R N P U E S E
O R P D I X O R I Q T F E A E S O P S D
C D P C N O I T C A H H T T R A G E D Y
E L A T N R E T S E W J I P C Y H H S M
X L N P T I P Y Q U X W L E X X M T B W
```

Solution on page 370

Smelly

ARMPIT

BACON

BAKING

BASEMENTS

BIRDCAGE

CANDLES

CHEESE

CIGARETTES

COLOGNE

DECAY

DIAPERS

DUMPSTERS

EGGS

FEET

FLOWERS

FRUIT

GARBAGE

GARLIC

GASOLINE

GRASS

INCENSE

LAUNDRY

MANURE

MILDEW

MINT

MUSK

NAIL POLISH

NEW CAR

ONIONS

PETS

PINE

POTPOURRI

ROT

SEWAGE

SHAMPOO

SKUNK

SMOKE

SOAP

SOCKS

SOUR

SPICES

SWEAT

TOILETS

VINEGAR

WET DOG

```
W W S X T I A C P R R Y N I O C Q Z A J
J W E D L I M H L I B A U B Z E C S C N
P F W D G G P L T I N C E N S E G D H R
Y L A O T N R M R F G E C R Q I A J P C
I K G A I I M D R N A D Z S K J V B P P
N D E R T K C I G A R E T T E S A O S Y
H W R T T A S L F I L D U M P S T E R S
S A Z W G B S T E L I O T B E P K D E E
H K W E T D O G L P C P E M O R N N W L
F W G K I D N Z G O E S E U C U N O O D
U O L N U J I Z S L P N R T A O P C L N
D M X K R N O K M I T R I L S S O A F A
N N U H F N N D C S I W F L G L F B O C
Q A L S E U S E I H R H B R O E Y K K S
K S M Z K O S E G A B R A G E S E E H C
Y G U S C Y G X C M P S N T E S A F R F
L J R K J G G W E P S E R U N A M G N U
M Z S C J W E M R O N A R A G E N I V Q
W G J L V N U S M O K E Q S S F E R N E
I A L R A O N R H K T H U O U X A P V T
```

Solution on page 370

Into the Forest

ASPEN

BATS

BEAR

BRAMBLES

BRANCHES

BROOK

BUSHES

CAMP

CANOPY

CHIPMUNKS

CREEK

DEER

DOGS

ELK

FERNS

FIR

```
H O L P M Q D W S E B M S I L M X O D L
E Q E J V N J A O I E N K S R S N E P P
B Q V I B N A O W E D D S H K I C X E P
B X O M G W M T C O I Q Z C P X U S Q N
D R A T E I U Q G P B Z O L W S Q L E D
W E S V H C T I B B A R E V I R W T I A
K R P J G A U E T P S L A M M A M X T N
S Z O K F P A R A C C O O N R B T N Y G
V M S W O R X R P R B Q A U C A N O P Y
O O P R L O U Q E S S O M S H H L O H F
M A M J Y S R E W O L F D L I W E S O R
L I A R T N K B P V T H T A P D S S R F
F F C L E R S T R S M B R A M B L E S Z
D C I E S E M O T A S E H S U B A T E J
O N Y R E F D A B M T A H R N S C I W P
G F M R U L B K P N I R H Y K E N G L N
S N T C B G K B U L E S M I S E V A E L
M H T L J C P H G W E L G N U J N P K F
A W P D Y Q W E S O O M I U O T S I D E
T B B L U Q S J U Z X L O G S A X U P F
```

HORSE	OAK	SHREWS
HUNTER	OWLS	SHRUBS
INSECTS	PATH	SNAKE
JUNGLE	PINE	SPRUCE
LEAVES	PLANTS	TRAIL
LOGS	QUIET	TREES
MAMMALS	RABBIT	WILDFLOWERS
MAPLE	RACCOON	
MICE	RIVER	
MOOSE	ROCKS	
MOSS	RUSTLING	

Solution on page 370

Market Trading

```
J J I X N Y A S K Y P P L R Q A X R Y F
W I A S E D D Y R E T U R N I E C M N F
Z T N F E D X G T P U B L I C S X A P H
B J B N Y Y N N W I I X Y E C D I Y I S
O O M Q S Y B I T O K Y O F F E R N N L
U T N P Q M O T T H F U T U R E S O G D
X U V Z O R W A L L S T R E E T I Z I G
R J C U N O G R L M K N G V I T K V Z A
G L M S Y S V A A S E V I T A V I R E D
R I M W T T L Y I T E N U L N D W A Z W
E B W O L N T U C N Y T U D E A L E R Z
Q Y C D C I O V N E I G A N S D S B C F
S K A O U O R G A O E V D R S E A D C A
S I T Q R P O R N R K S H D O F S R A L
E Y E V V B N S I I N I E S I P E C T Q
L D I E E I T H F O G T T N E C R E P M
L W K E N Y O V I H S D V Y S E A O U U
F T U G L A U T R I V E E Q Y D H J C D
G X S K U D P B L L S L D H N S S O R G
A E M U L O V A F T E K R A M U T U A L
```

BEAR
BUY
CORPORATE
CURVE
DEALER
DERIVATIVES
DIVIDENDS
EARNINGS
EQUITY
FINANCIAL
FUTURES
GAIN
GROSS
HEDGING
HIGH
INDEX
INSTITUTIONS
INVEST
LISTED
LOW
MARKET
MUTUAL
NASDAQ
NET
NYSE
OFFER
OPTIONS

PERCENT
POINTS
PRICES
PUBLIC
RATING
REGULATIONS
RETURN
RISING
SELL
SHARES
STOCKS

TOKYO
TORONTO
TRADE
VIRTUAL
VOLUME
WALL STREET
YIELD

Solution on page 370

Reader

ACTION
ADVENTURE
ANTHOLOGY
ARTICLE
AUTHOR
BATHROOM
BED
BIOGRAPHY
BLOG
BOOK
CHAPTERS
CHARACTERS
CLASS
CRIME
ENTERTAINMENT
EPIC
FANTASY
FICTION
GENRE
HORROR
HUMOR
ILLUSTRATOR
LEARN
LETTER
LIBRARY
LIGHT
MAGAZINE

NEWS
NOTES
NOVEL
PAPERBACK
PLOT
POEM
RELAX
REQUIRED
RESEARCH
ROMANCE
SAGA

SETTING
STORY
STUDY
SUSPENSE
TALES
THRILLER
UPDATE

```
R E E Q S U E J N C S N I U I A H R Q W
M G S E Y O R U L Q W B W J M H U M O R
A E L E C R V C I P E L C I T R A O G T
T A C K T N A M O A N O Z E R G V O E H
T J N J C T A R F R C G U T A O R R N G
G C A T S Q I M B D T T C Z I L H H R I
A F G Q O T Y N O I T C I F R E T T E L
T N Z L B L U W G R L N D O C A G A U N
S P O E M U P D A T E R S L N R N B A A
P F D V E H E I Y I O U A T H N I D P A
H Y A O A P Y R O T S S A G A O V A A R
T D E N X L D A A P S R V R G E P H A O
T J M U T O K R E R X C E R N E U N F R
E H I I J A T N E M N I A T R E T N E R
P A R I U S S T O O A P U B C H D Q T O
W E C I U E P Y R T H R A N O A U G S H
O A T L L A S E E Y E C V L O I R A A K
A G L R H L L B O O K S O N R K I A E I
Y I H C R A E S E R D G W E T L K B H F
J K K Z X Y D R Z U Y T D Y G K O I I C
```

Solution on page 370

Instagram

```
G C Y B C P R A N H O T H F Z M V A F R
R S G N I T A R P N I R S O S V O O A G
U X R L I K E S G X F A N S E N B U N L
F O H E N J B C S K R E S O L U T I O N
G F E A T U R E I E E H P I X E D F C S
P Z O Y Z L R D S V G X N H P A A O E X
Y L T Z A A I C M I E E H R O C O R L T
B U A Z W D T F D N I D E L E T V H E N
M D S T C Z V A C S R P P B S I O X B H
X I F E F R Y E G Y K U O V C B T E R F
D O R J R O G L R S E O F E C O W T I I
S R Y A D S R U H T K C A B W O R H T I
O D H C W T F M C R I C N S P M J S I Q
C N M C I S Y O S O M S E I F E E G E M
I A G O O M A S M G G E Y F R L N S U
A O V U H P O P U L A R I R U A I I B K
L P I N U O O R A M A B E T S N B R K A
J D D T P U B L I C B E C R F G O A G C
G O E S U H K Y C A V I R P P A M H E S
K R O W T E N A A M P R O F I L E S B C
```

ACCOUNTS

ADVERTISERS

AMARO

ANDROID

APP

BOOMERANG

BUZZ

CELEBRITIES

COMPUTER

DEVICE

FACEBOOK

FANS

FEATURE

FILTERS

FREE

HEART

IMAGES

KEVIN SYSTROM

LIKES

MIKE KRIEGER

MOBILE

NETWORK

ONLINE

PERPETUA

PHOTO

PICTURES

PLATFORMS

POPULAR

POST

PRIVACY

PROFILES

PUBLIC

RATINGS

RESOLUTION

SERVICE

SHARING

SOCIAL

SOFTWARE

TAGS

TEXT

THROWBACK THURSDAY

UPLOADING

USERS

VIDEO

WEB

Solution on page 371

Apartments

BATHROOM
BEDROOMS
BUILDING
CABLE
CITY
COMMUNITY
COMPLEX
CONTRACT
COURTYARD
CRAMPED
DWELLING
EFFICIENCY
ELECTRIC
ELEVATOR
ENTRANCE
FLAT
FLOORS
FURNITURE
HOME
KEYS
KITCHEN
LANDLORD
LAUNDRY
LEASE
LIVING
LOFT
NEIGHBOR

PARKING
PENTHOUSE
PETS
POOL
RENTAL
RESIDENCE
SECURITY
SHARE
SINGLE
SMALL
SPACE

STAIRS
STORAGE
STUDIO
TENANTS
TOWNHOUSE
UTILITIES
WINDOWS

```
W K U H A Z D M V V Z V C C Q D N U Z G
Z X Y W U S T A I R S W O D N I W J W S
M T J E R F A P S T U D I O L B K D M Y
R K L W K D L A O Y R D N U A L W F E O
U C R D B P F R N E H C T I K E A D F D
A T P O A O A K S R E N T A L A R M Y B
R E I S T G L I V I N G D L S A S A S V
F C L L E A D N G T Q Y I U Y F Y C Y G
F A C G I E V G F U R N I T U R E O H W
K B Q U N T F E H M G L R L C W K N L V
L L E C S I I F L P Y U M O O R H T A B
G E E D D E S E I E O M N F M O J R N U
F X A M R H C A S C S E E T M H F A D I
S S E S O O L U D H I U W C U V L C L L
H T R L E H O E R G A E O L N Z O T O D
U N E D P H P M H I K R N H I A O C R I
E A U P N M L B S W T B E C T X R I D N
H N M W A O O E U A U Y K U Y N S T D G
M E O R L R O C X C I R T C E L E Y N K
A T C A R X P Q P T H H J R E C A P S E
```

Solution on page 371

Rich Life

ABUNDANCE

ACHIEVEMENTS

AFFLUENCE

BLISS

BONDS

BUTLER

CARS

CASH

CHILDREN

COMFORT

DONATE

FAME

FINEST

FOOD

FORTUNE

FRIENDS

GOLD

GOURMET

HAPPY

HEALTH

HOBBY

HOUSE

INVESTING

JEWELRY

JOY

MANSION

MONEY

OPULENT

PARTY

PEACE

POOL

POPULAR

PRIVILEGE

RELAXATION

RICH

SATISFIED

SECURITY

SPEND

STOCKS

SUCCESS

TENNIS

TRAVEL

VACATION

WEALTH

YACHT

```
H M L R P Q Q S H K O V L J J V S N X D
M S A T L E I H E E A Z D O N A T E F S
G T J N S R A B T Y S R H L B B O N D S
C E H I S E A C E F O R T U N E G E G T
Y N I C F I N V E S T I N G B P I O R L
Z N E R A J O I I P U D G S I F U A L Z
J I A I S Y D N F E A O S L S R V H R D
M S K C O T S Q N N X E H I M E O P E N
R X W H L H N T C D E M T E L Q C F L H
S R L P J D R E L A X A T I O N A C T Z
X S A N O O C L M T S F H C E O R L U O
D U M L F O P U L E N T H C Y H A U B S
P O Q M U P L L L K V I N R W E A L T H
D W O K S P R I V I L E G E H F N P F E
O C U F S D O V R D U N I O D R G O P X
A C H O I J N P R L Q Y Y H S A C Y M Y
Z C A O L T I E F C H N S E C U R I T Y
O R X H B R N F I A A N O I T A C A V I
X C A X G B A Z Y R L E W E J I L J U U
G A P A R T Y O J S F A Y V U T R X F T
```

Solution on page 371

Start a Business

```
D I F R V O I L K U S Z D L L E K V X Y
E T F C R E D I T N A R U A T S E R B E
B C U L T U R E N D E D R U C I T E O L
T E P I O G G G V Q D E L D T H A N H A
A R U V G N N I U M T I U I J C R N X M
X U B E I O S I J A Q E U V W N E A G A
E T D L H O T T L U D S L I A A P L N N
S N L I R Y I L I L R E O D C R O P I A
L E J H T G O D O U A Z C N C F Q E Y G
S V P O S C A W P W S C A I O X K E U E
T A A O C T O U E Y T I L A U Q S Y B N
O W R D I S T R I B U T O R N I T O O I
R U T O I N D E P E N D E N T L C L O L
E Y N R X Y W S H O P G Y A A E U P K N
N H E E H N E C I V R E S I N N D M K O
H U R E T A V I R P Q A C S T D O E E T
O J S R W P R O P R I E T O R E R V E I
X H H A O M L A T I P A C I Q R P P P B
O E I C R O K I O S K S F Q O S O N E I
H R P T G C G E N T R E P R E N E U R N
```

ACCOUNTANT

ADVISOR

AUDIT

BOOKKEEPER

BUYING

CALLING

CAPITAL

CAREER

COLLATERAL

COMPANY

CORPORATION

CREDIT

CULTURE

DEBT

DISTRIBUTOR

EMPLOYEE

ENTREPRENEUR

EQUITY

FRANCHISE

GROWTH

INDEPENDENT

INDIVIDUAL

KIOSK

LENDERS

LIQUIDATION

LIVELIHOOD

LOCAL

MANAGE

ONLINE

OPERATE

PARTNERSHIP

PLANNER

PRIVATE

PRODUCTS

PROPRIETOR

PURSUIT

QUALITY

RESTAURANT

SELLING

SERVICE

SHOP

SPECIALTY

STORE

TAXES

VENTURE

Solution on page 371

Treasure Chest

```
Q K S I T I G O H I C C L I S V E P K G
T J T T Z P A N I C I J Y F P I V M G K
R M T Y P S R F O I B V W Q O Q A G A Y
R P M K E A F I K C O R J Z R I C H E S
U U I W M N M G Z X S A I J R X G N J F
Z H S D O D O S T E G G U N X N U S S N
M U I T I O E M E R A L D S G T A L E H
Q Y C E E U D H D C D H C M R S R D C A
I H P G P A R E N I A T N O C A D A G S
Z Q S K M I L C N B O L F V E I E J I T
H N L N E A R N R Q N C K P H B D L P U
L D N A E C O A K Z V B A C S T V U Z R
B Y D C T M C D T A S D U Y E E O X H D
C U N S U E J N L E T O P R R N K O Q Y
Q O O M L C M U I A W P K I I L L R L J
C M P E G L A B F H E A V Y H E E F R U
C G T G O B U A Y F A L O R P S D W J N
E S T S L R O Z X K L S J T P L O K E Y
W I T E D N G G F S T A N Z A N I T E J
N I T Q S M N Y X R H M C A S H P O C Y
```

ABUNDANCE

BEACH

BRACELETS

BURIED

CASH

CAVE

CONCEALED

CONTAINER

EMERALDS

FORTUNE

GEMS

GOLD

GUARDED

HEAVY

HIDDEN

HOLE

JEWELRY

KEY

LOOT

LOST

MAP

METAL

MONEY

NECKLACES

NUGGETS

OCEAN

OPALS

PEARLS

PIRATE

PRIZE

RICHES

RINGS

ROCK

RUBIES

SAND

SAPPHIRES

SEA

SHIP

SILVER

STEAL

STURDY

TANZANITE

VALUABLE

WEALTH

WOODEN

Solution on page 371

Musical

ARTIST
BAGPIPE
BAND
BELL
BOOM
BRASS
BUGLE
CELLO
CLASSICAL
DANCE
DUB
ENJOYMENT
FAVORITE
FIDDLE
HARP
HORN
INDIE
JAZZ
KEYBOARD
LISTEN
LUTE
OBOE
ORCHESTRA
PERCUSSION
PIANO
POP
RECORD

REED
SAXOPHONE
SNARE
SOUL
SPEAKER
STEREO
STRINGS
SYNTHESIZER
TAMBOURINE
TECHNO

TONE
TRUMPET
TUBA
TUNE
VIOLA
WOOFER
YODEL

```
R S N V Q C A H H M C Q F N Z D S M T B
F M Q V O Z C Q J M R T S H O R N T U U
Q E A O V E W X H Z W R E F O O W G S Y
B W I A C E E A L E I Z P Y E C L N Z H
H X A D C I L T N E M Y O J N E A L Q K
Z V I M E Z D S O W Q D P F X R A S E L
R U C O N N D T I R E E X D E F Y Y U C
W N C R T H I E S L B E L W Z T R T H F
D C C C E R F R S W D R A O B Y E K B C
I U T H P Z E E U G B U C V W N K R J H
K L X E M I I O C O E T I R O V A F A J
D H G S U H I S R C B U S T L S E R Z Y
D Z K T R I T E E M F M S S S I P Q Z F
H B W R T R O I P H T A A I A G S A L K
C V A A I N I D U I T O L T L H M T I B
N E C N A D J N S G P N C R O N H C E T
H E G I D T S I M Z Q G Y A I L E L D N
K S P Z L E N O H P O X A S V N L U J L
R A Z O F O O B O E Q T A B U T B O A R
J Y I P M B Y Y R B I B U T U F L S E Y
```

Solution on page 371

Bike Tire

```
B I K E V I S N E P X E X R N G I B R L
S D R P O P K I E P R N I E F F I Q F A
Y H W D V E L G Y M E O G B Q S M K J I
X X F L I D G P P R F W P B U L J T S M
J V U I F A I P U R L Y T U R N I N G J
U Z P Y E L M T A T E S G R L C V O F U
K L H N S K C E T R C S B A R S M R I A
K F B G I N E K T B T I S A T V I F U N
I P G I U G Q S C E O S R U L H R O G A
P M U P N O I T C A R T B C R L O C N D
L W B A O Z T L J O L E I B L E O A I E
D R H E E L A I L C X B K R T E S O C J
D C N E V H N M R O H C T A P I P D N F
U H N K E I R U G V R G T K D G D D A H
J C P E P L Q W D A F O R E H C N I L C
C O Y S P O X L E L R J W G M A X L A Q
S R V T S K F R A V B A A A M S T O B E
N I E E I B I T Y E L C Y C C I Q S B L
M K A M N M W Q A L S P E E D N U O R J
H K P J W A S D F E K U L T J G K N S R
```

AIR

BALANCING

BALLOON

BEAD

BIKE

BLACK

BRAKE

CASING

CHANGE

CIRCLE

CLINCHER

CYCLE

DIAMETER

DUNLOP

EXPENSIVE

FLAT

FRONT

FUN

PARTS

PATCH

PEDAL

POP

PRESSURE

PROPULSION

PUMP

PUNCTURE

REAR

REFLECTOR

RIM

ROLL

ROTATE

ROUND

RUBBER

SIDEWALL

SIZE

SOLID

SPEED

SPIN

STEM

TOUGH

TRACTION

TUBE

TURNING

VALVE

WHEEL

Solution on page 372

Printing Machine

```
N D F T U E M Y K E Q N S A K J S F V L
R A X N C X T F R Y V M L Q A I V U C C
M E P U O Y M P T M E C H A N I C A L E
T L C M P I W O R D S R S K G S W E O T
L Y A E Y F T E A E G I H X U E D U T A
L H A M A T L A A P S L L X T S E Y H L
G W U S Z E E L C R C S W A E S E G A P
F Y T W X C P N B I S J U R N E P M C T
K D H X A H B R R H N U N R B R S U X K
E V O S A N U C E Z O U K B E P U N O P
O Y R B I O U E M F I U M D R W F O N T
V K E R L L O R G A S F N M G E B I J F
N T S V A O B Q N D S N N E O R Y T V U
S G E T E G N U E U E S A Y W C U C Y Y
R I I K S Y D L P F R L U R A S Z U V A
T O N S S R B V G F P T W R T Y R D E K
N F Q G E I E F O R M E E O F B L O C K
B Q M P B D R Q F X I T Z C N A S R Z N
O W A X I H H F E C I V E D T K C P L B
K P K T M O V A B L E I B R E T T E L X
```

ALPHABET
ART
AUTHOR
BIBLE
BLOCK
BOOK
CIRCULATION
CLOTH
COMMUNICATION
COPY
DESIGN
DEVICE
EDIT
FAST
FONT
FORME
FRISKET
GUTENBERG
IMPRESSIONS
INK
JOURNALISM
KNOWLEDGE
LEAD
LETTER
LITERACY
MASS
MECHANICAL

MOVABLE
NEWS
PAGES
PAPER
PLATE
PRESSURE
PRODUCTION
PUBLISH
ROLL
SCREW PRESSES
SPEED

SURFACE
TECHNOLOGY
TEXT
TRANSFER
TYMPAN
TYPE
WORDS

Solution on page 372

The Earth

ANIMALS

BIRDS

CANYON

CAVES

CLOUDS

CONTINENT

CORE

COUNTRIES

CRUST

DESERT

EARTH

EQUATOR

FAUNA

FISH

FLORA

FORMATIONS

HUMANS

INSECTS

LAND

LIFE

MAMMALS

MANTLE

MEADOW

MOON

NORTH POLE

OCEAN

ORBIT

RESOURCES

RIVER

ROCKS

ROTATES

SKY

SNAKES

SOLAR SYSTEM

SOUTH POLE

SPHERE

TERRESTRIAL

TREES

TROPICS

TUNDRA

VALLEY

VOLCANO

WATER

WEATHER

```
X Z G G F A Q S C I P O R T N W U I B Z
A O I F R E V I R O T A T E S N A M U H
M X I E I Q K P S C U O E L T N A M M O
T S V N F V V D E O D N L P O S W K K J
H Z Q X S I O I V N Y V T Y Q N V K P Z
S X L I Y E L L A V C M N R F A U N A P
A E J P B A C L C A D A E U I K F V K E
B R R F Y X A T P E C A N B M E A D O W
J N D D L N N T S L A M I N A S S S M S
J G M N O O O E L A I R T S E R R E T P
Q I M C U M R V K Q D Z N J Y P T L I H
W X W O U T K A A S R B O O M S P O B E
Y C S R N W F N I E R Z C W Y H I P R R
X R B E A U U T S D U P D S K Y W H O E
T G O G E S N O I T A M R O F E V T Q T
C C A T C R U H I S L A M M A M A U A A
P J M N O R T H P O L E M T O U V O X W
U C F C C R S D U O L C H O Q I E S U M
V J K E A X S F S C E E N E M U J M B N
U S S E S L D C W C R U S T Z M R C L T
```

Solution on page 372

Driving Around

```
E T K B Y S Z P R P O R D C Z P J R G R
Q Z T C P S S I T G G K Q M U S I C I M
I H A N U S Y A V E N U E C F L R O W I
Y A L M F R I E N D E I X V J O E A S Y
L B T P I R T N X J D T C A A O N S M F
Z G I J G L I M A P G D U D P D B T X P
G R M Y D S S A G Y E N R M E S P E E D
O S H O P P I N G S T R S R M L I R Q A
S M I I F A V O T E G N I T U O U O T J
V F G E I U F I V S E N O E B T C U U I
I W H S Y V N T G I G T N M N G V T X L
K G W U S A R I E U U L S E N C T E S V
L Y A M T N W D Y R I H V I X R E N A L
P R Y I R T X E R C N D R O E P U J J G
N T O L A Z X P E M A O Y K Z M T O A C
A N U E I Y L X L R L D O A S D Y Y T K
K U G A L I V E A P F S D N A R R E E H
V O M G N I P S X C I U B R I D G E I T
A C U E V Y O E I J G W N D A A Y S O I
Q V I U C Z Y T R X Y M E S R C Q J H E
```

ADVENTURE
AFTERNOON
AVENUE
BRIDGE
CAR
COAST
COMMUTE
COUNTRY
CRUISE
DESTINATION
EASY
ENJOY
ERRANDS
EXCURSION
EXPEDITION
EXPERIENCE
EXPLORING
FREEWAY
FRIEND
FUN
GAS
HIGHWAY
JAUNT
JOYRIDE
LANE
LINE
MAP

MILEAGE
MUSIC
OUTING
RAMP
RELAX
ROAD
ROUTE
SHOPPING
SPEED
SPIN
TOUR

TRAIL
TREK
TRIP
TRUCK
VAN
VISIT
WANDERING

Solution on page 372

Study Time

```
V R O S J Q N I K Q T U T O R E V I E W
W S H S E D I I L L A H K E I K M G S Q
V L S M L L T V O E T G R V L T S H S W
D E M A X E B O H E A A P U E E C Y A K
X V N R L V H A S E C R U O S E R R Y E
R I E C U C L T T N E M N G I S S A S P
F V Z B S T A T I S T I C S E K X R B U
G J I T L A T E N I G H T S Z R U B A O
X L R T I M E L I M I T U E L O V I L R
K S O T F O C P U G R B A I C W A L I G
Q T M S T E A C H E R J T D K E P S A R
U U E A S S W L N K H S I L P M O C C A
E D M H R A I T H H O N O R R O L L H M
S Y H I L G R E F E R E N C E H Q F I M
T I B S H A A Y C P S T L U S E R G E A
I N L T P K M I D T E R M S E X C R V R
O G E O M G U I D E S L G R A D E S E E
N R X R G Y N W T A N S W E R S F I A A
S L E Y D W N Z D R I L L E C T U R E D
S N H P K A T P E M R W D C H R F E R G
```

ACCOMPLISH

ACHIEVE

ANSWERS

ASSIGNMENT

CLASS

COURSE

CRAM

DIAGRAMS

DRILL

ESSAYS

EXAM

FINAL

GLOSSARY

GRADES

GRAMMAR

GROUP

GUIDES

HIGHLIGHTERS

HISTORY

HOMEWORK

HONOR ROLL

LABS

LATE NIGHTS

LEARN

LECTURE

LIBRARY

MEMORIZE

MIDTERMS

PARTNER

PUNCTUATION

QUESTIONS

READ

REFERENCE

RESEARCH

RESOURCES

RESULTS

REVIEW

SCHOOL

STATISTICS

STUDYING

TABLES

TEACHER

TEST

TIME LIMIT

TUTOR

Solution on page 372

Lots of Grains

```
O A V O M Z A K D N Y N H U C P O D O U
D P B V M U H G R O S E F R P N M T T M
C C V T Y K Y E L R A B F M D B Y M I L
N I I B U Q F N I E T O R P T U F N P I
L S O I X I R D G R S N H B Y T E E O P
H G V A N U T R I E N T S E V R A H L W
T R C E T O R T I L L A S S A R B A M L
M V D T F S I G A I J R C L L E N R E K
Z G A D V C R A C K E R S E G T A I A B
T A D Z A E R O L L S N D R R F A U Q N
G D U L L U M N Q P I A A W D E L L U H
S S E L B B L V X M F S M O E B A N I C
O T A Y I S K L A T S O F L O U R L N O
O D Y N P A S T A E U C O P H O Y E O M
U T E E Q Y I E E W L H L D C X F L A X
E Y L K O V H D O Z W E I T M M X I V D
A T S N O W V W A O A Y M O S R Z I T Y
P K M L E O G Z E K D S R Q I E O R V K
B P M S C P C Y A W W K Y C L G R O W W
P M G I Z W S U Q X H Q E Y O O I N H X
```

ALLERGIES

BARLEY

BRAN

BREAD

CEREAL

COMBINE

COOKED

CORN

CRACKERS

FARM

FLAX

FLOUR

FOOD

GERM

GRASS

GROW

HARVEST

HULLED

IRON

KERNEL

MAIZE

MILO

MINERALS

NUTRIENTS

OATS

PASTA

PEARLED

PLANT

PLOW

PROTEIN

QUINOA

REFINED

RICE

ROLLS

RYE

SEED

SILO

SORGHUM

SPELT

STALKS

TORTILLAS

TRITICALE

VITAMINS

WHEAT

WHOLE

Solution on page 372

Educational Talk

```
I Y N Y L E S S O N O I T A C U D E B P
N T E A A T Y Q R D C E Y E V N O C H M
M O C G J H S M Y X E Q U A T I O N S Z
R S T G E Q N O I T A R T S N O M E D K
O R V E K L T J R D G U T O R M K R S G
F E S I S Y L A N A B U I K A O A E T C
T E D P J P H O U G D T N S E T E F A A
A H N I I C O D C E A L T P L I P N G R
L C L I V E I D N C L B E R P V S O E T
P T A P L T L T I A Y W R O O A S C C I
S I R D O T S N H U J S P F L T U C N C
W P O R E E U A L X M S R E I I C X E U
N O I T A M R O F N I E E S T O S O I L
R U Q G M A I R O T A R T S I N I M D A
M R M O N Z H C A E T D A O C A D H U T
H C C G C O U R S E A D T R S L Q D A E
A S U B A L L Y S O L A I G B P M G D E
D E X P R E S S X A K N O W L E D G E Q
B A W Q F V I P R E S E N T A T I O N G
E I F C Z Q S H B H X I Z B B S H U V K
```

ACADEMICS

ADDRESS

ADMINISTRATOR

ANALYSIS

ARTICULATE

AUDIENCE

AUDITORIUM

BLAB

CHART

COLLEGE

COMMUNICATION

CONFERENCE

CONVEY

COURSE

DEMONSTRATION

DISCUSS

EDUCATION

EQUATIONS

EXPRESS

GAB

HALL

HARANGUE

INFORMATION

INTERPRETATION

KNOWLEDGE

LEARN

LESSON

MOTIVATIONAL

NOTES

ORAL

OUTLINE

PITCH

PLATFORM

PODIUM

POLITICS

PRESENTATION

PROFESSOR

SPEAK

SPIEL

STAGE

STUDENTS

SYLLABUS

TALK

TEACH

VIDEO

Solution on page 373

Bus Ride

ACCESSIBLE

AIRPORT BUS

BIG

CAMPAIGN

CHARTER

CHILDREN

CITY

COACH

COMMUTE

DESTINATION

DIESEL

DOORS

DRIVE

ENGINE

FARE

FUEL

GAS

LARGE

LUXURY

METRO

MINI

MOTOR

OMNIBUS

PRIVATE

RIDE

ROAD

ROSA PARKS

SCHEDULE

SCHOOL

SEAT

SHORT

STATION

STOP

STREET

STUDENTS

TICKET

TOUR

TRAFFIC

TRANSIT

TRIP

TROLLEY

TRUCK

VEHICLE

WHEEL

YELLOW

```
V L U O T R O H S O P Y S T J V N K O P
T R I D Q E V C C I T I O A Y T A E C O
E M R Y O L H C H Q E U P O Y D P M F F
U B S E G O U R E T R A H C O M M U T E
V J M L O M R X D E N F G H J E Y A I Q
E C W L A V G S U E Z Z W Q M L C Z S U
N A M O T O R D L R B L Y S Y C K E N O
M O I W T U T S E T Y V U E E I R O A D
L F I E V D T T R S Q B N S Y H S E R E
N E Q T N R A O Z T T I S U T E K V T N
E E U T A E L P M R G I T I I V R W H O
F J R F S T P E O N B Y N J C O A C H R
I S F D C A S P E L I I E A P L P D T T
Q I G B L V R D E H M B D L T F A R E E
C A M P A I G N C I W P U R L I S R V M
S Q U C A R H T E K C I T S I O O I G M
V M H K J P R C R A L E S E I D R N A E
X O U Z P U L P G I B N P F F D E T I K
S B Q J C X L Z J T P A F O U H X D G M
E K R K E I U F D J P D Q U J J H C H Z
```

Solution on page 373

Keep a Diary

AGENDA
BOOK
CHRONICLE
COIL BINDING
CONFESSIONS
CRUSHES
DAILY
DATE
DECLARATION
DESIRES
DIARY
DRAWINGS
EMOTIONS
EVENTS
FEARS
FEELINGS
GOALS
GRATITUDE
IDEAS
LISTS
LOG
MEMENTOS
MEMOIRS
MEMORIES
ONLINE
ORGANIZE
PLANS

PRIVATE
QUOTES
READ
RECORD
REFLECT
REVELATIONS
SECRETS
SENTIMENT
STATEMENTS
STORY

THOUGHTS
TRAGEDIES
VACATION
WISDOM
WISHES
WORRIES
WRITE
YOUTH

```
L K E K C C S E H S I W R I T E M D N R
W S W N B R P Z H G M I J R I P D O I V
I J N T I J U Q V P J D R O C E R S I C
S O Q O C L J S P S T N E M E T A T S J
D E M P I U N S H S N A L P G T W E T C
O E T V A T K O A E S O G N P U I R N O
M M L A K C O N F E S S I O N S N C E B
U D S C V V O M O I D D E T L B G E V A
H B A A U I B R E I N I S I A E S S E A
K S O T O Z R T Y I T E J K R L L G D W
W X G I E Q L P B L R A L T C O E M K F
C H R O N I C L E I I V R F J S M V H E
S G A N P Y I F S T L A K A O N L E E A
T E T C R O A E S C G R D T L I Q Z M R
Y V I O C G D E T E R D N O S C U C H S
Z U T R E X T L D L S E N T I M E N T L
D S U N R O S I R F M X S Y R A I D U A
P A D A U O E N K E Z I N A G R O X O O
W A E Q S S W G M R N E I N B L T Z Y G
G S F R A O M S T H G U O H T T K F T A
```

Solution on page 373

In San Diego

BAY
BEACH
BIOTECHNOLOGY
BORDER
CALIFORNIA
CHARGERS
CITY
CLIMATE
COAST
CORONADO
COUNTY
CRUISE
GASLAMP
HARBOR
HILLS
HISTORY
HOT
LA JOLLA
LEGOLAND
MEXICO
MILITARY
MISSION
MUSEUMS
NAVY
PACIFIC
PEOPLE
POINT LOMA

PORT
PRESIDIO
SAFARI PARK
SEAWORLD
SKYSCRAPERS
SPANISH
SUN
TIJUANA
TOURISM
TROLLEY
UCSD

UNIVERSITY
VISIT
WARM
WATER
WEATHER
WEST
ZOO

```
A Q I L H M X O Q Y R U E J K G B E V G
J N E L P O E P Q E V V G S B H C A E B
F I J C Y M S X N S A F A R I P A R K A
G A P R E S I D I O O S S E O T L Q T Y
E E J U Q R Y L L C M X L P T T I S I V
S S C Y R O T S I H O R A A E D F N Y T
B I H Z E B N F Y T I C M R C H O K S H
S U T L D R U S A S A O P C H M R W O W
U R S Y R A O P V P L R R S N D N P S P
I C E H O H C A C T S O Y Y O N I E O H
H M W G B G R N N L L N M K L A A R O A
Y T I S R E V I N U L A E S O L T T F G
F E U S L A O S T N I D J Z G O S R S U
A K X T S P H H O T H O I O Y G A O M X
P A C I F I C C N W S L P O L E O L U F
T L N J J V O O C U E T A M I L C L E E
O L C U N E W N U C S D L R O W A E S P
L W E A T H E R E T A W A R M Y G Y U U
E C V N K Q Z L W I X U T O U R I S M A
E Y J A W G D Q N A H F T D L A P D X F
```

Solution on page 373

Lunchtime

APPLE

BAG

BITE

BUFFET

CHEESE

CHIPS

COMMISSARY

CONCESSION

CONSUME

CRACKERS

DEVOUR

DINE

EAT

FAST

FOOD

FRIES

FRUIT

GOBBLE

GRILL

GYRO

HAM

HOAGIE

LUNCHROOM

MEET

MICROWAVE

NIBBLE

NUTS

PANINI

PASTA

PIZZA

QUICK

REST

SALAD

SANDWICH

SMOOTHIE

SOCIAL

SOUP

SWALLOW

TABLE

TRAY

TUNA

TURKEY

VEGGIES

WRAP

YOGURT

```
Q J C N J X M U E J D H H T N T F X J O
J H O O F C D Z T M V G U S E Y Q I D I
Q T M Y N S T I G B U F F E T U N A T K
A U M E I C U J W Y V S M O L D R A H R
E S I Y S R E K C A R C N G O P Y T B M
V A S C F L X S C Y P O S O H C P S T C
F J S G L U W H S K M N F P C T R A Y T
C Y A I R Z E R E I O J D S I V J P O A
W Q R F C E I H T O O M S O W H A H S B
C G Y S S E I R F M R N R O D A C T T L
L V I E T W I E W M H C U L N W L S A E
B H S S V T N M M I C R O W A V E L L H
H H A Z Z I P A N I N I V Y S R H B O H
H F L W D J K H M W U Y E K E Z B E B W
E W A H Q C I C D G L K D R I O G K S R
U B D P J Y N K I A R X E I G A O H R A
Z R P H X S F U I U S G Y O G U R T B P
W C G U B G S C T E Q U Y A E L B B I N
N C X S O S O X Y S M O B C V A C A T Q
Q Q L V R S O H T N I Z R L W C T K E D
```

Solution on page 373

Morning Rituals

ALARM
ALERT
AWAKEN
BATHROOM
BED
BLANKET
BREAKFAST
CHORES
CLOCK
COFFEE
COMB
COVERS
DRESS
DROWSY
EARLY
E-MAIL
EXERCISE
FAMILY
JOG
LATE
MAKEUP
MORNING
PHONE
PILLOW
PINCH
RADIO
REFRESHED

ROUTINE
SHEETS
SHOWER
SLEEPY
SNOOZE
START
STIR
SUNLIGHT
SUNRISE
SUNSHINE
SWIM

TOOTHBRUSH
TOWEL
TRAFFIC
WARM
WASH
WEATHER
YAWN

```
L C G M J A M U C S R X R L E G C J J D
X L O Q L M T K U T Y A W N T P Y G E T
E E F P I L L O W A M R A O G O J K I U
K Q H W A R A D O R O R R K W R W J F Y
Z W S N M S T R Q T Y D M O U I M E U R
G C E D E B Q E N O H P O T S T R E L A
R G D O O K B S X T M B O P Y S A L O D
R I N S D E H S E R F E R E A M L J C I
P J A D K G B S E G O Y H U T G A H Q O
A S Z M M S U N L I G H T D S W M P O O
U N Y H C N I P Y L I M A F A H O Y S T
H O A S R I T E K N A L B K F C R O E Y
R O J I W Q T P K K W J E A K L N S R M
E Z S W D O E S E Y Z N S C A O I L O N
W E A T H E R U R O U T I N E C N E H G
O S V X F E P D U O E F V I R K G E C Q
H C E F V R O K L E F G P E B Q D P T Y
S A O O G T J I H A J I X E A R L Y D A
S C C M Q E M S R X T E N I H S N U S U
Q T A D B D V T I X D E B A P R R T O D
```

Solution on page 373

Supermarket Shopping

BAG
BEVERAGES
BREAD
BUY
CEREAL
CHECKER
CLERKS
COUNTER
COUPON
CREDIT
DELI
DEPARTMENT
DIAPERS
DISPLAY
DRINKS
EGGS
FLOUR
FOOD
FROZEN
FRUIT
GOODS
GROCER
LIST
MANAGER
MARKET

MEAT
MILK
MONEY
PARKING
PIES
PRICE
PRODUCE
REGISTER
RETAIL
SAFEWAY
SALE

SAMPLES
SHELVES
SIGNS
SODA
SUPPLIES
VARIETY
VEGETABLES
WARES
WATER

```
N V V I V S I O I D O P V N X J N O O J
O S E E A W F D G D Y O B S K D L H O G
R C P W A T E R U S P A O C D P E Z F X
R D F A K Y G Y O M I D J T R O M L G R
O G Z N O N D C T Z A G M I L K O C I K
F M H O I R O R I E E A N A J U N G V H
P J J K N U O M D R I N K S R G E O L T
M T R R P B F I L S P R A B A K Y L G O
P A O O E P M H P E I S A M P L E S A S
P H N N G T R J T L E T M V R R S T K S
V P Y A L P S I D L S N V M O W A R E S
W H Y H G C D I C E E E Y P D A E R B E
R B A S E E H O G E G N G R U L E O T W
A Y W R R P R A R E T N U O C T S I L E
C H E C K E R G T V R S F R E H T R C P
F A F G D E P A R T M E N T E C C F C S
L R A F V C B A D O P P G L M T H R E P
P B S E N L Q K I E C J V G W E A U V Y
Y U B C E M N J Z D R E I Y S T A I W L
U X J S U P P L I E S M R L F D D T L S
```

Solution on page 374

Taking Care of Your Teeth

```
W A W H Z K B H T L L P E W A S H E G I
F P B V L I R G S O N X G P P U V U P X
E F D S Q C A B I I N E T I H W D Q G D
Q L G M C H C U T X L G T D E N T A L Q
C O O Q A E E R I P D O U R R O I L Y R
E S I H V C S C V S R H P E O A W P G V
T S S M I K S S I V T S T T D E C A Y J
U S N P T U C A G M X A H A P F R L E G
P O N W Y P M F N R W P I I R G K L K G
Z H A D O S G N I K A B S N L T I U C C
S B O D S R M K G S A G M E S M A P I Q
C M F S U P C J T C F V U R S T O R P U
G U K L L F W E T S E L T S I R B U H H
K N F Z U B P E D S D D Q E S N I R T L
J T I Y C O R D M I S P A C Q S K A O H
D P L N L I R U D E X E D I W N E P O J
S P L B A L G I S R S O A G L R N L T Q
D A I S C E V P D H H X R B B Y Q J E Z
V D N Z J F L T E E T H H E A L T H Y X
U G G R Z K R C R K V G O F P U M U K B
```

ABSCESS

BACTERIA

BAKING SODA

BRACES

BREATH

BRISTLES

BRUSH

CALCULUS

CAPS

CAVITY

CHECKUPS

CLEANING

CROWNS

DAILY

DECAY

DENTAL

FILLING

FLOSS

FLUORIDE

GARGLE

GEL

GINGIVITIS

GUMS

HEALTHY

LESS SUGAR

MOUTH

NUMB

OPEN WIDE

PEROXIDE

PLAQUE

POLISH

RETAINERS

RINSE

SCRUB

SMILE

SPIT

STAINS

TARTAR

TEETH

TONGUE

TOOTHPASTE

TOOTHPICK

WASH

WATER

WHITEN

Solution on page 374

Drinking Gatorade

ATHLETE

BASEBALL

BASKETBALL

BEVERAGE

BLUE

BOTTLE

BRAND

COACH

COLORFUL

COMMERCIALS

COOLER

DRINK

ELECTROLYTES

ENERGY

EXERCISE

FLAVOR

```
R S Z S A I V B X Y M P B T V F F M R D
S W G S F R F R F U Q G U Y H T Z V M Z
B E V E R A G E I C U P S S Y G B T L M
R A F I L B V S O Y D J L U F R O L O C
A T N O N E S A T L L A B T E K S A B H
N S D S U A C U H R I P R O T E I N G G
D Z U P T H X T I C T R U W I V W B A E
W P X O R E X E R C I S E R O V A L F N
S O P R I N O E S O N W E C F L K I M F
T W R T T C M R T Z L S K O C T L A S H
D E R K I M S W Y A G Y O W M O E E A E
D R U S O C V E B E L T T O B T S Z Y C
S R P C N U O G M U B A S E B A L L E E
Y E M I L S T I A A K D T T S L Y Y C B
P L E D I U Q I L I G E F A A U G I I Z
D O R R S G N L J R L H M R O F R E P T
K O F I G A O Z A H P T U D Q U E N C H
A C Y N W R M P T F X T G Y E G N A R O
R W K K W Z E A D V A W O H P R E T A W
B W X Z E U L B S N S F N Z T K N M R A
```

FOOTBALL	ORANGE	SUGAR
G SERIES	PEPSICO	SWEAT
GAMES	PERFORM	TEAM
GRAPE	POTASSIUM	THIRST
HOT	POWER	WATER
HYDRATE	PROTEIN	WORKOUT
LEMON	QUENCH	YELLOW
LIME	RED	
LIQUID	SALT	
NATURAL	SOCCER	
NUTRITION	SPORT	

Solution on page 374

Words with ON

```
N Z C U E X T J A C O N N N O Z I R O H
S M N O I S S I M Y N O H P M Y S E E S
P B N N N N O I T C I F Y Y U K N S Q I
B J P Y E S P O N G E Z T P F L O P N H
F Y R D T C U N I E H L O C A T I O N L
T F H B E S O L U G T A N Y S C N N O I
T R K K S C E N T E A E R O H A I S I N
C F B D E R I L O Y D L R M I R P E T L
Z R R X I T B S E M X U L C O T O S A G
H E A N N S N D I C Y C L O N N C W L D
E C R O O A R G M O T Y J C N O Y I E Q
R K C I P R I B B O N I S O N C C V R N
C O T T F T N O I T U L O S O O O D N F
C N L I Y N O C L A B T Y N L T C O D Y
M L H S M O O E B A R N T O I H I R P R
S A S O O C D B L A O R N O I T A E R C
U N O P A E W L C N A I N Y A G Z Z X P
V R E T S N O M Y R A N E C O N T A C T
T E N S I O N M Y L I A A N A T I O N K
V T F D N O M A I D Z V H G Q W U U L T
```

BALCONY	MISSION	SOLUTION
BALLOON	MONSTER	SPONGE
BONFIRE	NATION	SYMPHONY
CARTOON	OPINION	SYNONYM
COLONIAL	PONIES	TENSION
CONCLUDE	POSITION	VACATION
CONCRETE	RECKON	WEAPON
CONSULT	RELATION	
CONTACT	RELIGION	
CONTINUE	RESPONSE	
CONTRACT	RIBBON	
CONTRARY		
CONTRAST		
CREATION		
DECISION		
DEVOTION		
DIAMOND		
DRAGON		
ECONOMY		
ELECTION		
FASHION		
FICTION		
FRICTION		
GALLON		
HARMONY		
HORIZON		
LOCATION		

Solution on page 374

Dial Room Service

```
Z R A U B P S R K O F D B H D B X A S W
Y R H F V G W Z O D C P Y R E V I L E D
R X P O M S P R Y E J F B E N O H P I H
X Z E L S B V E R U T A N G I S B C R N
R J V W I P H W J F L G H R C F O E F Z
D I F D G N I P E E K E S U O H Q D Q X
J S T D C Z E T X T B C A B N N T O A N
P D O T L E D N A E H O W M V A Z A L S
O R Z K Y B L M S L P C F A E F P C D K
K N L F R K G X D A I K L H N J O K F C
M F V U D E N I W V T T N Q I V P O I A
L C N R N E J G G Q G A Y R E W O L F N
K C X Z U F S G S L J I S R N D V S D S
H L H T A F Q S U D A L M U T I P W U C
P E R R L O D X E V I S N E P X E O X R
U A U U S C U R M R K N S J A P F L L U
Y N N H A R E E A N T K N E U L L L H B
O C E R Y J A D I A X W E E S I A I A E
H U T M Q J P R D O C C X T R C C P E D
Q Q L A Q W D O Z M P Z A E T O W E L S
```

BED
BRUNCH
CALL
CART
CLEAN
COCKTAILS
COFFEE
CONVENIENT
COVER
DELIVERY
DESSERT
DINNER
DRINKS
EXPENSIVE
FLOWER
FOOD
FRIES
GLASSES
HAMBURGER
HOSPITALITY
HOUSEKEEPING
JUICE
LAUNDRY
LINENS
LUNCH
LUXURY
MAID

MEAL
MENU
NAPKIN
ORDER
PHONE
PILLOWS
SCRUB
SIGNATURE
SNACKS
SODA

SUPPLIES
TEA
TIP
TOWELS
TRAY
VALET
WASH
WINE

Solution on page 374

Electronic Communications

ANALOG

BANDWIDTH

BROADBAND

CALL

CELL TOWER

COMMUNICATE

COMPUTER

CONNECT

CONVEY

CORRESPOND

DATA

DISTANCE

E-MAIL

FAXES

FREQUENCY

HUB

IMAGE

INBOUND

INTERACTIVE

INTERNET

LINES

MESSAGE

MODEM

MULTIPLEXING

NETWORK

OUTBOUND

PHONE

PLAN

PROTOCOLS

PROVIDER

RADIO

REACH

RECEIVER

ROUTER

SATELLITE

SCANNING

SERVER

SIGNAL

SYSTEMS

TALK

TECHNICIAN

TECHNOLOGY

TRANSCEIVER

VOICE

WAVES

```
H G T Z A T A D L H F G B I U L W E G I
K R O W T E N C O I D A R K D A L N Z U
C D B R O U T E R I N G P R O V I D E R
P S Y S O V D V M D N E O X I N N Q G E
H G C B G R O E W A L T S L N I T I A V
D Q N R W U Y I R D I H E A A C E M S I
P I E I E L D S C E I L C R D N R A S E
Y A U W X T T N A E V S A A N M A G E C
Q L Q T H E U K O T K R T R E E C E M E
G Y E E W L L P Y P E T E A Q R T H K R
N G R C V A G P M V S L Q S N A I P Y P
P O F H W N V O I O C E L B C C V R H W
U L G N N G Y E U T C O R I I K E O K S
T O X I R I C T S E L O N R T W N T F X
E N W C B S B J Z V A U F N O E W O U P
Z H I I N O U R E D M A M T E C N C D C
Z C X A U B H T B M X P L A N C Y O L B
S E R N W Y T A O E K L A T S B T L L X
I T D B N V N C S M E T S Y S P A S Q G
P R I M E D O M K C O N V E Y C G A E C
```

Solution on page 374

The Beatles

```
N L R Q J X D D S I P B E R R R R J H N
W C G J D P A F H J U J Y R S V A F H F
T T I O Z N A A I I O M N V E E D A A S
W C S S C N A L S T R E C N O C I M G R
C B U E S R F B U D G M Y C T N O V W N
D A R L B A I N V A S I O N A U Z R O H
O V P R T E L F O E P T R M S R R E D M
P S T U S U T C L I F F E G U I T A R S
Y O K O W O R E Q U S L C A J O H N R B
U U P F I R T E P S T I H E D U J Y E H
S E A B B E Y R O A D E V O L X P E D Y
L I E A K V N E E Y A D R E T S E Y S B
A U X F Z L K B W S T A R S L S V I R C
C T G T Y O D S Q U A R R Y M E N I U B
O X G E I V M N S L B I O L C G T O C A
V B V M O E R O C L B N C W L I N K C D
F N R X H R S N W I S G K E S P E U D I
H E T L U S G N U V I O S H X U L N G N
G G T O A R R E B A S G N C F G A C K C
D E T B W C R L M N R Z N G K R T X O M
```

ABBEY ROAD

BAND

BASS

BEATLEMANIA

BRITISH

CLASSIC

CONCERT

CULTURE

DANCE

FAB FOUR

FAMOUS

FANS

GEORGE

GROUP

GUITAR

HEY JUDE

HITS

ICONS

INVASION

JOHN

LENNON

LOVE

MCCARTNEY

MOVIES

PAUL

PETE BEST

POP

QUARRYMEN

RADIO

RECORDS

REVOLVER

RINGO

ROCK

SINGLES

SIXTIES

SONG

STARS

STU SUTCLIFFE

SULLIVAN

TALENT

TELEVISION

TOUR

VOCALS

YESTERDAY

YOKO

Solution on page 375

Pizza Place

```
N E R O P V L H Q H T D O I H U X Z J Q
Y L N A G E U A P R N L A T N H D U D L
L R V C I A P T W V I Z R T M N V U I T
L T G H A M R P X V H N S A V E S K R T
P I N E A P P L E X T U Y Q S E N E V O
L A I W U L S T I R R F A E M O P J F E
F B T Y W S L Q R C O R H A I A C Y R K
V T A S S G N E O N S I G N S K A A J X
R C E T P N G O R J F M O T X F H K M V
Q W A G T I O T N A R U A T S E R O F N
P W D L S P N R R A Z S M R L E P J A E
X X C T Z P L A T A G Z O D I B T P P Y
Q K E O N O N O C A B E O D J N U A S J
H R P H D T N X Y H P U R M A K A S L C
X T C H I C K E N L G I H O I B E R A P
E Z O T A B L E S H N A S E M R A P A O
K C L I A S U I E K I M U Z T Y E S X B
F B U S R S U M S G N N M I S R V I I Q
W O T A M O T F Q A I T A W S T A E M L
K X P V S I L Y V P D W J W J G I U N R
```

BACON

BASIL

BEEF

BOX

CALZONE

CAPERS

CHEWY

CHICKEN

CRUST

DINING

DOUGH

DRINKS

EATING

FUN

GAMES

GARLIC

HAM

HOT

MARINARA

MEATS

MOZZARELLA

MUSHROOM

NEON SIGNS

OLIVE

ONION

OREGANO

OVEN

PARMESAN

PARSLEY

PASTA

PATRONS

PEPPER

PINEAPPLE

PLATES

REGISTER

RESTAURANT

SAUCE

SODA

SPINACH

TABLES

TASTY

THIN

TOMATO

TOPPINGS

WAITRESS

Solution on page 375

Airline Customer

```
F C M S T G P J B S P O T S N O N R C C
W A T P L E A S U R E L H C A O C O S S
P B L B Y A D L R O W O T R I P M C X O
H I I L V Z E I V E T P W S I F O E F N
X N H T O U R D J A R Y R T O M S T O R
G V P S D U S Y D Z C U X R M T E I C S
Q F T P R W N R M N C A T U U N T C O L
O A R A W E A G E X T A T N Z C O K U E
U R T H D W B U E R B E A I E M X E N Z
J E E Q E H Q M A L O E S N O V S T T T
S Y P R B E X V E I P L N Z B N D I R E
O D R J R E E O H M F O P B D E L A Y R
D F S F M L V V Q L C B A X F U Y U H P
W U K A W A U E I T N A D N E T T A H X
B K W M V G G G R W M L O Y A L T Y F V
P C V P I I H A G A A Y U B E R A N B Y
C Q E X I T N O Z A G O L A U T I B A H
Q K F L Y I N G P I G E K Q K B Q A H Z
Y T O C W W B U S I N E S S T A N D B Y
C J R L W E R P L A N E S E L I M W U D
```

ADVENTURERS

AIR

ATTENDANT

BEVERAGES

BUSINESS

CABIN

COACH

COMFORTABLE

COMMUTE

CONNECTION

COUNTRY

DEALS

DELAY

EXCURSION

EXIT

EXPLORERS

FARE

FLIGHT

FLYING

FREQUENCY

HABITUAL

HOP

LOUNGE

LOYALTY

LUGGAGE

MAGAZINE

MEMBERSHIP

MILES

NONSTOP

OFTEN

PEANUTS

PLANES

PLEASURE

PRETZELS

RATES

REWARD

SAVINGS

STANDBY

TICKET

TOUR

TRAVEL

TRAY TABLE

TRIP

VACATION

WORLD

Solution on page 375

Graphic Composition

ART
BACKGROUND
BALANCE
BRUSH
CAMERA
CENTER
COLOR
CREATIVE
CURVE
DEPTH
DESIGN
DISPLAY
FIELD
FOCUS
FORM
FRAME
GALLERY
GRAPHIC
HORIZON
ILLUSIONS
INK
LIGHT
OBJECTS
ORGANIZATION
PICTURE

PLACEMENT
PORTRAIT
PROPORTION
RATIO
REPETITION
RHYTHM
SCULPTURE
SHAPE
SIMPLIFICATION
SIZE
SPACE

STRUCTURE
SYMMETRY
TECHNIQUE
THEME
TONE
UNITY
VALUE
VIEW
VISUAL

```
C E N T E R E P E T I T I O N N T L D U
C J R E R U T C U R T S N O I S U L L I
Z G G R M L I W S Q U Q I X T T V G K J
D O H A E M E H T M H T Y H R Q L N M T
M J C T J E L R V G A L L E R Y I E E T
C F N I C X G Z U Z T B B A A Y G C V A
K O K O H B Y Y I T M N E R G F H N R G
D M L M I P A N U H P U E V U N T A U J
N U N O I T A C I F I L P M I S T L C N
W E J I R G R R K L Y P U Q E T H A W O
V P P V R C H O G G I J U C W C A B S B
D A N O I O D Y P C R E G E S U A E R J
E H S P R S Y O T O A O F C Y B N L R E
W S T I S T U U P U R M U U I O F J P C
C G Z P Z J R A N J N P E N T U R O B T
A O A F E E Y A L P S I D R D D A X R S
N C H K W D E S I G N F T D A L M R A M
E U L A V E Z Y R T E M M Y S O E I T Q
V H K O M L I A X H C O N R K J J I W Q
M J M Y Z S S V X K V Q X U S U C O F P
```

Solution on page 375

Watching Television

```
I J E G N K K U C N T F J A D Z Z S B A
C Y A N W E I V O I W E A T H E R S K R
U U M I G G D I T N T N L D R A M A R J
D U O X L V S H C H A N G E I J Y T P H
R C L A H I O M J D H Y A T V D E E F C
O H N L C S A S H O W S Y M E I R L O A
C C M E T G P X H G S E C M O K S L F B
E T D R I O O Y A I N F O M E R C I A L
R A O N W D P M Z I F C M E Q G G T O E
S W A U S C E G R T M T M P U H R E J N
I S I G X L R N X I S Z E I T N S S X E
T R L U D C A I S J L A R S O R G P Y T
C E Z I Y R A T N E M U C O D A P M Q W
O Y L D S E D S E K D G I D I N R I E O
M S P E S H V E T N C M A E A D O L K R
G U E X T D D R S A I I L S V O G G B K
F K H M R H U E U W T G S D W M R Z I S
C N T J O G O T L S O I H U T Z A B T C
L J B I P G C N Q A V R O T M N M A S A
D M I K S E S I D E R O B N U R E R G N
```

BORED
BROADCAST
BROWSE
CABLE
CHANGE
COMEDY
COMMERCIALS
DECISION
DOCUMENTARY
DRAMA
EPISODES
FIGHTS
GAME
GLANCE
GLIMPSE
GUIDE
INFOMERCIAL
INTERESTING
KIDS
LATE NIGHT
MUSIC
NETWORKS
PROGRAM
RANDOM
RECORD
RELAXING
RERUN

ROMANTIC
SATELLITE
SCAN
SEEK
SHIFT
SHOWS
SITCOM
SKIM
SOAP OPERA
SPORTS
STATION

SURVEY
SWITCH
TELETHON
TELEVISION
VIEW
WATCH
WEATHER

Solution on page 375

Italian Cuisine

ALFREDO

BISCOTTI

BRESAOLA

BRUSCHETTA

BURIDDA

CALAMARI

CANNELLONI

CAPICOLLO

CAPRESE

CARBONARA

CHEESE

CIABATTA

EGGPLANT

FARFALLE

FETTUCCINE

FOCACCIA

FONDUTA

GELATO

GNOCCHI

LASAGNA

LINGUINE

MACARONI

MARINARA

MINESTRONE

MOZZARELLA

OSSO BUCO

PANCETTA

PARMESAN

PASTA

PENNE

PESTO

PIADINA

PIZZA

PROSCIUTTO

RAVIOLI

RIGATONI

RISOTTO

SALAMI

SAUCE

SPAGHETTI

TORTELLINI

VERMICELLI

VITELLO

WINE

ZITI

```
C W R A V I O L I U C H E E S E C M M M
A S P S N N Y O T S E P I A D I N A Q N
P L F N S G E L A T O S S O B U C O B U
R O L A V R A H A L F R E D O A Z Z I P
E V U S E R E S A T A D D I R U B J I L
S C P E R N B N A T T Z Q O A O N I R X
E Y D M M Y I N O L L E N N A C M T A G
L G G R I W M C A R C I H P O T O T M A
L E G A C D O J C E T A A C F G Z O A K
A N U P E L Q H I U O S P E S E Z C L H
F I N I L L E T R O T M E I N U A S A I
R W T E L A I Z F A T T A N C S R I C W
A R T T I Z N L P L U K E R I O E B A E
F I X A E M I T I X I P N F I M L R R M
V G C L L H A N B L C N U K O N L L B A
L A R C C Y G L R I S O T T O V A K O M
N T O C A U P A A L O A S E R B V R N A
P O O N I C A C P S R C I A B A T T A R
A N A N R E O V Z S P A N C E T T A R G
G I E B C F W F N Q S G F O N D U T A L
```

Solution on page 375

Learn to Drive

```
Z L A M K W C E Q C B N W I P E R S T K
L V T K G U N M T Q S R Z C X B E L T M
J D G A X E Y C A U U K H I G R M G Q J
L U E R L T A J I X K Z T Z I K D G H O
V A C C E L E R A T E R D T T Y J L K R
H I N F E H H L Q R A R C R B C I L E O
I X A E Z L C T O M I M C L S M A I N R
A S K E A E E A P V O L O E I L I G G R
C K D F R E D R E P U I S T E G Y H I I
X N O D U H T R A T Z S S R U Z D T N M
G Z J U E W E S C T A H T M E A U S E A
I Y J C C F S H B L I N D S P O T S K L
P R I L D E E G C F E O N R O R S M A B
T E K N N J I N T S L E N B U M P E R R
S V R G J N M I S A C M D C L I Z U B O
U E E M Y R S S W I E L T R A F F I C R
X R V V I U D S L P V O I U D A L V O A
N S D M X T O O A T R E K L E S I G N S
P E N G G S W R I T T E N E P E T S E T
I F C Z B H K C E G G Y A S W X Q Q S R
```

ACCELERATE

ALERTNESS

AUTOMATIC

BELT

BLIND SPOT

BRAKE

BUMPER

CLASSES

CLUTCH

CONES

CROSSING

DECELERATION

DEFENSIVE

DRIVER

ENGINE

EXAM

EXIT RAMP

INSTRUCTOR

LANE

LAWS

LICENSE

LIGHTS

LIMITS

MIRROR

PARK

PASSENGER

PEDAL

PERMIT

REVERSE

ROAD

RULES

SAFETY

SHIFT

SIGNS

STOP

STUDY

TEACHER

TEST

TIRES

TRAFFIC

TURN

VIEW

WHEEL

WIPERS

WRITTEN

Solution on page 376

Fly-Fishing

```
Z P K K Q K T Y A X Y G Y K A M M W Q M
Z Z U Q S O W H M P U B E K C G P T K K
W J K Y H Z C O K R Y H B Y B M E A S T
C N C Y Z C P T N I F W R O C C L E E R
O A P F E R G Y O C E A N G H F I S H K
F A T W O P M I W J U W U N V L H U G O
W M A C Y P S N R T Q G I M F R K S A O
V Q C A H X R G S P I Q L L E X T A D N
A N K S I N O E R G U T A R G E T Q G S
P E L T F V T A T E W I U Z E I L U E T
M T E T T S C F S R C L F L N E F A T R
N M U K D G A Z L I I R H S D H W T S O
I I O V I E R J F O S E E S L A E I H P
S O J E M R T I E O A C V A T L E C S S
H D R N J A T H T D T T N E T R I R D B
N L T I T R A S G S W D R E D I E N H I
J L E R A P P A S I E K I P S D O A E T
W X F A O U D A Y D E K F B A P H N M E
O S E M U U B A A F X W A W Q Z K N I S
M G X J O A T C B C E Q N L X I N V Z F
```

APPAREL

AQUATIC

ARTIFICIAL FLIES

ATTRACTORS

BASS

BAYS

BITE

CARP

CAST

CATCH

ESTUARY

FISH

FLOAT

GADGETS

HOBBY

HOOK

INSECT

LAKES

LANDED

LINE

LURE

MARINE

NYMPH

OCEAN

PIKE

PONDS

RECREATION

REEL

RETRIEVED

SEAWATER

SINK

SNOOK

SPEY

SPORT

STEELHEAD

STREAMS

STRIKE

TACKLE

TARGET

TECHNIQUES

THREAD

TROUT

TYING

WADERS

WEIGHTED

Solution on page 376

Child's Play

BAKE
BALL
BEACH
CATCH
CHASE
CIRCUS
CLIMB
COLLECT ROCKS
COLORING
COOKING
COSTUMES
CRAFTS
CREATIVE
DANCE
DRAWING
FISH
GAME
GIGGLE
HIKING
JOKES
KICK
KITE
LAUGHTER
MOVIES
MUSIC
NATURE WALK
OUTDOORS

PAINT
PICNIC
PLAY
PRETEND
RIDE BIKES
RUN
SLEDDING
SLIDE
SOCCER
SONGS

SPORTS
STORIES
SWIM
TAG
THEATER
THROW
TOURS
TREASURE HUNT

```
W I K I F G S H Y O M U E R A V Q R R T
Z V N E O C G R G G U S R U O T C Q G T
V S P R E T E N D F R E T I T G F W R I
U O L K O H I P I I W K N F N U R E P K
E L A K B K I O H K M O V I E S A B R Z
S B Y F I C L I M B O J R B H S G N O S
Y D C H N S D I A G B O L A U G H T E R
N G N I D D E L S T L L C R S G T K O V
Z A C C S O L L K O F C E V I T A E R C
S L T S S U G N C S P H C T A C K M R G
E B G U E R M W O O U T D O O R S A E N
H S Y T R K E C R N S P O R T S F D R R
G C A S H E I C T B R T N A S T G E U V
I I E H Y R W B C A E B U R S N T D H S
T G V L C D O A E O G A N M I A P I K F
I O J U G N S W L D S D C W E A J L I V
S K S O O G M N L K I S A H I S O S T L
A V X N S E I R O T S R T N A T H H E P
H U G G H W W G C F D C T K C I K U D J
Z D V V I R S M C X R K T R R E Q V Q L
```

Solution on page 376

Time to Eat

APPETIZER

BEVERAGE

BITE

BOWL

BRUNCH

CANDLES

CASSEROLE

CASUAL

CELEBRATION

CHOPSTICKS

COURSE

CUISINE

DESSERT

DEVOUR

DIGEST

DINNER

EAT

FAMILY

FIXINGS

GOBBLE

GOURMET

GRAZE

INGEST

INHALE

KNIFE

LUNCH

MENU

MUSIC

NIBBLE

PASTA

PLATES

PORTION

RESTAURANT

SALAD

SHARE

SIDES

SILVERWARE

SOCIALIZE

SOUP

SPOON

SWALLOW

TABLECLOTH

TOPPINGS

TRIMMINGS

WAITER

```
D S Z Z S R S C Q K W Z Z Y K T S A P T
A E O E Z A R G S E W Y S E B R I B S W
H C N U L J M G F A E S R U O C K E T L
B T G P P B E K I T G D N V W Q G F W X
A V M O L C B T X N I V J O L N E B P Z
V T U E U A E I I N B O T S I H I D C V
Q F S R G R T M N P R E N K M T N E Q K
J A I E A A M E G A U K A C E O R V P K
D M C Z L I R E S S N S R I I L A O B K
W I K I R D H E T T C V U T C C W U P S
X L G T P L N A V A H P A S Y E N R T L
R Y J E C D E A S E C R T P D L C C V N
Y G E P S S S S C O B Q S O A B U A M B
P C I P H T E W O E C S E H L A M S C E
Q E R A W R E V L I S I R C A T L U L F
K F R U O B Q E W O L L A W S T I A F D
I E F L N U C R U G O B B L E S H L O C
X D E S S E R T A R T O P P I N G S K P
I S Q R H E M Q N S P O O N I Z U B K C
E M R F V Z V A K N I F E W H S E D I S
```

Solution on page 376

Doorknobs

```
E N V L P L A G S U W S N D F V Z U N C
C C Y M C X K L I Y Y R A C Z B K G N Z
X E O T N O L F O U U W O R R O U N D R
K E O M I U Q T Z T F T X O E L I I P I
E N C M B F V D L N G E E A M T N D R P
T T O F K O O Q F J U M U Q O L S L I L
S M Y B I O Y M M U D E C O R A T I V E
P S M Z R B J E R S L E M B H I A U A R
U L Z O E O S B O E Z L T E C C L B C A
A T E G T D N I I C D D U T U R L H Y W
F F Q V N L P Z R U Y N W P C E P A F D
Y C R G E I G L E R W I I L V M A N P R
I D L L R R L T T I S P O L D M S R B A
Y R M G U A A J X T E S G R Y O S R B H
M J M N T N S D E Y E T E S K C A B L H
I Y O C R J S P N C P P R Y C S G K M J
T T H O B L X N X A P U M J S R E O Q T
S P J K B X E S U O H V S L A T E M L Q
D R L T R P L D C C V A N H H M W W R D
J E L N O I U M C B B P I R E V L I S I
```

BACKSET
BOLT
BRASS
BRONZE
BUILDING
CAR
CHROME
CLOSE
COMMERCIAL
COPPER
CYLINDER
DECORATIVE
DOOR
DUMMY
ENTER
EXTERIOR
GERMS
GLASS
GOLD
GRASP
GRIP
HAND
HARDWARE
HOUSE
INSTALL
JAM
KEY

KNOB
LATCH
LEVER
METAL
OPEN
ORNATE
PASSAGE
PRIVACY
PULL
PUSH
ROOM

ROUND
SCREWS
SECURITY
SILVER
SPINDLE
TURN
TWIST

Solution on page 376

Shopping

ACCESSORIES
APPAREL
APPLIANCES
BARGAIN
BEDDING
BOOKS
BUY
CANDLES
CARDS
CASH
CHARGE
CLEARANCE
CLOTHES
COLORS
COSMETICS
DEPARTMENT
DISCOUNT
DRESS
ELECTRONICS
GROCERIES
HARDWARE
ITEMS
JEWELRY
MENSWEAR
MUSIC
PANTS
PIECES

PLAZA
PROMOTION
RECEIPT
RETAIL
SALE
SHIRT
SHOES
SIZES
SOCKS
SPEND
SPORTING GOODS

STYLE
SUPPLIES
TOYS
TRENDY
TRY ON
UNDERWEAR
WATCHES

```
O B J U G U C O L O R S E H C T A W V T
F T V T Z A S D Q S A L E U S T O Y S Z
N B I L D P L E B S E Z I S M P L V N D
F G A K G P R P L C W F D Y E I B P H U
A C V E A L G A T D L D R C N E O D Q G
D M F G T I R R P I N E D I S C O U N T
L V W R E A O T F C I A A P W E K N T D
M K I A S N C M S H P T C R E R S D N P
J H A H I C E E C B L U E O A P L E J W
S E O C U E R N I I E I Q M R N P R N P
P E S L C S I T T S S D A O S S C W U O
S T E C J E E Q E U F U D T B S G E Q S
J Y I S E H S H M R B S M I E S E A D Y
P Y L Y W N T S S K A A T O N R C R M Q
I J P E E O W E O T T W R N I G A A D H
E T P B L Y J S C R S R D G A C R Z G W
C R U C R R A Z K W I L E R A P P A G Y
E Y S N Y T H S A C W E C N A I S L V F
S D O O G G N I T R O P S E D H N P L O
B O P I V H N Z M J T S R S T Y L E X F
```

Solution on page 376

United States Marine Corps

```
I B Z T V V V S N L U N B W G H L K P P
T D E H S E C U R I T Y P A F S B B W N
N A N E A C T I V E I L G O N N L G D A
E O M E S N R F L S U J U O W D S E R M
M R I K C E S N E F E D I A D E P D S E
P B P T S R L N S D U T I E S L R F K L
I A R E N R O C F R I T H I O S I H X F
U L R T N E I F I D E R R Y X K A V I I
Q V E R M T V S A H T C S T I U R C E R
E E A A S E A R Q D E N I A A Y R L P D
B W G I D D T G E I H V C F S B A S E S
L T G N K E D Z O T P N C U F K N T N D
F O U I K S R W F N N O O N E O K Y O A
L D A N O I S S I M K I M I R A G C P E
E F R G T V Q H H G B L M T U E T I A H
S Q D U Y R O T S I H A A S Z R X L E R
M Q R G U E L B H I P T N Y I I K O W A
X F L O R T A P B S L T D N E A W P N J
L Z K D C O M B A T X A E R S L O W J T
M I L I T A R Y T D Z B R V L E U U W E
```

ABROAD

ACTIVE

AERIAL

AMPHIBIOUS

ASSAULT

BAND

BASES

BATTALION

COMBAT

COMMANDER

CRISES

DEFENSE

DEPLOY

DETERRENCE

DEVIL DOG

DOCTRINE

DUTIES

EQUIPMENT

FORCE

GUARD

HISTORY

INTERVENTION

JARHEADS

LEADERSHIP

LOGISTICS

MAGTF

MILITARY

MISSION

OFFICERS

PATROL

PENTAGON

POLICY

POWER

RANK

RECRUITS

RESERVE

RIFLEMAN

SECURITY

SEIZURE

TRADITIONS

TRAINING

UNITS

VEHICLES

WAR

WEAPON

Solution on page 377

Interior Design

```
F X Y Q N K R T O S J R E V Z A P B U J
M V E B D P E N H R J R S Q R Q O V U Z
K A S G U W R T U E F N L M D E S I G N
I S T D A O G G T S M D A N D H T R F R
V E N H D T S C H E M E R L V R E P P E
C S E A S O N A L H L A U X G T R H G T
N W C N A I S I O R N A M E N T S B N F
C O C N H B L U V T W S P I I S E I I A
I L A F F A S L I L A O O E T R R G R B
I L O C L E N Q E A L P V D A O U P O R
L I W C Y O U C S B L X N C N R T E O I
Z P S H K E W M E A M U C F I R I N L C
M B W I S S U E C A Y E L N D I N U F Y
L A A L N Q S O R W S I E U R M R C S D
W S T T F H F H X S G S S R O O U W E S
I E C C T O M E O H S P W S O L F C O P
N P H A H C U R T A I N S E C M A T G M
D A E W Z I I I L T C E S R O L O C U A
O R S G X E N G N R M T D Y S H N O A L
W D N F S G H G T A Q W W D P N T J R E
```

ACCENTS

ACCESSORIES

ADORN

ANTIQUES

ART

CLOCKS

COLORS

COORDINATING

CURTAINS

DECALS

DESIGN

DRAPES

EMBELLISH

ENHANCE

FABRIC

FIGURINES

FLOORING

FLOWERS

FOCAL POINT

FURNITURE

GLASS

HOUSE

LAMPS

LIGHTING

MATCHING

MIRRORS

MURALS

NURSERY

ORNAMENTS

PALETTE

PHOTOS

PILLOWS

POSTERS

ROOM

RUGS

SCHEME

SEASONAL

SWATCHES

THEME

TIPS

VASES

VINTAGE

WALL

WINDOW

WREATHS

Solution on page 377

Inexpensive

```
X X N V G F V X B W O C R Z V T R I D H
M F B G I S B Z X F I N I M H T M F A F
Z B Z F S D O O U B E E F F O C O K E H
N N C P L K L C S H C S S T E K N I R T
R F I Y L Y O O K I G G O N N U U T B G
F H T F D S G I V S Y G V O J R N V D P
C B S N T E N D O N C E P O T A T O E S
D R A C Y R A R B I L U V I N Y L N O O
I C L K P O A U Z O O P Z P M L S A G D
C M P B G T D M P C R W R I A I P Z M A
S Y O K R S E E E R O T S R A L L O D H
P K M S E T S C O N X D M T L B J K V E
A M C U P F U P U T N E S E I K O O C H
G H O I A I E Y S P N O Q N H C L O G A
H C C P P R L V N U A U O S O R K A K V
E F U M F H K R A Q W S O D C I A E T S
T L A U O T T T E X T M T C L C N J R Y
T U M G M I S O B A N A N A S E G O T S
I E K D C R A Y O N S A L E O I S X P F
G Y N X V S E T Z T Z B B T S M D G E Q
```

ADVICE

AIR

BANANAS

BEANS

BOLOGNA

BOOKS

BREAD

CANDY

CHIPS

COFFEE

COOKIES

COUPON

CRAYONS

DIRT

DISCOUNT

DOLLAR MENU

DOLLAR STORE

EGGS

ENVELOPES

GUM

JUNK

LIBRARY CARD

MILK

ONIONS

PAPER

PASTA

PENS

PERFUME

PLASTIC

POTATOES

RAMEN NOODLES

RICE

SALE

SOAP

SOCKS

SODA

SPAGHETTI

STICKERS

TALK

TEA

THRIFT STORES

TOOTHPICKS

TRINKETS

USED

VINYL

Solution on page 377

Sewing Machines

```
K R T O T D T P T F R C L N D M R C Y L
P C K E L H E Y C E L A D E P E S L N H
K K P P I Y X E G L Z D A L R U T Y L Z
I J W M U E T N F E O W R D Q L N B Z K
Y A B R Q H I W L P A T T E R N J B C P
V L M I R S L H E E O G H E S T O O F R
E G S A S E E Z C T V R L N T S L H Z O
P A P P C H S C E Y R E D I O R B M E T
A A D E J H B N M B C U R S E L B L Y O
N K C R L A I R E T A M G V O Y O F V M
T R U M S B M N R T P K O O B H Y A E D
S A K T A C N I E F Q E P O N G O C L K
E V I C F S C N S C I S S O R S H T D L
W N F L Z A S I N D U S T R I A L O A A
G H R T O I B G A X Y T Z N N E U R E K
T O Z A O R Q R J P U N G I S E D Y R J
Y U A N Y E N O I B E I S B P V R I T Q
V P Y S T I T C H C O M V B T P M H U S
G N I D N E M C T G R M Y O M R E P E G
T J G G A Z G I Z U M B O B Q L H R C E
```

BASTING

BOBBIN

BUTTONHOLE

CABINET

CLOTH

DARNING

DESIGN

DRESS

DROP FEED

ELECTRIC

EMBROIDERY

FABRIC

FACTORY

FOOT

GUIDE

HEM

HOBBY

INDUSTRIAL

JAM

LEVER

MACHINE

MATERIAL

MECHANISM

MENDING

MOTOR

NEEDLE

OVERLOCK

PANTS

PATTERN

PEDAL

QUILT

REPAIR

SCISSORS

SEW

SINGER

SPOOL

STITCH

TAILOR

TENSION

TEXTILE

THIMBLE

TREADLE

YARN

ZIGZAG

ZIPPER

Solution on page 377

Teach Me

ANSWER

ART

ASSIST

BELLS

CHALK

COMMUNICATION

COMPUTER

COUNSELING

CREATIVITY

DESK

DISCIPLINE

DISCUSSION

EDIFICATION

EDUCATION

ENCOURAGEMENT

EQUATIONS

ERASER

ESSAY

EXAMS

GUIDE

HANDOUT

HISTORY

HOMEWORK

INFORM

INSTRUCTION

KNOWLEDGE

LANGUAGE

LUNCH

MATH

MUSIC

OFFICE

PEN

PLANS

PRACTICE

QUESTIONS

QUIZ

READING

SCHOOL

SOCIAL STUDIES

STUDENT

STUDY GROUP

SUBJECTS

TUTOR

WORKSHEET

WRITING

```
N E G D E L W O N K J M R O F N I P B A
N Q Z N D X E X A M S L L E B Y R P Q N
Z K G U I D E S K N S N O I T A C U D E
P P C A F D Y N I P E T G W C U I A N P
X Z P H I X A G U A U C C T T Z P I L A
Z U Y L C E C E E T D O I E B Z L M O B
P E A S A N G R R E M C R H J P R M O E
C G N O T N U A E M E Q T G I B Z H H C
G Z A C I U S L U A B V U C Y S U B C I
E C C I O H T N F G T O S E K D T S S F
A V W A N U I O O G N I L E S N U O C F
S H R L L C R U R I D A V I Y T M T R O
T A I S A K L A H C T U L I O A I A S Y
U N T T H Z X M G Q F C F U T Z Y O A R
D D I U S A N S W E R W U H X Y A S N E
E O N D Z K R O W E M O H R C I S U M S
N U G I W O R K S H E E T K T I S R X A
T T V E K E Q U A T I O N S S S E Z B R
N T P S Q R K G S W L W X T A Z N C M E
C K B C D P V J T L D I S C U S S I O N
```

Solution on page 377

The Life of John Glenn

```
N T T O T E K O E Z Y P U C V I Q Z W Z
X Q G S W N T R G J B R P L L A U N C H
H S F F O F A B S S T F U K P H H O A G
J D O O G E B I F Y I S G C C Y V A N N
D R M H G E M T R R B O V N R T F C D I
I A N H I D O S S E L T H G I E W R I N
S W Y T T S C T M V T G Z E Y Y M X D I
T A U J S A T A C O M Y E W R K L H A A
I M V D B A F O Y C T T B H D O N F T R
N E F Z L F V T R S N O I S I V E L E T
G R N L O A N I G I M L C Z E C U G D P
U I Q L I F D G A D C I U J R R E M O X
I C L C S G X E M T T P S O Z M P S P T
S A V I Q E H E M U O D F S I V T H A E
H I N M I L I T A R Y R U N I F O R M L
E C A P S I C N W R I O I H O O C W R T
D O L H O N O R S A T A S T R O N A U T
T E K C O R E S J W C H M E M O I R X U
Y Q V P E E C W A L V E T E R A N A M H
Q S R A T S K Y S J V Z D Q E T A N E S
```

AERONAUTICS
AIR FORCE
AIR MEDAL
AMERICA
ASTRONAUT
AVIATOR
AWARDS
CANDIDATE
COMBAT
DEMOCRAT
DISCOVERY
DISTINGUISHED
EARTH
FIRST
FLIGHT
FLYING
GEMINI
HALL OF FAME
HERO
HISTORIC
HONORS
LAUNCH
MAN
MEMOIR
MERCURY

MILITARY
MISSION
MOON
NAVY
NEWS
OHIO
ORBIT
PILOT
PRESBYTERIAN
ROCKET
SENATE

SHUTTLE
SKY
SPACE
STARS
TELEVISION
TRAINING
UNIFORM
VETERAN
WEIGHTLESS

Solution on page 377

At Auction

```
L O T D N A G F U X N F Y G J C I K P P
P E N U K O U A I Q L U G Q G O L U U O
M S O L L G C M V G A N T I Q U E S N T
I O I A I D O F W E U D H P R I C E W N
N D T S M N N S E L L R B V G Z O P E E
Z A C O E Q E T V U F A I U V D M B V L
C M A Y R L W S S G N I T N I A P R R I
O D S S C C B E U A N S W B E O E O P S
U S N X H U Y I I O F E T E U S T K F L
Q U A Q A V C C T V H R Z C E K E E D B
M S R J N P X C L C E W M R B O T R L Z
F Y T F D M P T G E E R V E Y O A Z P R
F L F U I F D L N Y S L P M L B T G S E
S I F R S E C O I E I Y L M P M S D N L
X M K N E E I R N A M K C O T S E V I L
A D E I L T M Y E U N Y O C C A M R O A
K Q A T C J A I P N P C A E L A S U C C
B R S U I U J A O T N O E P A D D L E H
T U A R T R W C O M M I S S I O N E L B
H M Y E Z O O Y D I S J W D L N G S Q Y
```

ANTIQUES

APPLIANCES

ART

AUCTIONEER

AUTO

BID

BOOKS

BROKER

BUY

CALLER

CATALOG

COINS

COLLECTIBLES

COMMERCE

COMMISSION

COMPETE

DEAL

ESTATE

FAST

FEE

FIGURINES

FUNDRAISER

FURNITURE

GAVEL

HOUSE

HUSTLE

ITEMS

LIVESTOCK

MERCHANDISE

MONEY

MOTORCYCLES

ONLINE

OPENING

PADDLE

PAINTINGS

PAYMENT

PREVIEW

PRICE

RESERVE

RULES

SALE

SELL

SILENT

TRANSACTION

WINNER

Solution on page 378

Pleasant Things

ADORATION

ANNIVERSARY

APPLAUSE

APPRECIATE

AROMAS

AWARDS

BABY

BAKING

BIRDS

BREEZE

CELEBRATION

CHEER

CHILDREN

CHIRPING

CHRISTMAS

COCOA

COMFORT

CONFIDENCE

COOKIES

DEVOTION

EXUBERANT

FAMILY

GENEROSITY

GRADUATION

GROWTH

HAPPY

HUGS

HUMOR

KNOWLEDGE

LIFE

MUSIC

PUPPIES

RELAXATION

REUNION

SAFETY

SHARING

SINGING

SUCCESS

THRILL

TOGETHERNESS

TOYS

UNDERSTANDING

VICTORY

WARMTH

WONDERMENT

```
T J K Z C A S N C C R Y Y R O T C I V G
F T N D C N D B H O O P I Y L H H H B G
T N O N O U J O I C L P B T R N E D Q X
W A W E G C S A R O M A S I N N E F H D
A R L R N E S E P A B H S S O O R C I T
A E E D I M U S I C T T Q O I I T O J L
M B D L R P U X N P M I S R T N B N E N
G U G I A L W O G A P I O E A U Z F O K
Q X E H H X I S S H N U G N U E Y I C K
T E H C S T A B S G U A P E D R T D D W
E H U M O R I T I E C Z T G A A S E O X
Z S S V V E G N I D N A T S R E D N U Y
Y R E A B S G E S O I R R B G A D C F T
Y D I Y W U Q X Z C N E E U I E N E O E
K C K W G A Y W E E V L T H R I L L P F
G V O A N L R R C I E S J M T O Y S K A
P U O R I P P D N C P R E S S E C C U S
F S C M K P T N S A A N B K H U G S L O
G A A T A A A L D E T R O F M O C O Q V
E F N H B I R D S T Y W O W G R O W T H
```

Solution on page 378

Your Anniversary

```
C A I S Q B A L L O O N S B T J L I B Z
L S F G H G T R E L A T I O N S H I P U
S V M U N I T A L P O F G G I U E F I W
I D G H H D A L A C H E R I S H G N G C
L A U N N A C L Q T T D T L A Y V X I L
V B T J O H H S W H S U R P R I S E F Z
E Z O F U L M U E C O M M I T M E N T T
R Z Q N M E E R D H V E T A J L G G S K
Q Z I F D R N F D S S Y T E M O L E Y I
J T B A N E T M I O F I W A C V C K H S
Y W T Y S M D A N L O E W O L E D A N S
F E S S X E R R G N L C N D L O R C F E
R C Q T E M E R S R G N Y E O M C M K S
I H V S L B N I Y P E E B L O O E O T W
E O A U P R N A F C A R C N I M G N H H
N L J A U A I G T C A R Y N O M E R E C
D I A M O N D E Z T C U T R A S A V R A
S D J S C C D J E A K C I Y E M B F E R
G A O B S E R V A N C E P R F G O L D D
P Y V B V T W O V P S R P V J X E R Q L
```

ANNUAL

ATTACHMENT

BALLOONS

BONDED

CAKE

CARD

CELEBRATE

CEREMONY

CHERISH

CHOCOLATE

COMMITMENT

CONNECTED

COUPLE

DATE

DIAMOND

DINNER

FAMILY

FRIENDS

GIFTS

GOLD

GOOD WISHES

HARMONY

HOLIDAY

HUGS

INVITATIONS

JEWELRY

KISSES

LIFELONG

LOVE

MARRIAGE

MEMORIES

OBSERVANCE

PARTY

PLATINUM

PRESENTS

RECURRENCE

RELATIONSHIP

REMEMBRANCE

ROMANCE

SILVER

SURPRISE

TOGETHERNESS

UNITY

WEDDING

WIFE

Solution on page 378

Machine Tools

```
Q C D L O D E B L G N F B O G P Z T W J
O H O O L E E F T M Y T C U R T S N O C
E P F N A O T F C G X L I N D U S T R Y
Z N O I T C U D O R P P T D I E L G Q S
W K N H E R U L E R Q X A R F D H U R W
Q A Y C M B O W J W M V M I B C L O O R
D G E O I N O L H H O A O L I T U O T W
J D R D H P I L T H A L T L H T D I A C
E F L C I E P M T L M N U I E W C S R U
Z C E R M L K R X C E A A R O S C R E W
R T Q P A Q S S L M R B B R S N A C P D
R J P N N E H S P D C M K U U E L I O M
U C E S U E G I Y I A I G N I N I A R T
H R W A A E U H B C N F R M I L L I N G
Y G A R L Q N M H G A D M T L X D E T A
C U T T E R A I A A N R L P C G M Q I J
E S S D O V N B G T M T U E R E R O B W
P N S T E E L O N N I M A C V E L I W B
C R O N H W P U Y D E C E O C C S E N E
F M K H E H K E P V M V M R R A F S M D
```

ACCURACY

AUTOMATIC

BELT

BIT

BOLT

BORER

BUILD

CONSTRUCT

CONTROL

CUTTER

DEFORMATION

DIE

DRILL

ELECTRIC

ENGINE

EQUIPMENT

GEAR

GRIND

HAMMER

HONE

HYDRAULIC

INDUSTRY

MACHINE

MANUAL

METAL

MILLING

MOTOR

MOVEMENT

OIL

OPERATOR

PLANER

PNEUMATIC

POWER

PRESS

PRODUCTION

ROUTER

SAW

SCREW

SHEAR

SLIDE

SPINDLE

STEEL

TECHNOLOGY

TRAINING

WOODWORKING

Solution on page 378

Count the Votes

```
N E E T H G I E F S T N E M D N E M A A
I M S E T A R E D O M V W T U O N R U T
I T Z T P B Q Y B I I E Y Q S H E B N Q
J C C K N S X S T T L N T G V R T E N Z
C N B I X E T S A R U S U W A O M O V V
K I L L R N D V S E A U D L O N I E O U
G C O I R T R I I P P P C N R T S C T B
F E C C B E S D S R U E I E A O L P E O
G R A O S E S I A E D T V C O L A O R I
V P L N U M R P D S R O I H K R I P E N
Z E O S L N F A O E G F C N E S C U P D
K C V T P E T V L N I C T N O A I L U E
U H R I L G N Y V T S D N J V F F A B P
F O E T A D I D N A C I E O J H F T L E
M I G U T U W E A T W B B M M S O I I N
Z C I E F J D W E I P A M I O I Y O C D
S E S N O I O H P V Q L U K L C N N A E
H I T T R T C E L E K L C X L I R E N N
Q Q E W M J G N A T I O N A L B T A E T
J P R O P O S E O C I T I Z E N S Y T G
```

ABSENTEE

AMENDMENTS

BALLOT

BOOTH

CANDIDATE

CHOICE

CHOOSE

CITIZENS

CIVIC DUTY

CONSERVATIVE

CONSTITUENT

COUNTY

DECLARE

DEMOCRAT

DISTRICT

EIGHTEEN

ELECT

GOVERNMENT

IDENTIFICATION

INCUMBENT

INDEPENDENT

JUDGE

LANDSLIDE

LIBERAL

LOCAL

MODERATE

NATIONAL

NOMINEE

OFFICIAL

PARTY

PICK

PLATFORM

POPULATION

PRECINCT

PROPOSE

PUT IN OFFICE

REGISTER

REPRESENTATIVE

REPUBLICAN

RESIDENTS

RESPONSIBILITY

TURNOUT

VOICE

VOTER

WINNER

Solution on page 378

Motherhood

```
U R E O W P G U B F R S I R T G C U M I
Y H T R O W T S U R T Y E U G L O Q L T
M C A V S R E R V S D U B I E O N W U X
C M N U Y K N W P M C R E A T I V E F F
V Q O X M I I I O O I G N P B B R U T I
B R I M P E L D N M T P R E F F U A H C
I H T O A L P S S O E E Y I I Y H J G G
U N C W T D I T S N H M T C R Y P K U I
L V E P H D C E V I T N E T T A P Y O P
P L F B E U S R E G A R U O C N E L H R
A U F R T C I M X V P A S S I O N A T E
T F A A I F D S I I M G U K T N Y U R G
I T Q V C H U W I S E P E V G K T N A N
E C Z E L O Y A L N P S N R N T T D M A
N E P E R L W T T O R G A N I Z E R S N
T P R E I D U L R U S E E C W T R Y L T
J S N A C G E T N L D T H D O M P N P I
N E K O C I I B O S S A W V N O Y N I R
G R V S N V N Y K I N D E Z K O K R A E
I K T N E R A P L K H D R E S S F R F D
```

AFFECTIONATE

ATTENTIVE

BABY

BOSS

BRAVE

CARE

CHAUFFER

CLEAN

CONSIDERATE

COOK

CREATIVE

CUDDLE

DEAR

DEVOTED

DISCIPLINE

DRESS

EMPATHETIC

ENCOURAGER

FOND

GENEROUS

GENTLE

HOLD

KIDS

KIND

KNOWING

LAUNDRY

LISTEN

LOYAL

MOM

NICE

NURSE

ORGANIZER

PARENT

PASSIONATE

PATIENT

PREGNANT

PRETTY

RESPECTFUL

SMART

SUPPORTIVE

SYMPATHETIC

THOUGHTFUL

TIRED

TRUSTWORTHY

WISE

Solution on page 378

Ecological

ADAPTATION

AGRICULTURE

AIR

ANIMAL

BEHAVIOR

BIOME

BOTANY

CARBON

CLIMATE

COMMUNITY

COMPOSITION

CONSERVATION

DIVERSITY

EARTH

ECOLOGIST

ECOSPHERE

ECOSYSTEM

ENERGY

ENVIRONMENT

FOOD WEB

FORESTRY

GENETICS

GLOBAL

HABITAT

HUMAN

LIFE

LIVING

MIGRATION

NATURE

NICHE

OCEAN

ORGANISM

PHYSIOLOGY

PLANT

RECYCLE

RELATIONS

RESOURCES

SCIENCE

SOCIAL

SOIL

SPECIES

STUDY

TREES

WATER

WEATHER

```
Q S Z C B H O R I P U L R M D G P J X I
L P H I P C N R Z B E W D O O F O Z F F
E A O G E N E T I C S O I L Q R B U T G
R M I A R C T T O M D N R Q U E D N L J
E Y N C Y I M S I N A G R O O H A O Y C
H D D C O R Y Y I H A B I T A T B G Y Q
P T L U S S C T W G B D V V U A R U Z A
S E S Y T R O I Q A O S A R L E Y Y D S
O H A E X S N S M C T L E P N W T B T T
C F M R A T S R K H A E O E T I T C N P
E O O R T G E E H A N R R C N A N Q H H
G S M R E H R V C D Y L B U E N T Y L U
L U E P E L V I Y N M I M O M O S I R M
X X E C O S A D C S E M P S N I R O O A
G R T H R S T T F U O I P W O T D G I N
T N D T C U I R I C L E C L R A Q Z V I
R N I Y I I O T Y O C T O S I R I A A M
E I A V H N N S I I N G U Y V G G M H A
E I C L I M A T E O Y S J R N I X A E L
S T W K P L U S V R N L I F E M A D B T
```

Solution on page 379

Cherished Things

```
C M K J E X I F H V O R S E I N N U B B
D H A M S E I B A B Y Y A R X W V H M H
L A I C E P S L S S E N R E H T E G O T
U T H N E D U A O T N E M E M J X X O L
W W F K A A U U I X P R E T H G U A L A
O F D L B O B C E L U S E I P P U P R E
E J S L O C N C A K I F A M I L Y M I H
S Q E H O V C C M T A B Y P B J K O E R
F I K W P G E S Y I I M A O E B N D H A
A C A F E A X X T S S O O R M B O S S Z
J U S X B L R H P N N K N T O W W I H G
S Y P L A G R G S E S O W A H M L W S U
F M E A A N A Y O T R M I N V V E J J J
X O E N Y I P Q H T A I Q T E D D M S L
O G K G O R T E C I O E E R O A G N D B
Y C P C J M V N T K R H R N R V E N N E
U V A N T I Q U E S R H P T C M E W E J
B Q P I C T U R E S P O U S E E F D I W
I I B O M R L I G H S I R E H C E J R W
Z U R L O J J E W Y E E T I R O V A F T
```

ANTIQUES

ART

BABIES

BOOKS

BUNNIES

CHERISH

CHINA

DEVOTION

EDUCATION

ESSENTIAL

EXPERIENCE

FAITH

FAMILY

FAVORITE

FRIENDS

GEMS

GOLD

HEALTH

HEIRLOOM

HOME

IMPORTANT

IRREPLACEABLE

JEWELRY

JOY

KEEPSAKE

KITTENS

KNOWLEDGE

LAUGHTER

LOVE

MEMENTO

MEMORABILIA

MONEY

PETS

PHOTOGRAPHS

PICTURES

PUPPIES

RING

SILVER

SPECIAL

SPOUSE

TIME

TOGETHERNESS

TREATS

VALUABLE

WISDOM

Solution on page 379

Package It

```
V K O L J W R V M I W R I N G I S E D D
X T N Q A D C W X T E N A H P O L L E C
N Z R O I B P O J G V U S E J I A Q G O
Y Y U C I A E Z U E U A X G G K U S P S
F T T D P T I L N Z G W H A C N M S G S
B I E E V P A T M M N A R K O O S N K E
L R R Z C T O C J K I F K C N I I H Q N
N U B O I R S E I L T A E A T T S P P I
X C D O Y T V T B F N C I P E U E L M S
C E N E I G O O D S I N F K N B D P A U
U S G C S F X R U F R T R T T I O N T B
Q E K N O U M P F F P A N A S R C O S Y
M E N A I N O O V H M E H E T T R T W P
R E M V Y L T H G I E W A A D S A R L S
G Z Q H E S L A E O Y L N N N I B A P E
L K R P O L K E I R L T K I U D S C L A
K O A P T R O P S N A R T P F T L A U L
A T L E C R A P D Y E W S B I W S I O I
A F S T O R A G E P A R W C S V A W N N
P O Z O I T Q L V P G W L L M E U F J G
```

BARCODES
BOX
BUSINESS
CARTON
CELLOPHANE
CONTAINER
CONTENTS
DESIGN
DISTRIBUTION
ENVELOPE
FOAM
FRAGILE
GOODS
HANDLING
IDENTIFICATION
IMPORTANT
INVENTORY
LABEL
LOGO
MARKETING
PACKAGE
PAPER
PARCEL
PEANUTS
PLASTIC
POST OFFICE
PRINTING

PROTECT
REGULATIONS
RETURN
SALE
SEALING
SECURITY
SELLING
STAMP
STICKER
STORAGE
TAPE

TRANSPORT
UPS
USPS
WAREHOUSE
WEIGHT
WRAP
ZIP CODE

Solution on page 379

Where To?

ARROW

ASK

AVENUE

BORDER

BRIDGE

BUILDING

CLIMB

COORDINATES

COUNTY

CURVE

DESTINATION

DETOUR

DISTANCE

DRIVE

EXIT

GLOBE

HIGHWAY

HOSPITAL

HOUSE

INTERSECTION

INTERSTATE

LANE

LEFT

MERGE

MILE

NORTH

OFFICE

PARK

PATH

POINT

READ

RIGHT

ROAD

ROUTE

SCHOOL

SHOPPING

SHORTCUT

SIGN

SOUTH

STOP

STRAIGHT

TOWN

TRAVEL

TURN

WEST

```
L I I I S O U T H G R C J O I V Y S O H
O A L T D C D E T O U R G X W F F C V V
F I N I K C H D P H A H C B R G F I E M
K G V E I O T O E E G X U L D G H U I I
Y D K S K U S H O S P I T A L A S L M H
W Y T U E N W H B L L Z A O O T E X I T
C C X O O T J Q O D E B B R O T U R N A
E K E H X Y A N I R T E M W T O N Y E P
A D I I R C O N O I T A N I T S E D V B
S A Z N A R G M I R H C U R L E V A R T
H J B N T D A P E D R O U T E C A V U N
D K M H S E R D M E R G E T S E W Z C I
R R Y T G I R I O S H O P P I N G E V O
X L O D R O G S V R Y L O H V H H J T P
F P I W B A I N T E R S E C T I O N Z A
V R T Y J W O R R A L E T M H G D R S R
B O F F I C E C N A T S I D G H T K X K
I S L C E W M F D U O E J A I W U M U A
D G D H N L Y S R U V H M O R A D N C S
D C O F Z V Y A L F X P Q R C Y O P R N
```

Solution on page 379

S Words

```
Y N N R N S Y L N L N I X R R A L O S I
W F E N O T S E M A S T U C K H I H G R
K K H L I T Y T H Q K O G N I K O M S M
N B O N S U R V U E S D L I D U P H K G
D L C C R J W E S D V S U B T R A C T I
O E L F G M E P I A I R H W E K I K W T
T L H O K Z I D L L V O X R I S S J J L
T F L A E D S L E H L A U N U A P A R Q
I S T Y E P S N C F D I G W L G N O O H
U A E R O H C S A L F R S E O T G J V R
C S Z N O E H M E R X I F F U S P E S O
H P G P K P K W O I L P N O B A T T D K
R E C G A Y P I G S Y E F S O J R G N L
A N M H S P S U C C E E D S H O E A A Y
P D G O V T P O S F P C Z G N G R I R O
L X N O S D I O U A R A I G G H C A T Y
Z R P M S Y R L E G D X R P S O L C S Y
J Q Q I A A I U L M H E F C S A I T L W
G S W W Q J T P S T A T U E S T E R N Z
O H B Z H Z C N G C S E S V M R L X E T
```

SAD

SALARY

SALE

SAME

SAT

SAVAGE

SCRAP

SHAKING

SHOE

SHOP

SHOUT

SHRANK

SHRUGGED

SICK

SILENCE

SILLIER

SMOKING

SNARLED

SNIFFED

SOAP

SOCIAL

SOLAR

SOLO

SOME

SON

SOUGHT

SOUR

SPEND

SPICES

SPIDER

SPIRIT

SPONGE

SQUEEZE

STATUE

STERN

STILL

STONE

STRANDS

STRONG

STUCK

STUDIO

SUBTRACT

SUCCEED

SUFFIX

SUPPORT

Solution on page 379

Recorded Sound

```
D K H Q I G W H B E L M F Y R L V G Z Z
A Y M P M A A B P W D G K U D N U O S W
U A O S V S Q A A A S U O Q O N D T P T
W D F E R K T E X N R I B K D V N Y E E
T U R H R E Y B L O D G H J C E F C A J
J G D E G E G E V U X L O D M I H N K U
T W T R C R T N T U K X L N C N S E E L
O Y Q A A O T S I T R A I G O S P U R G
W B P W P O R F G S C A J L M H O Q M B
V M N T W U B D T I T R O G P H P E M F
L A Q F N S G Y N R M G E I U M Q R K R
G G B O E I L A E R Y K C L T K A F T E
O N H S T U H T M K C Y E L E C T R I C
L E R C T C N T U A J W T M R A K F D U
A T E B E E X O R H S B J I S B S L E D
N I N M S Z X T T F P N P G L Y M E E O
A C O U S T I C S T C E F F E A S Y I R
I D T U A F M E N G I N E E R L U D V P
D S Y N C U E C I O V F U U I P U Q O P
B S J V Q B E V P W Q F O A W A S Q M N
```

ACOUSTICS

AMP

ANALOG

ARTIST

AUDIO

BAND

CASSETTE

CDS

COMPUTER

DOLBY

EDIT

EFFECTS

ELECTRIC

ENGINEER

ENTERTAINMENT

FREQUENCY

INSTRUMENT

IPOD

KEYBOARD

MAGNETIC

MECHANICAL

MIX

MOVIE

MUSIC

PHONOGRAPH

PLAYBACK

PRODUCER

QUALITY

RECORD

RELEASE

SINGER

SOFTWARE

SOUND

SPEAKER

STEREO

STUDIO

SYNC

TAPE

TECHNOLOGY

TONE

TRACK

VOICE

WAVE

WIRE

Solution on page 379

Make a Sandwich

BACON
BLT
BREAD
CHEESE
CHICKEN
CLUB
COLD
CONDIMENTS
EASY
EATING
EGG
FAST FOOD
FILLINGS
HAM
JAM
JELLY
KETCHUP
KITCHEN
LAYERS
LETTUCE
LUNCH
MAYO
MEAT
MUSTARD
PICKLES
PICNIC
PORTABLE

QUICK
RESTAURANT
REUBEN
ROAST BEEF
RYE
SALAMI
SLICES
SPREADS
STALE
SUBMARINE
SUBWAY

SWISS
TOMATO
TOPPINGS
TUNA
TURKEY
VEGETABLES
WHEAT

```
I Y S V S D D R S E O G K X I S D R L H
F T C U R W P Q V R U R S R E Y A L C O
T Z T Q Q E F L E T T U C E R J E L L Y
S S O L C S S U E L B A T R O P R X U A
O L C C X T B T L M R P U T N Y B Z B M
V E O W R E O T A M O T U C E T C P T P
Z R L U N C H R F U U U I H H N R J P R
O W D S E C I L S R R N E K C I H C N Q
G D H B N N Q K K D C A D O T T A B J O
S C H E E S E E O I V T N D I L E L R X
M S E D A H Y O P E U D N T K X B K D F
Q F I G K T F E G N I T A E G Y E O Q H
R I N W P T K E A M M I O S T S R S H B
O L Y Z S K T K E R U I D G N A S P N C
U L U A H A J N R B S N E N O E A R Q M
A I F Q B K T F P J T H P I C K L E S T
T N K L C S Y Y K T A S M P A S A A P T
G G E I Z Z V E Y M R M A P B G M D T U
X S U B W A Y F D K D E Y O P K I S B S
B Q U K R R R G L A M E A T R A U N C S
```

Solution on page 380

312

Interesting Creatures

```
U H Z B N I F F I R G Q M L F E A R K C
O E O B M N A I U G D B C V H G Y O U J
U D M G R Y E A G I Q T U Z D F X D D R
U G B Y T P T R N S E R P E N T W E G K
E C I X T O H H I S T O R I C A L N K C
M K E C N H C O O S S E C O S Y S T E M
V P R I S A I V E L G G R Y R F X B M O
C H M A R J D C I N O E R O L K L O F W
U F O A K N L M A S I G Z T S A E B I S
V Q Z Z X E Y D I L K X Y L I W C Z L Y
K K C Z R I N S E C T S P P K E A S V D
N Q G Y L E P R E C H A U N W R L I O Y
X P T H C T A U Q S A S N L D E E F F R
J A T K Y L Y G E C R O G L L W D F R I
S W U N I C O R N A I U U D Y O U G E A
N O M E D R I P M T J T L O E L M W P F
D V N C G P M Y S A V I A N F F Q Y T A
K I L O M O Q U B Z W Q T U X Y E Q I U
A T N A O A B A N S H E E Y Q T S E L N
N P V Y B I L X G T W X S D I A M R E M
```

ALIEN

AQUATIC

ARACHNID

AVIAN

BANSHEE

BEAST

CYCLOPS

DEMON

ECOSYSTEM

ELF

ENDANGERED

FAIRY

FAUN

FEAR

FLUFFY

FOLKLORE

GORGON

GRIFFIN

HISTORICAL

INSECT

KRAKEN

LEPRECHAUN

MARSUPIAL

MERMAID

MINOTAUR

MOLLUSKS

MYTHICAL

MYTHOLOGY

PHOENIX

REPTILE

RODENT

SASQUATCH

SATYR

SCALY

SERPENT

SIREN

SLIMY

UNGULATE

UNICORN

VAMPIRE

WEREWOLF

WILD

WIZARD

YETI

ZOMBIE

Solution on page 380

Going Swimming

```
A N L W I M S I B O I L N F P E U C W T
H I A A Z A L L E R B M U S C L E D A H
A V D T Z R I T Q F A U Z R Z D D N W J
D S D E U C D E B T S U N B A T H E A H
C R E R C O E D V I S K N U R T E W T T
T C R P A P T V U I K U D W N F O O E D
K Q R O J O U F W A D I N G P O O L R X
Y N D L C L B N W E V H N S Z X D L W P
L Q Z O H O E G X I W W G I C D R A I N
W H U C L M S E N D H F U I A R T H N A
E H V E O V R G N I K C I P H C E S G F
G T F A R C R E S A V X E N W A V E S S
Z O D J I I P T P D R I N K S N H Q N P
C J G S N E L E A Y G G D K N O I T O L
A Z E G E E E B L G Y Z Z H R P M G T A
B Y S D L Y E K O R T S T S A E R B A S
A T Q T R E A D L L A B N O N N A C O H
N R U B N U S Y T C D R A U G E F I L I
A A J Z O C J L I F E S A V E R U E F T
G P M U J G F Q Y J N P C L V C A I F F
```

BIKINI

BREASTSTROKE

CABANA

CAN OPENER

CANNONBALL

CHLORINE

DEEP END

DIVING BOARD

DIVING RINGS

DOGGIE PADDLE

DRAIN

DRINKS

EXERCISE

FINS

FLOAT

GOGGLES

HIGH DIVE

JACUZZI

JUMP

LADDER

LAPS

LIFEGUARD

LIFESAVER

LOTION

MARCO POLO

MUSCLE

PARTY

RAFT

SHALLOW END

SLIDE

SPLASH

SUNBATHE

SUNBURN

SUNSCREEN

TAN

TREAD

TRUNKS

TUBE

UMBRELLA

WADING POOL

WATER POLO

WATER WINGS

WAVE

WET

WHISTLE

Solution on page 380

Wash Your Hands

```
F I Y D S H W M U X S V C A I H U B X H
L U W N A A D D C P D W E Y S Z N D E J
R N N J O K N I S Q R N T Z O O W A R M
I N H L L E L U S E S E K R I S L O D Y
E T S D L O C Q S P F W H T L T F M I C
Z H L Z B E J I M A E K A T H O I E S T
L H S M W L M L S T G N I T A E E N E T
Z H Y Q N M X S I G I H S M Q L B E A E
F S D U V M R B N M N S R E N T A I S S
N C I L A R T E A V T E F P R P C G E R
D O O F E V F T G T L I C O R R T Y Q U
X R T M X S N X R T H Q G E C M E H G N
T V E Q P O N S O F N R V O S O R A G A
B Y S T C U M I O K S E O A U S I F D P
B D J N A I L S R U N S G O S O A P M K
E R X K L W A S C T V Z E R M D I R T L
L Q E S W I P E I S I C K N E S S U Y P
T B U L F L Z O M V D J T S L T F B W W
K R B B D D N A H L E U F R C L E A N B
R F H R Y A H V M A W A S H G U I D C O
```

BACTERIA
BATHROOM
CLEAN
COLDS
COMPULSIVE
CONTAMINATION
DETERGENT
DIRT
DISEASE
DISPENSER
DRY
EATING
FLU
FOAM
FOOD
GERM
HAND
HEALTH
HYGIENE
ILLNESS
LATHER
LIQUID
MICROORGANISMS
NAILS
NECESSARY
NURSE
PALM

PREVENTION
RAG
RINSE
RUB
SAFETY
SANITIZE
SICKNESS
SINK
SMELL
SOAP
SOIL

SUDS
SYMBOLIC
WARM
WASH
WATER
WET
WIPE

Solution on page 380

Birders

BINOCULARS

BLACKBIRD

CALL

CAMERA

CARDINAL

CHIRP

COLORS

DOVE

EGGS

FINCH

FLY

FOCUS

FOREST

HAWK

HERON

HUMMINGBIRD

IDENTIFY

LAKE

LOCATION

LOOK

MIGRATE

MOCKINGBIRD

NEST

OBSERVE

ORNITHOLOGY

OWL

PATTERN

PIGEON

QUIET

ROBIN

SCRUTINIZE

SEAGULL

SIGHTING

SKY

SONG

SPY

STALK

THRUSH

TREES

TWEET

WARBLER

WATER

WINGS

WOODS

WREN

```
H D T Z T Z S P J B X N Z Z D Q N E A X
I Z P Y S X V Y T P O V S O N G U H S A
F Q S A W S T S E R O F N R E T T A P B
W T N H H T R E E S E X P Z S J S J R T
D X A Y M W I H W F D L I P T C R E N Q
B A Q I Y Z D K T U R N B Y A L S V Z U
G U T F G N R M E N I B O R O L I R V C
J T L I O E I I I T B S D C A A G E W I
M N Z Y L F B G U O G I A G R W H S C A
T P E V O D K R Q G N T Q E O R T B H Y
F I N C H R C A E A I S M O S E I O I A
G L V N T S A T L O K A O K R N N S R S
Y P S Q I Y L E N Y C Y T N O E G I P U
P J H V N F B S U C O F K C L U T C G Y
R A J D R I B G N I M M U H O L F A N X
Y B I U O T S E A G U L L A C C A U W G
X K Q R H N T Y E K A L T W X X M C I V
N Z Y D H E A T H R U S H K O O L O N N
O S Q B P D L J S D O O W V U H W T G Y
K H I E X I K M V A F P A M V M O Y S T
```

Solution on page 380

Frozen Foods

```
Y A N G A S A L U B S M K N A J Z L J A
X O L H S F T T S Q A D Y M D T W C T B
A U K F F W L R B D I S P O S A B L E R
L I I R R T A R R P O P E O E L G C A C
Z S E E O E S N A F E T T U C C I N E Y
H U G E Z L D S S E T Z W I L O I V A R
D T S Z E B T O T O I I R P H U B R L I
U Q P E N A Q R N N N T S C B C T E E T
V M A R E T D A E R B B Y E Z H F Y A S
U J G B F E Z X M A T H C C G Q A Z S E
P O H E C G P U T U T U W E H U Z Y Y F
A T E A O E T N R L A U D I V I D N I C
C B T N N V S K A S I B S R P C C Y T U
K N T S V T E E P P C N E C R K F K R A
A E I I E Y H V M Y R A O E E Z U A E Q
G V A G N U B R O L L S T R P P C U S N
E O G C I X E N C H I L A D A S H L S T
D U M V E I B A N Q U E T Y R C E A E H
N P N V N I A G R A B L O F E A A E D S
W K A E T S F H C S F X P S D Y P M H V
```

ALFREDO

BANQUET

BARGAIN

BEANS

BEEF

BREAD

CHEAP

CHICKEN

COMPARTMENTS

CONVENIENT

COUCH

DESSERT

DISPOSABLE

EASY

ENCHILADAS

FAST

FETTUCCINE

FISH

FREEZER

FROZEN

HEALTHY CHOICE

INDIVIDUAL

INEXPENSIVE

LASAGNA

MACARONI

MEAL

NUGGETS

OVEN

PACKAGED

PASTA

PIZZA

POTATOES

PREPARED

QUICK

RAVIOLI

RICE

ROLLS

SAUCE

SPAGHETTI

STEAK

STIR

SWANSON

TRAY

TURKEY

VEGETABLE

Solution on page 380

D at End

```
D B S Q J G J W N L D E P M U J F C T K
E A Y Y R O O P A D E K N I W P C A C P
Y O R I B O T X O S H I F T E D P M B B
A C N T D D R U B I C T M X C P G W G U
R D L D E D I V I D N D E U L G R D E K
P B E T H D C I R E U T D I G A E B V C
M D S T C H K U E T P D E V I S E D P I
T E D L T D E X G P F D P D G Y T E W S
T K Y I A I D Z A O G K O M C D E K S T
F C K H M N M A R D A K L H R E D C J V
Z I B D O I T O D A A M L X Y T D O P Y
W W T E L A T E D E C N A V D A E N B H
Y I K T S A P F D Q I H G Z I H T K X F
N A N A C M F E C O M B I N E D A Z P Y
W Z E E U T K F G U E S S E D D E O P L
N P T H Z C P P O P P E D W V H F B E A
X N T X I K D E V R E S Q X Y E E A I B
D A E K Y I Z D F C D E M A E R D V I Z
W O D E H S I W E M Q M Y R K A F R V G
E J B T G R E I M K O V Q U T G G R O A
```

ACHIEVED

ADOPTED

ADVANCED

AFFORD

AMAZED

APPLIED

COMBINED

DARTED

DEFEATED

DEVISED

DIED

DIVIDED

DREAMED

GALLOPED

GLUED

GREETED

GRIND

GUESSED   NETTED   THUMPED

HAD   OMITTED   TIMID

HATED   POINTED   TRICKED

HEATED   POPPED   WICKED

HID   PRAYED   WINKED

JUMPED   PUNCHED   WISHED

KICKED   REGARD   WOOD

KNOCKED   SERVED

LEAD   SHIFTED

MATCHED   SLANTED

                 TESTED

Solution on page 381

318

On Route 66

ABANDONED

ARIZONA

AUTOMOBILE

CAR

CHUCK BERRY

DEPRESSION

DESERT

DINERS

DRIVE

DUST BOWL

FAMOUS

FREEWAY

FUN

GAS

HIGHWAY

ILLINOIS

INTERSTATE

KANSAS

KICKS

LONG

LOS ANGELES

MAP

MIGRATION

MISSOURI

MOTELS

NEW MEXICO

ORIGINAL

PAVEMENT

POPULAR

REVIVAL

ROAD

ROUTE

SCENIC

SIGNS

SONG

STREET

TELEVISION

TEXAS

TOURIST

TOWNS

TRAFFIC

TRAVEL

WEST

WILL ROGERS

```
W J D H U M S B O W M X C H R A X Z X W
J D E P R E S S I O N O I T A R G I M O
Y V K S E V Y L T N R G F B L I P F Q K
D R T E T A L E T F H O F O U Z Q U A N
T Y R L W R L P Z W Q Y A F P O A N E T
R T E E O S U R A W D V R D O N S W S C
Y M E G B J E Y B N H A T B P A M S I O
H R E N L K F I S Y C T R E S E D N O H
F R W A K A C P N W M A S N X S T L N H
S X K S M O A U T O M O B I L E U E I S
D L B O R V G E H E H R C A R I H V L L
G F U L E I O A V C L O M S N U W A L R
R S W M V R C W V W L E T W T D O R I B
O S E R I U P I O A W A V X D E O T V J
U N S G V O K B N X T N R I S R E N I D
T W T T A S T I F E R E O B S I I R E F
E O H U L S G P C Q C Z X Z Q I G V T D
C T J L U I A G P K C S W A U T O N E S
J A H D R M H Y T I S G N O S H X N S Z
G F L O N G B R L U A Q E D U E X I L E
```

Solution on page 381

Elon Musk

```
G D B I K T K E B Y D W U O A O E L D H
E W X M S E I D I S B U S O F T W A R E
J N C O M P A N Y G O L O N H C E T A S
M S I N V E N T O R E T U P M O C R G O
P N E T A G N S N N U B T P F A L C O N
Q O M L S B L T W O Z E H H E P T O N S
R J O E C U R O E I N S A I P I E T T N
D A A L L I J C B T Y D F L R H K Y J V
Z X C M R A H K R A E R R A O S C G S Y
I I R S E E P E C T L A I N G N O R W D
R S N E T R P Y V R I W C T R E R E E B
F E O T D R I Y A O R A A H A Z B N E Q
C O E L E L O C H P H B N R M I U E M H
H C U N A R O P A S A X A O M T S T D F
A Q E N I R N H S N L R D P I I I A U V
I U O O D G C E E A U Y I Y N C N N M V
R W K T U E N I T R L N A A G G E G D F
M E U S E I R E T T A B N B L M S A Y M
A R A E C N O O C Y T H Q K E E S M M H
N F V Q G M Q S I S A O S R A M B Q G I
```

AMERICAN
AWARDS
BATTERIES
BEL AIR
BUSINESS
CANADIAN
CEO
CHAIRMAN
CITIZENSHIP
COMPANY
COMPUTER
CTO
DRAGON
EBAY
ENERGY
ENGINEER
ENTREPRENEUR
FALCON
FOUNDER
GLOBAL WARMING
HYPERLOOP
INTERNET
INVENTOR
JUSTINE
MAGNATE
MARS OASIS
PAYPAL

PHILANTHROPY
PROGRAMMING
ROCKET
SHAREHOLDER
SOFTWARE
SOLARCITY
SONS
SOUTH AFRICAN
SPORTS CAR
STOCK
SUBSIDIES

TALULAH RILEY
TECHNOLOGY
TRANSPORTATION
TYCOON
VEHICLES
VTOL
WEB

Solution on page 381

In the Garden

```
U Z W G S M I Q P G S S S Y F H C T S W
A U O E U H D L L H R C O M P O S T Q I
A H S U T H T J D F R O C K L D C E X P
B O T A N I C A L O F U O O R E L B R D
R T R I Z J J N P A O S R D S E W I N F
H G T N C P S D E B B F I N T S T L C B
B J G R A S S Y A B U G I T S U V A C A
R D B L A M R O F L T M U L C H O I W H
D X B U S H E S E I T C K X A S N G E W
R E D E S I G N V B E F Y T U A E B K F
H O E K N B P Z T Y R T E N G K G S A D
M R V W L M A O B A F G A R D E N E R S
T G I E K T X Y N R L Q O V D A W Y G P
Y P U S V P U E M D Y W H S I L G N E F
V S O Y P E E W A S S V E G E T A B L E
Q J M W O R G A N O I V R E Y U L O K R
X Q R S G S I K N I O G B A D G W U Q U
D S C V O N A N S L P V A A I E Z V C T
W N R S T T D Y G Q G J O P R N N X G A
W H J R M H D Q Y N Y E X Z K A A J M N
```

BEAUTY

BEDS

BENCH

BOTANICAL

BUSHES

BUTTERFLY

COLORFUL

COMPOST

CULTIVATE

DESIGN

DIG

EDEN

ENGLISH

FLOWER

FOOD

FORMAL

FRESH

GARDENER

GLOVES

GRASS

GREEN

GROW

HERB

INSECTS

LETTUCE

MULCH

NATURE

ORGANIC

ORNAMENTAL

OUTDOOR

PATH

PONDS

RAIN

RAKE

ROCK

ROSES

SEED

SOIL

SPRING

SUN

TREES

VEGETABLE

WATER

WEED

YARD

Solution on page 381

Our Little Town

```
Q Y C X P P C G B X R M C T Y Y J A A S
T I S I V E Y L S L R J E H G L U D P A
Q G N S I L I G A O E D Y L D N E I R F
H X Q K L B N O B V U T O C C S H N O E
N I V K L A W H B T I U A S O S M E U B
W L C I A T G J I N N T C V N F R R T B
K A A W G I G L U D L H S W I U F A I L
C R J I E P O M Z L O N O E T R W E N G
O U B N C S M K S O Q T M A F C P A E O
Z R O E R O T S L A R E N E G Y A R D S
Y U W B C H S P C O M F O R T A B L E S
L T L I H C K L A F F O R D A B L E R I
I O I S H C O A W K Y Y B S E I T R A P
M I N N H S S R E S I A R D N U F S U E
A I G U E A T A M A I N S T R E E T Q A
F X R N S R R E P A R A D E N I S U S C
T C E P Y F E I L T L S F N N U A H N E
H S B R U B U S N M L A H Y E I O F W A
S S J N C Y G F Q G A R D E N S T C O O
E E L H A L C S Z D M H A T B T S I T V
```

AFFORDABLE

BOWLING

CHURCH

CLOSENESS

COFFEE

COMFORTABLE

COMMUNITY

COUNTRY FOLK

COZY

DINER

FAIR

FAMILY

FESTIVAL

FRIENDLY

FUNDRAISERS

GARDENS

GENERAL STORE

GOSSIP

HAMLET

HOSPITABLE

KINDNESS

MAIN STREET

MALL

NATURE

NEIGHBOR

PARADE

PARTIES

PEACE

PRIVATE

QUAINT

ROUTINE

RURAL

SAFE

SCHOOL

SERENITY

SHARING

SOCIAL

SOLITUDE

SUBURBS

TOWN SQUARE

TOWNSHIP

VILLAGE

VISIT

WALK

YARDS

Solution on page 381

Computers

ACCOUNTANT

ADMINISTRATOR

ASSISTANT

BLOGGER

BUSINESS

CHAT

CLERK

CLICK

COMMUNICATION

DATA

DESIGNER

DESKTOP

DOCUMENTS

EDITOR

E-MAIL

FACEBOOK

FILES

INTERNET

KEYBOARD

LAPTOP

MEMORY

MONITOR

MOUSE

MUSIC

OPERATOR

PROGRAMS

REPAIRMAN

RESEARCH

SAVE

SCREEN

SERVICE

SHOPPING

SOCIAL

SOFTWARE

STUDENT

SUPPORT

SURF

TABLET

TECHNICIAN

TRAINEE

TWITTER

TYPE

VIDEOS

WEBSITES

WRITER

```
M K T W I T T E R H K S P G V M C S R G
V K T U Z M N O S B L O G G E R E O L H
E E N I A R T U H H T K O M S X N E A X
C N R E T I R W K P C R O B S L S D I G
A Y A E N F R Q A W H R O S E R V I C E
P D V O K R E L C D Y D A T N C M V O M
N A M R I A P E R I Y F O E I U A Q S W
S N O I T A C I N U M M O C S D J F N R
T I V F N R K C W T U J K I U E E G W M
U H Z Y V I O Y O S N Q C E B M R Z N P
D Z Q A J W S P E U C A G L Y Z E A I O
E U T C R I Y T P P N R T K I B I N N T
N R R V C E I B R U M T E S I C O T T K
T T A H C S N O K A S O A E I Q K A E S
A Y F W B U G G W U T V U N N S X B R E
Z P Q E T R G N I P P O H S T E S C N D
H E W K A F M V G S P C R A E A M A E R
O F Z M E R O T A R E P O T E L B A T T
M X S J S V U S A T R D T A S S E L I F
B N L N I Z C V Y P X A A D B H A B Z L
```

Solution on page 381

Game On!

BOX

CARDS

CHANCE

CHESS

CHILDREN

CLUE

COMPETITION

COUNTERS

DICE

EDUCATIONAL

ENTERTAINMENT

FAMILY

FRIENDS

FUN

GAME

KIDS

LEARN

LIFE

LUCK

MARBLES

MARKER

MONOPOLY

MOVES

PAPER MONEY

PARCHEESI

PIECES

PLAY

POINTS

POPULAR

RISK

ROLL

RULES

SCENARIO

SCRABBLE

SORRY

SPACES

SPIN

SQUARE

STRATEGY

TABLE

TIMER

TOKENS

TRIVIA

TURN

WIN

```
G H U Q L M F H F U X D D I C E H H S D
X Z E G J S E V O M G Y E B O R Y I E S
R S T J P E N T E R T A I N M E N T M D
P K A X K C L Q S D A X M R P E M O T N
I B X P P E L B Z R U S D N E I R F C O
G F N H H I N U A R E C H E T K B O Q J
C M W Z N P M F E T H T A Q I C R N R L
U H T A X Z M C R I S K N T T U W A E B
O G A B L Y K I L Z T I B U I L G A M E
D G N N C Q I D S Z W Z B L O O J L I X
S T F A C F R D L E S T U R N C N Y T G
V Y R I N E I I L Y E N O M R E P A P W
Z D L V N K U B G Z L H T T Z M S N L T
S X Y I R Y B E L L B H C E S O S V A X
H P J R M A T A O E R O I R A N E C S F
X Z A T R A L R E R A U Q S A O H M E F
W C C C R O F U Z X M R P E B P C F U N
K I S T E A S D P Y H T N L P O I N T S
V G S L T S N E K O T T H U A L X O S U
T O Y M L H M P N I P S M R U Y K L K K
```

Solution on page 382

Making Crafts

ART
BASKET
BEADS
CERAMICS
CLOTHES
COLLAGE
CRAYON
CREATE
CROCHET
CROSS-STITCH
DECORATIONS
DECOUPAGE
DESIGN
DRAW
EMBROIDERY
FABRIC
FELT
FUN
GLASS
GLUE
HANDMADE
HOLIDAY
JEWELRY
KITS
MAKE
METAL
MODELS

ORNAMENTS
PAINT
PAPER
PENCIL
QUILT
RIBBON
SCISSORS
SEASONAL
SEWING
STENCIL
STUDIO

TALENT
TAPE
TEXTILES
TRADE
WEAVING
WOOD
WREATHS

```
T P U A U W K A R Y T T S E H F D Z G W
O B E V F C M L T A L E N T M A H W E X
E E Z J K A C O B T W G T B X B A A K O
H F G P G K Y A D I L O H Y X R V M A U
C H G L P E J P N E N E R Q D I Y Z M L
Y G K I A P H G G T L E F N N C Q X W A
R L L C E S O M K N D S E G A L L O C N
W O C N R W S Q R I B B O N W M B L E O
Q V C E C O C L O A T J D S S Q E D Y S
K I J T H O C R S P E S E E C U A N F A
L E M S I D B H O W P L C L N M D Y T E
S P N D C M T U E S I O O G D S S O T S
V A U V E A X L Y T S T R N A R R E Z C
E T C O E C R C X A H S A R Q O K P Y I
S R L R E Y O E I E C H T D E S I G N M
F A W I E N T U S K U X I I A S P H P A
Z D X W U A R E P A P C O B T I E S Y R
U E A F J Q T C R A Y O N F Y C G L U E
A M Q S N Z D E Q N G V S T X S H G B C
U E B Y Y D D G S G M E T A L S Y I X J
```

Solution on page 382

The Heisman Trophy

```
N A C I R E M A B I L I T Y H P O R T M
E N O S A E S T S O P E V U J J F K I E
X C A I J G V Z J M A N H A T T A N A D
C E N V O R U N N I N G B A C K O A R O
E C N A U R E K A B Y R R E T I Z R C C
L N U D R J A P O M H T I M S D E F H B
L A A E N E N Q A J S C H I A M Y T I L
E M L I A E V I C U U I V O A E R N E A
N R Q N L I T E L R L I E T N E T I G N
C O T R I A X O S E D H T H Y O Z L R C
E F U E S R R E V R K L O A N N R C I H
R R I T T D D R A W E I L R A H C H F A
U E N L S E E T Y I O P N M N O O S F R
T P T L E T H F N K E L Y N F U P J I D
P I E A G L A A E Z E N D F I O N X N J
L C G B E T R N N N N L E E R C K G N S
U H R T L T J O D H S N L T S B K Y X M
C L I O L O R U O I S E L E C T I O N S
S C T O O B F J B E N T R O Y S M I T H
S F Y F C J E E C N E G I L I D R A W A
```

ABILITY

AMERICAN

ANNUAL

ARCHIE GRIFFIN

ATHLETICS

AWARD

BRONZE

CHARLIE WARD

CLINT FRANK

COLLEGE

CURSE

DEFENSE

DILIGENCE

DIVISION I

DOC BLANCHARD

ED SMITH

ERNIE DAVIS

EXCELLENCE

FOOTBALL

HONOR

INTEGRITY

JOHN HEISMAN

JOHNNY MANZIEL

JOURNALISTS

LARRY KELLEY

MANHATTAN

MATT LEINART

NILE KINNICK

OFFENSE

OLDEST

OUTSTANDING

PAUL HORNUNG

PERFORMANCE

PERSEVERANCE

PLAYER

POSTSEASON

RUNNING BACK

SCULPTURE

SELECTIONS

SPORT

TEAM

TERRY BAKER

TROPHY

TROY SMITH

VOTE

Solution on page 382

Weather Predictions

```
K K I H U M I D T B E E N S D Q S G W S
L L L N N W O L P L G P C O K A E U T P
T T S V C O E O U A D R S I S Y L A N A
O J X L L N I T X C O Q A C H A E Q T T
A N Z F Q S U S I O P Y H I M H E M B T
P E Y R D K S G I L P I S V A N O S N E
I E L G A O V G I V L I Y K O S Y O R R
U O X W T E P N X L E E S I P M R A W N
R L D K A P Y I P A R L T H N F F A Y S
D Q K T M T B N H D E A E A B C O L D W
V G D R R O C T M V T R M T S O I E B F
I D O A M T N H A I E O S O D A N R O T
G T D C J K O G P S M O H G D C O T H B
S A N K O D Z I U O O R Q W E A T H E R
R I I I H M C L Z R M A M O D E L R S D
P F W N Q E P F X I R A C C U R A C Y X
H X E G R P C U C E E R A O V I D B E Q
U W O P Q K J G T S H S M I N A I R H B
S F W L E B J R R E T E M O R A B D Z R
X T A Z A Z I E L K R N T K I B S K E H
```

ACCURACY

ADVISORIES

ALERT

ANALYSIS

ATMOSPHERE

BAROMETER

BROADCAST

CHILL

COLD

COMPUTER

DAILY

DATA

DOPPLER

DRY

FLOOD

FOG

FRONT

HEAT

HOT

HUMID

ICE

LIGHTNING

LOCAL

MAP

MODEL

NEWS

PATTERNS

PRECIPITATION

RADAR

RAIN

SATELLITE

SEASON

SKY

SNOW

STORM

SUN

SYSTEMS

TELEVISION

THERMOMETER

TORNADO

TRACKING

WARM

WATCH

WEATHER

WIND

Solution on page 382

ANSWERS

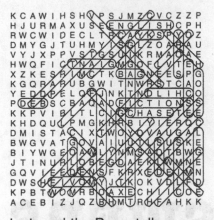

Jack and the Beanstalk

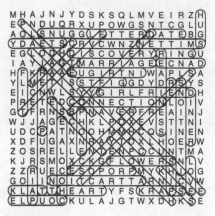

Dating

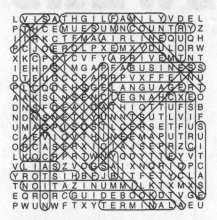

Going Abroad

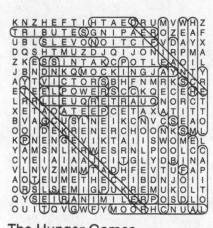

The Hunger Games

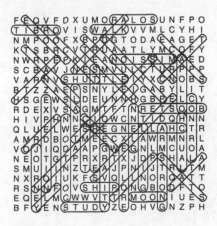

Astronaut

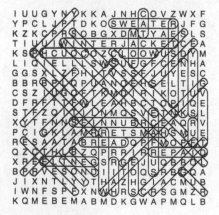

Something Soft

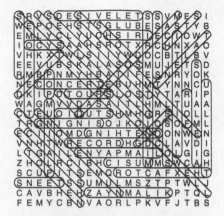

One Direction

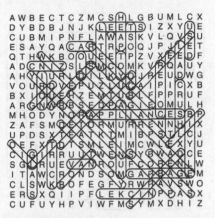

Recycling Station

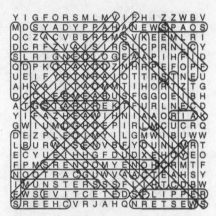

TV Through the Years

Attending Harvard Law School

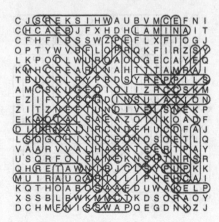

Sea Otters

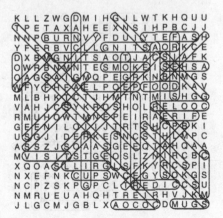

Campfires

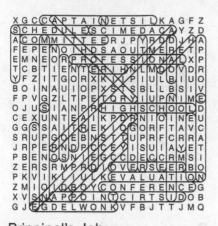

Principal's Job

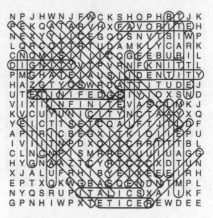

Words with *IT*

Alive in the Rainforest

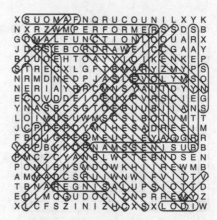

Justin Timberlake

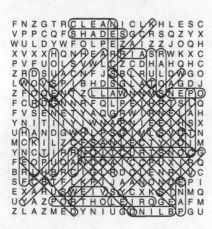

Windows

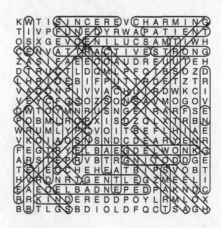

Husbands

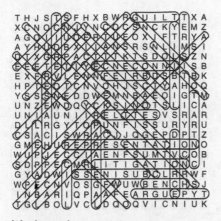

It's Legal

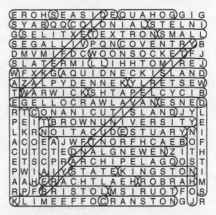

Rhode Island

Astrology

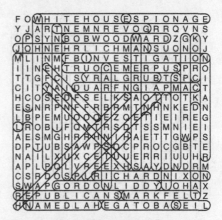

Remember Watergate?

Small Stuff

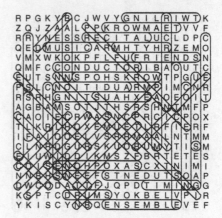

Going to Band Camp

Recipe Books

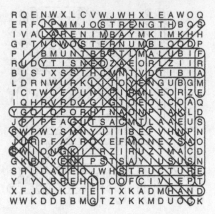

Bone Up

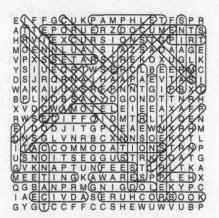

Travel Arrangements

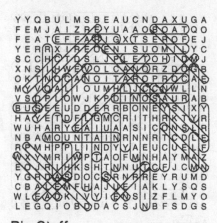

Big Stuff

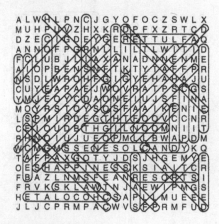

Romance Is Alive

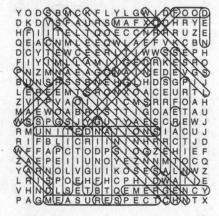

Humanitarian Aid

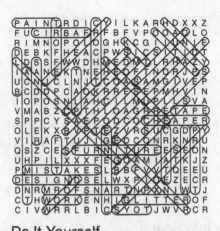

Do It Yourself

In Pockets

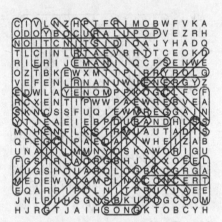

He's a Rock Star

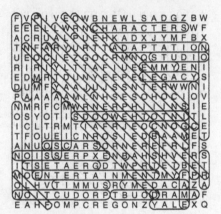

Meryl Streep

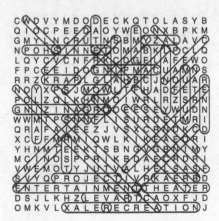

Day Off

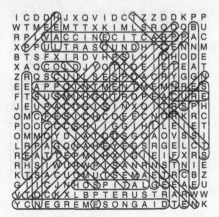

See a Doctor

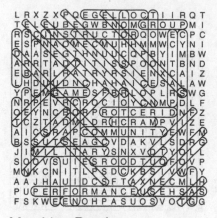

Marching Bands

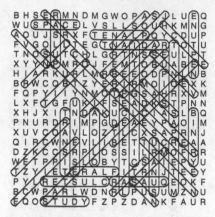

Into Space

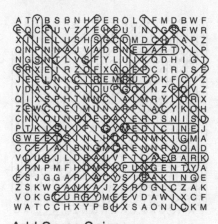

Add Some Spice

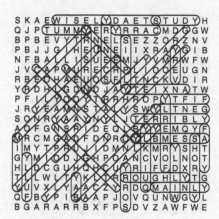

Y at End

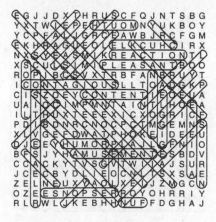

Laughing

Being a Parent

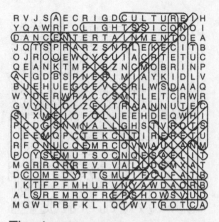

Theatergoer

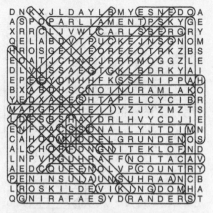

Denmark

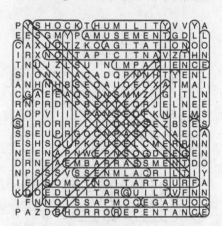

How Do You Feel?

Start a Conversation

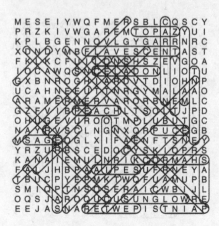

Interesting Colors

Your Invitation

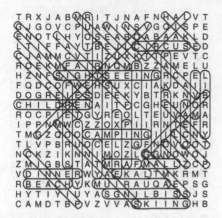

Take the Kids

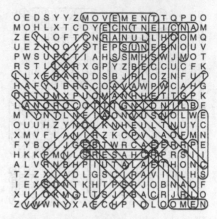

Eclipse of the Sun

Life As a Dog

Nightclub

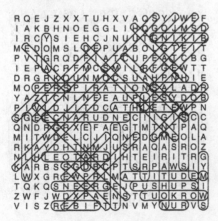

Physically Fit

Looking for Oil

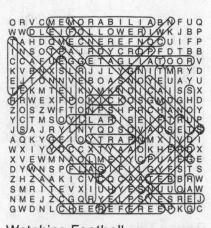

Watching Football

Very Nice

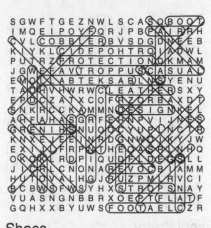

Shoes

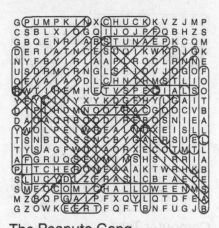

The Peanuts Gang

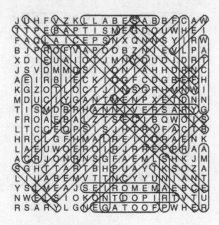

Home Movies

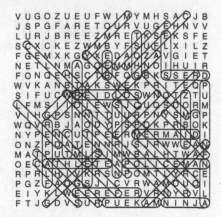

Costumes

Book Report

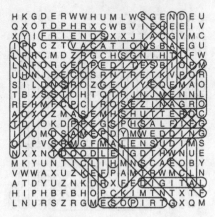

Picture This

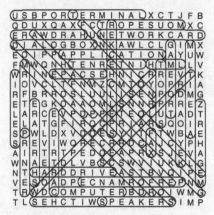

Computer Talk

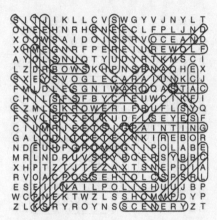

Very Pretty

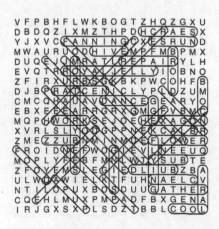

Busy Bees

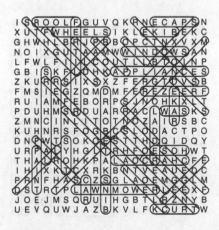

Storage Garage

Television Channels

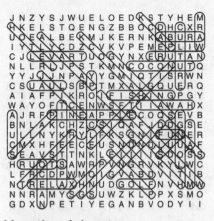

Vacation Adventure

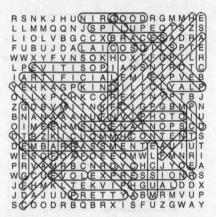

Smiles

Too Loud

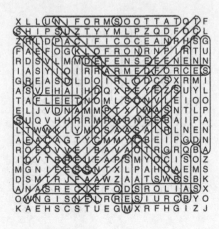

Join the Navy

It's a Circus

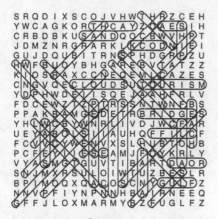

Around the Coast

Water Supply

Look for *R*s

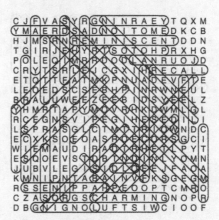

Do You Remember?

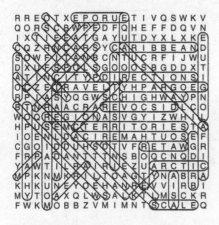

Book of Maps

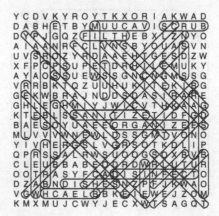

Clean House

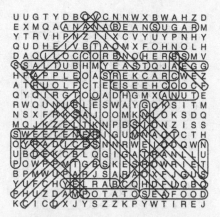

Ingredients

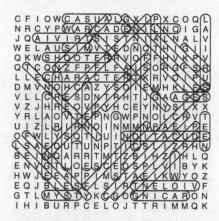

Video Games

Sail Away

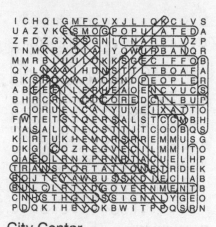

City Center

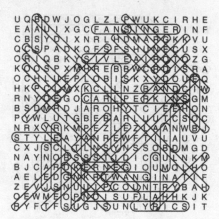

Rockabilly Music

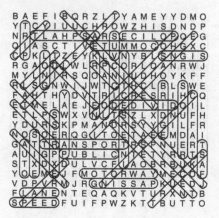

Freeways

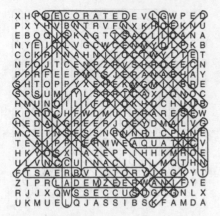

Michael Phelps

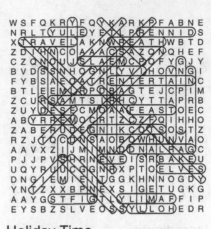

Holiday Time

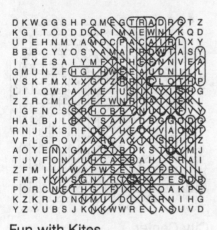

Fun with Kites

All *OLOGY*

Made You Laugh

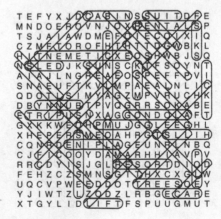

Ski Trip

344

Farming Crops

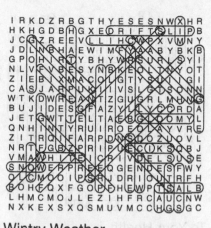

Wintry Weather

Bike Ride

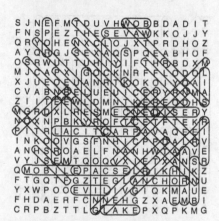

Life on a Boat

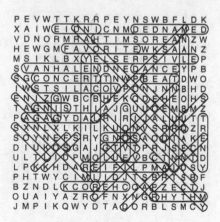

Popular Music

Library Visit

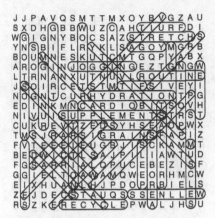

To Your Health

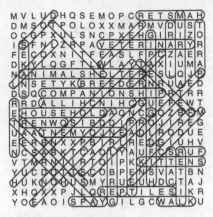

All Kinds of Pets

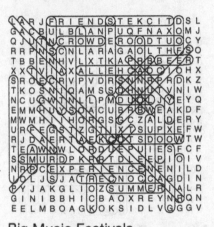

Big Music Festivals

Movie Making

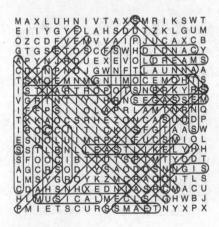

Yearbooks

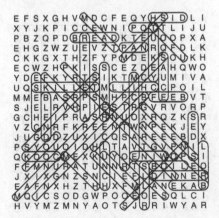

Make Something to Eat

Go Outside

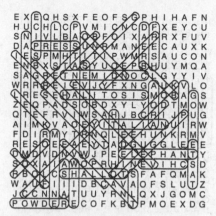

Have Some Garlic

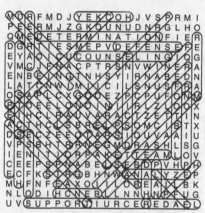

Being a Coach

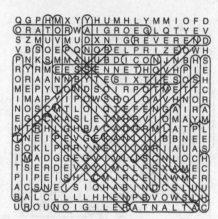

Martin Luther King Jr.

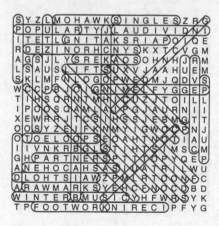

Figure Skating

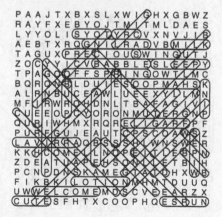

Precious Infants

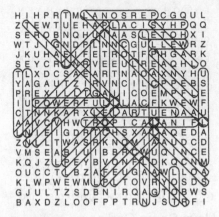

Ending in L

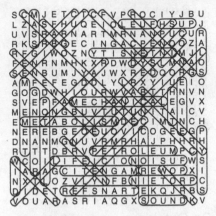

Lots of Energy

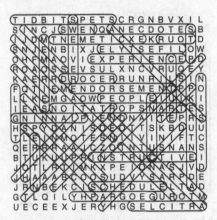

Travel Stories

Financial Headquarters

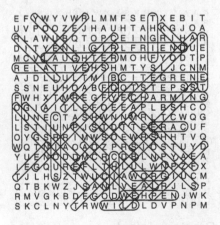

My Sons

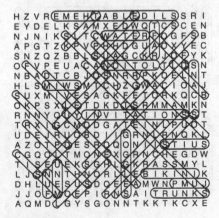

Pool Parties

348

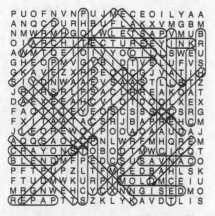

Artistry

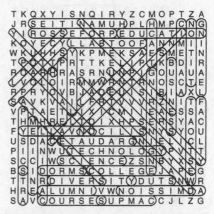

Stanford

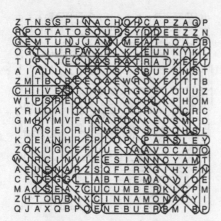

Full of Food

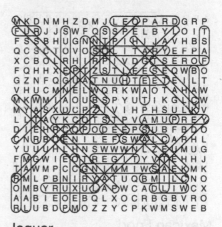

Jaguar

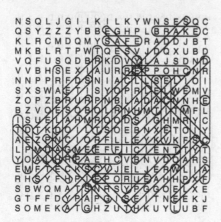

Ride a Scooter

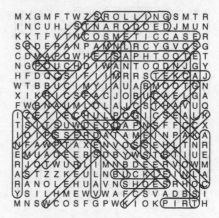

Pack Your Bags

On Our Block

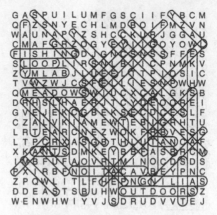

In the Summer

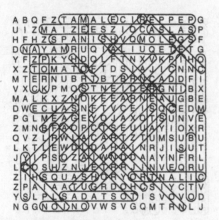

Mexican Food

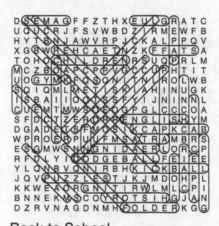

Back to School

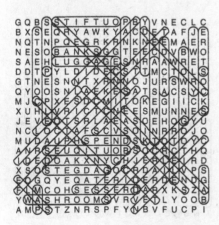

At the Mall

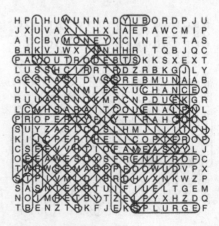

Lottery Winnings

350

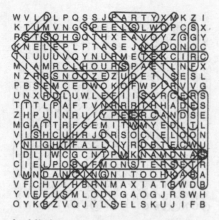

At Night

Yarn

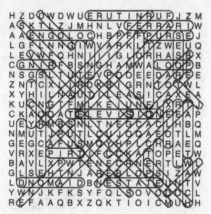

Pricey Gifts

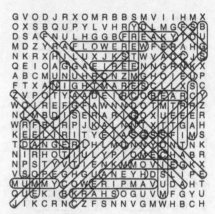

Frightening

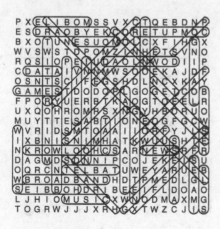

On the Internet

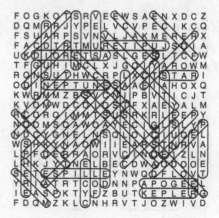

Celestial Paths

The Trojan War

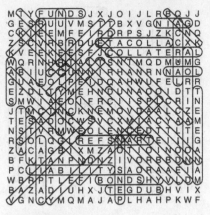

Bookkeeping

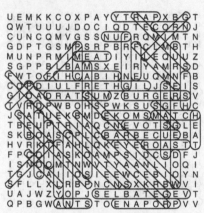

Cooking Outside

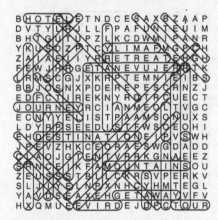

Recreational Travel

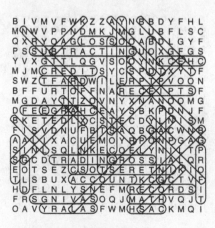

Money Management

Poetry

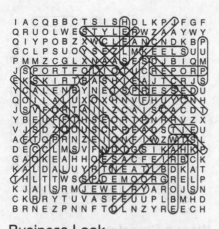

Business Look

His Name

Grownups

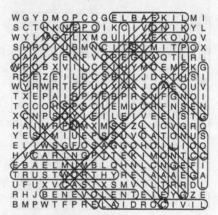

Nice Folks

At the Lake

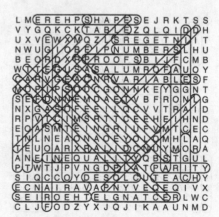

Mathematical

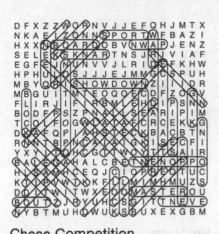

Chess Competition

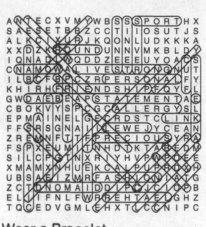

Wear a Bracelet

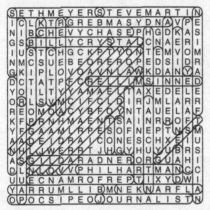

Watching *Saturday Night Live*

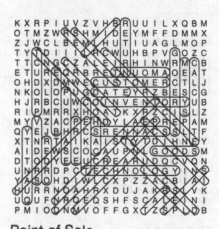

Point of Sale

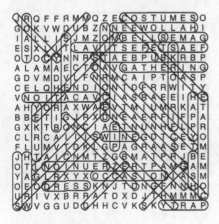

Let's Celebrate!

Words with *HE*

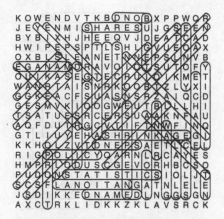

Economics

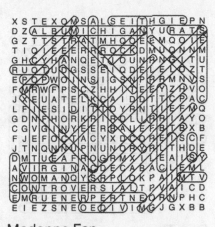

Madonna Fan

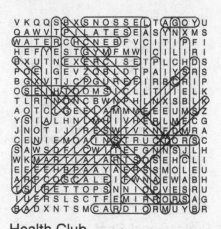

Health Club

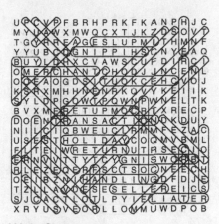

Web Commerce

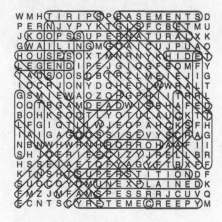

Spooky Stories

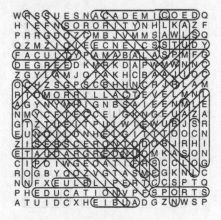

At Auburn University

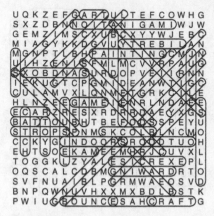

Free Time

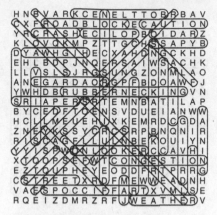

Hard Driving

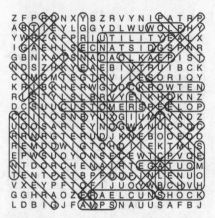

Electricity on Demand

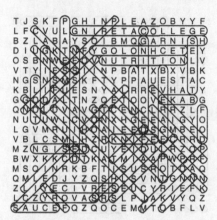

Professional Chef

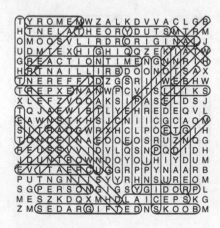

Very Smart

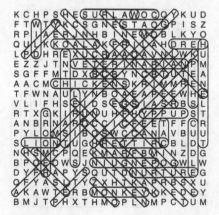

Animals

Finding Minerals

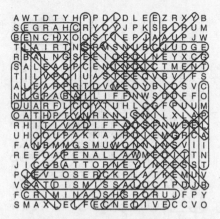

Sue Me

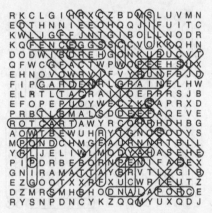

Around the Farm

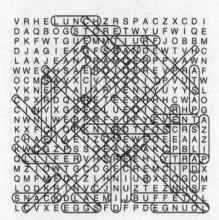

Eat and Drink

Cells

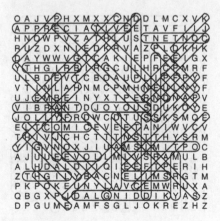

Be Happy

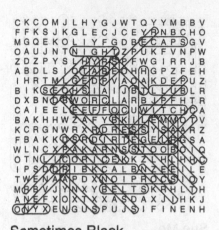

Sometimes Black

Big Events

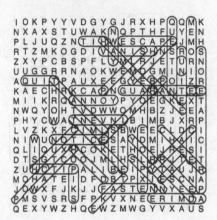

Verbs

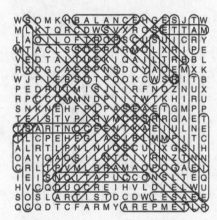

Painters

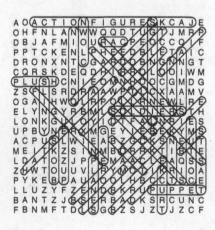

Fun Toys

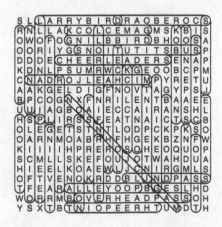

Basketball

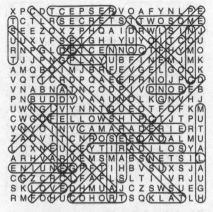

My Friends

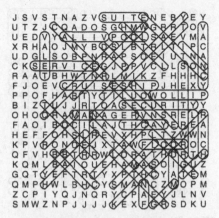

Home Away from Home

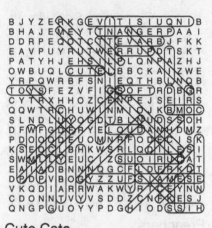

Cute Cats

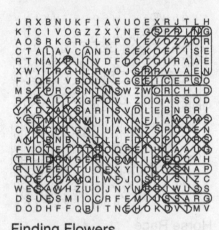

Finding Flowers

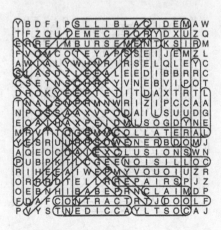

Buy Insurance

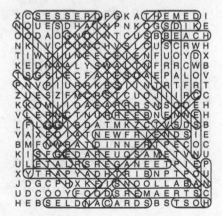

Party Time

Eat Right

Oh, What Fun!

Horse Race

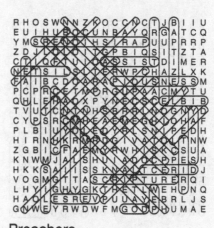

Preachers

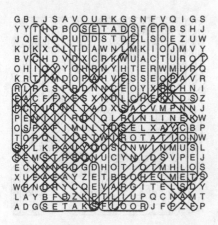

Roller Skate

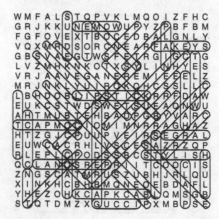

Purse

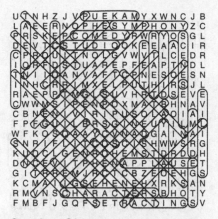

Catch a Show

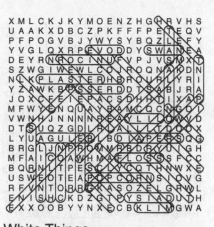

White Things

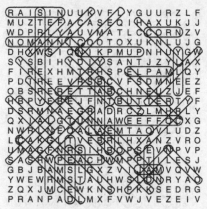

Muffin Bakery

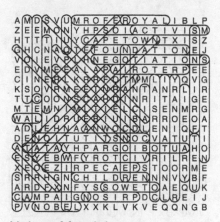

Nelson Mandela

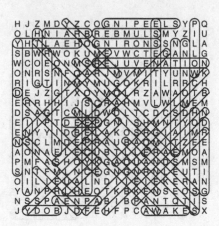

Sleep

Time at the Park

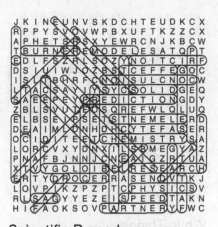

Scientific Procedures

Cross-Country Race

Good Times

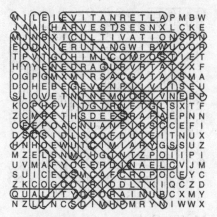

All Organic

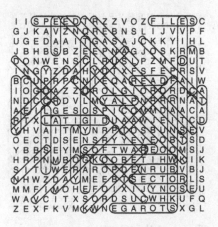

Data Disc

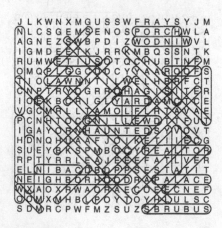

Homes

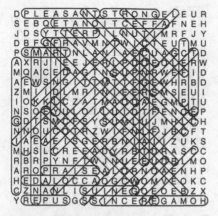

Pay a Compliment

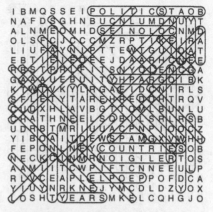

Read about the Past

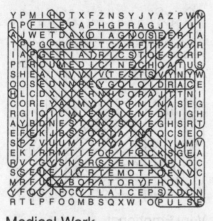

Medical Work

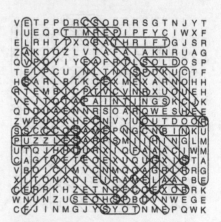

Garage Sale

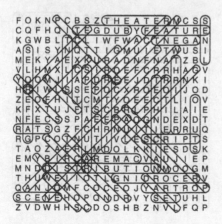

At the Movies

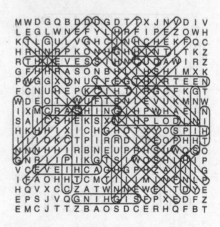

Words with *HI*

Cruise Ship Vacation

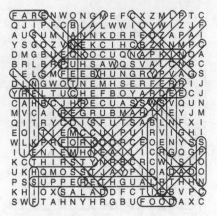

Tasty Dinners

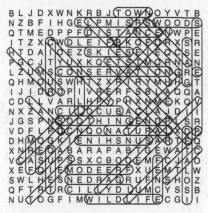

In the Country

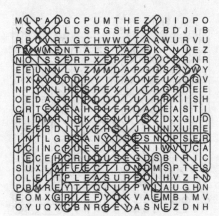

Very Emotional

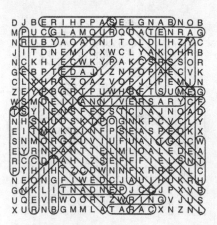

Fancy Jewelry

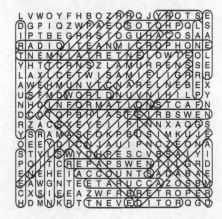

News Media

Darwin

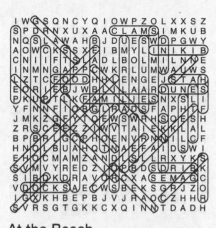

At the Beach

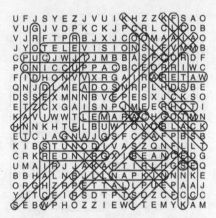

Coffee Break Time

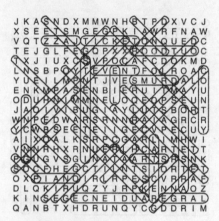

Music Performance

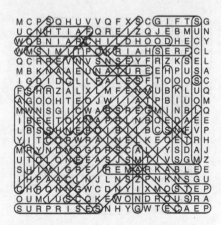

Awesome Stuff

Lots of Fiber

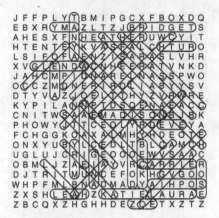

Her Name

Crocodiles

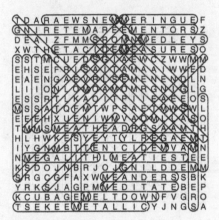

Look for *ME*

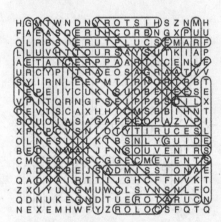

Art Museums

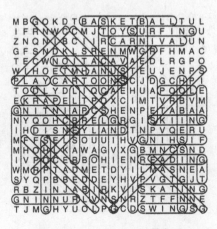

Enjoyable

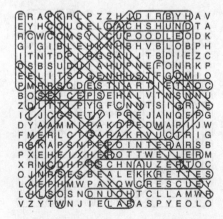

Types of Dogs

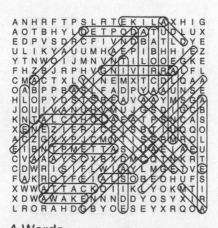

A Words

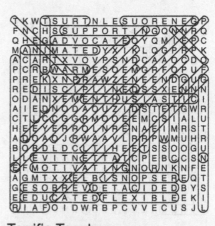

Terrific Teachers

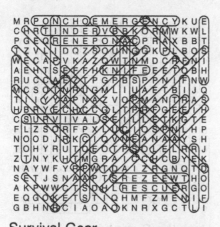

Survival Gear

Pocket Watches

Lighting

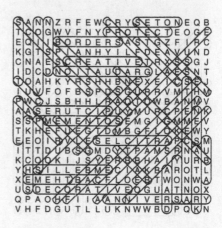

Scrapbooks

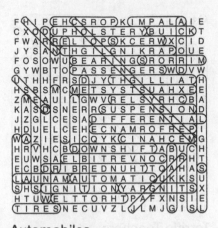

Automobiles

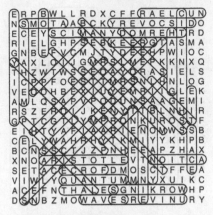

Fascinating Physics

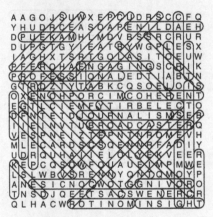

Newscaster

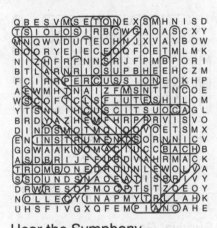

Hear the Symphony

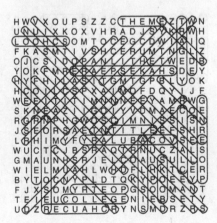

Study Literature

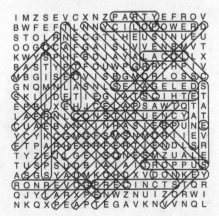

Playing Politics

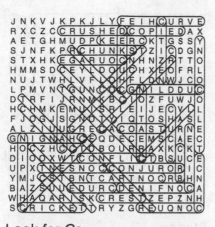

Look for Cs

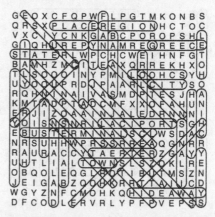

Places to Go

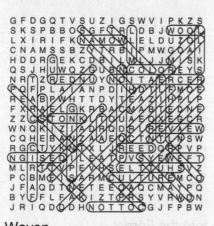

Woven

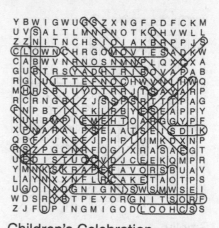

Children's Celebration

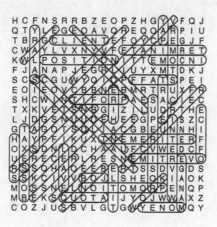

Employed

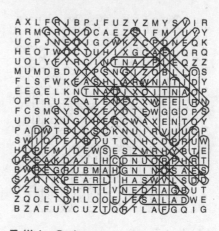

Edible Onions

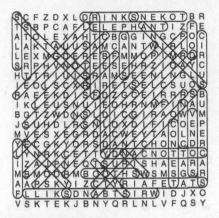

It's a Carnival

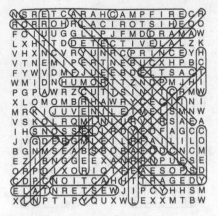

Stories

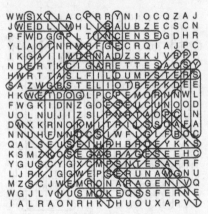

Smelly

Into the Forest

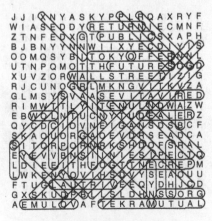

Market Trading

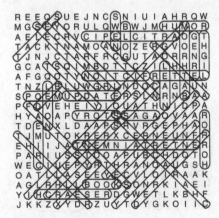

Reader

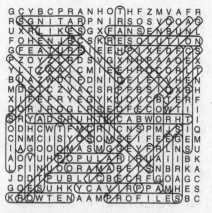

Instagram

Apartments

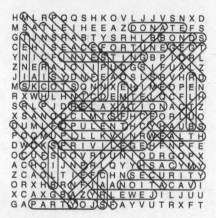

Rich Life

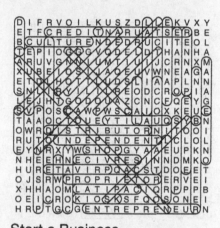

Start a Business

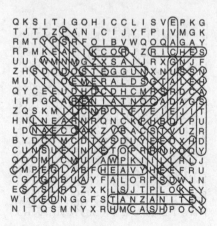

Treasure Chest

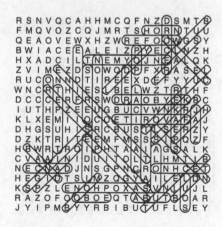

Musical

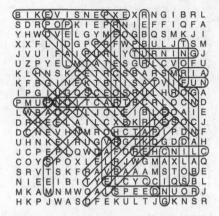

Bike Tire

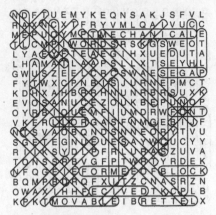

Printing Machine

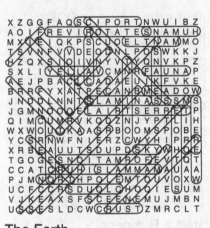

The Earth

Driving Around

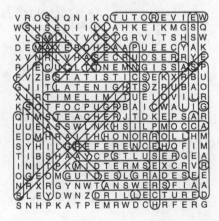

Study Time

Lots of Grains

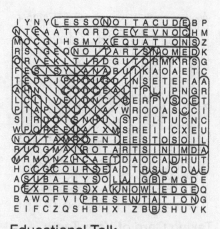

Educational Talk

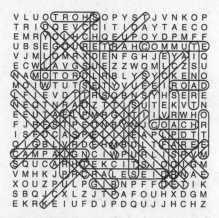

Bus Ride

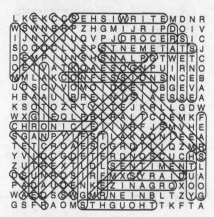

Keep a Diary

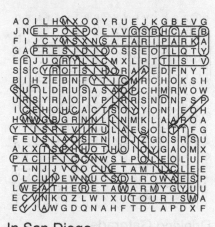

In San Diego

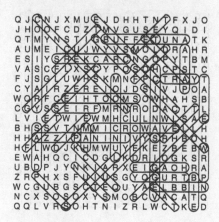

Lunchtime

Morning Rituals

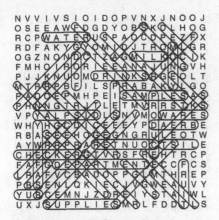

Supermarket Shopping

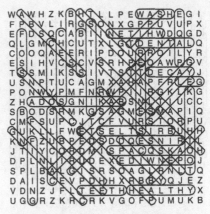

Taking Care of Your Teeth

Drinking Gatorade

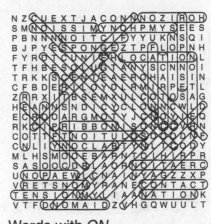

Words with *ON*

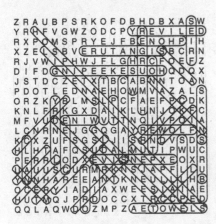

Dial Room Service

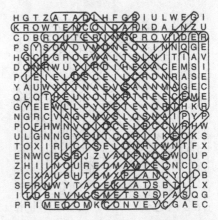

Electronic Communications

The Beatles

Pizza Place

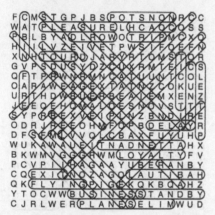

Airline Customer

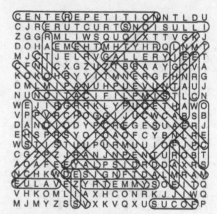

Graphic Composition

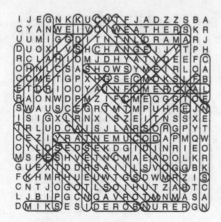

Watching Television

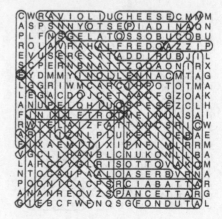

Italian Cuisine

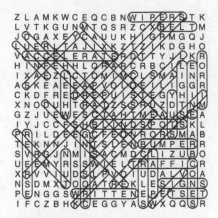

Learn to Drive

Fly-Fishing

Child's Play

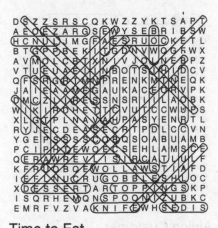

Time to Eat

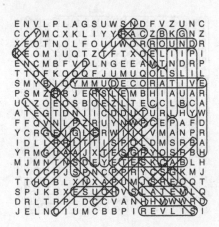

Doorknobs

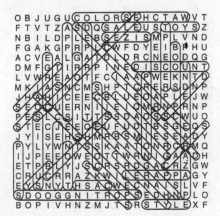

Shopping

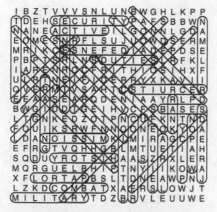

United States Marine Corps

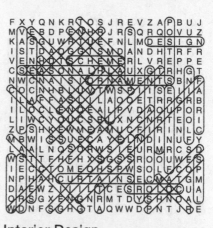

Interior Design

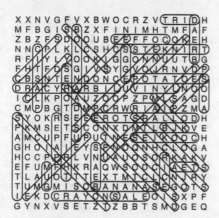

Inexpensive

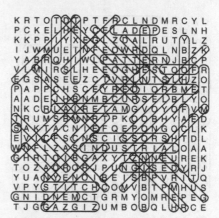

Sewing Machines

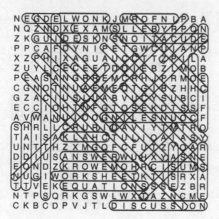

Teach Me

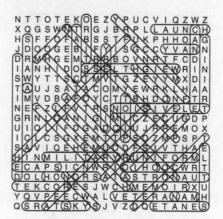

The Life of John Glenn

At Auction

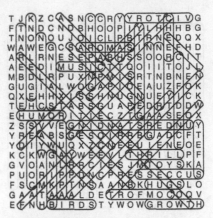

Pleasant Things

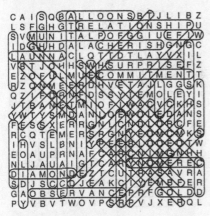

Your Anniversary

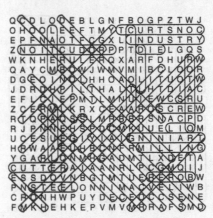

Machine Tools

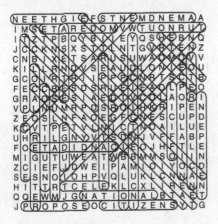

Count the Votes

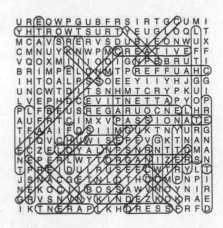

Motherhood

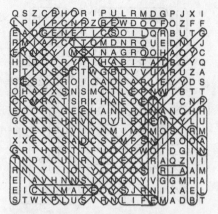

Ecological

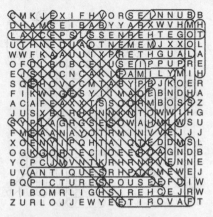

Cherished Things

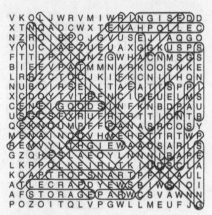

Package It

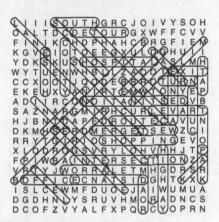

Where To?

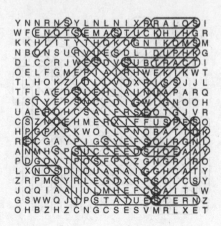

S Words

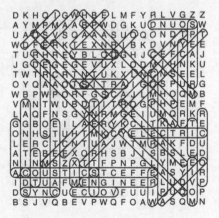

Recorded Sound

Make a Sandwich

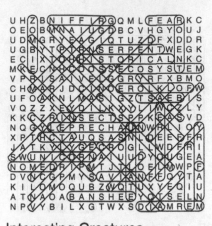

Interesting Creatures

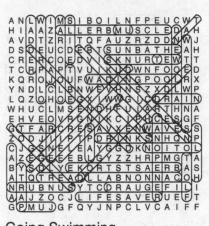

Going Swimming

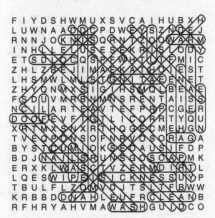

Wash Your Hands

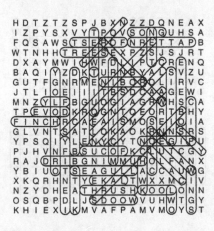

Birders

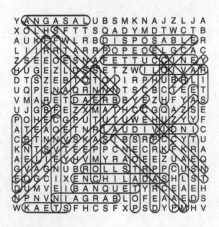

Frozen Foods

D at End

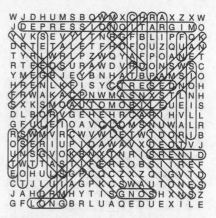

On Route 66

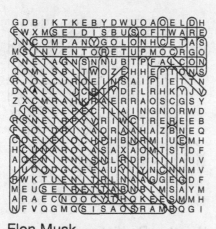

Elon Musk

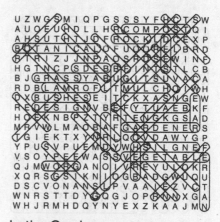

In the Garden

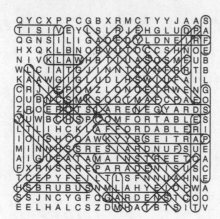

Our Little Town

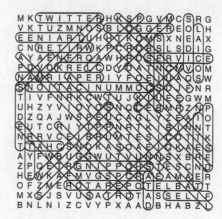

Computers

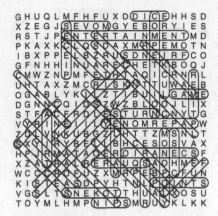

Game On!

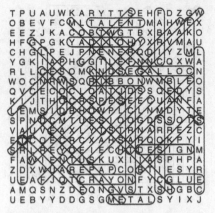

Making Crafts

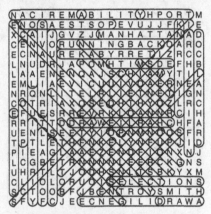

The Heisman Trophy

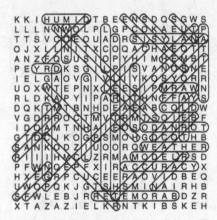

Weather Predictions